生态环境产教融合系列教材

跨境电子商务实训

主　编：冯晓宇

副主编：卢　萌　张佳音　陈潇伊　李　丽

中国环境出版集团·北京

图书在版编目（CIP）数据

跨境电子商务实训 / 冯晓宇主编. -- 北京 ：中国环境出版集团，2024. 7. --（生态环境产教融合系列教材）. -- ISBN 978-7-5111-5904-5

Ⅰ. F713.36

中国国家版本馆CIP数据核字第20244A3K88号

责任编辑　宾银平
封面设计　宋　瑞

出版发行　**中国环境出版集团**
　　　　　（100062　北京市东城区广渠门内大街 16 号）
　　　　　网　　址：http://www.cesp.com.cn
　　　　　电子邮箱：bjgl@cesp.com.cn
　　　　　联系电话：010-67112765（编辑管理部）
　　　　　　　　　　010-67113412（第二分社）
　　　　　发行热线：010-67125803，010-67113405（传真）
印　　刷　玖龙（天津）印刷有限公司
经　　销　各地新华书店
版　　次　2024 年 7 月第 1 版
印　　次　2024 年 7 月第 1 次印刷
开　　本　787×1092　1/16
印　　张　14.25
字　　数　357 千字
定　　价　56.00 元

生态环境产教融合系列教材编委会

（按拼音排序）

主　任：李晓华（河北环境工程学院）

副主任：耿世刚（河北环境工程学院）
　　　　张　静（河北环境工程学院）

编　委：曹　宏（河北环境工程学院）
　　　　崔力拓（河北环境工程学院）
　　　　杜少中（中华环保联合会）
　　　　杜一鸣［金色河畔（北京）体育科技有限公司］
　　　　付宜新（河北环境工程学院）
　　　　高彩霞（河北环境工程学院）
　　　　冀广鹏（北控水务集团）
　　　　纪献兵（河北环境工程学院）
　　　　靳国明（企美实业集团有限公司）
　　　　李印杲（东软教育科技集团）
　　　　潘　涛（北京泷涛环境科技有限公司）
　　　　王喜胜（北京京胜世纪科技有限公司）
　　　　王　政（河北环境工程学院）
　　　　薛春喜（秦皇岛远中装饰工程有限公司）
　　　　殷志栋（河北环境工程学院）
　　　　张宝安（河北环境工程学院）
　　　　张军亮（河北环境工程学院）
　　　　张利辉（河北环境工程学院）
　　　　赵文英（河北正润环境科技有限公司）
　　　　赵鱼企（企美实业集团有限公司）
　　　　朱溢镕（广联达科技股份有限公司）

生态环境产教融合系列教材
总　序

  引导部分地方本科高校向应用型转变是党中央、国务院的重大决策部署，其内涵是推动高校把办学思路真正转到服务地方经济社会发展上来，把办学模式转到产教融合、校企合作上来，把人才培养重心转到应用型技术技能型人才、增强学生就业创业能力上来，全面提高学校服务区域经济社会发展和创新驱动发展的能力。为推动我校转型发展，顺利完成河北省转型发展试点高校的各项任务，根据教育部、国家发展改革委、财政部《关于引导部分地方普通本科高校向应用型转变的指导意见》（教发〔2015〕7号），《河北省本科高校转型发展试点工作实施方案》等文件精神，特组织编写生态环境产教融合系列教材。

  我校自被确立为河北省转型发展试点高校以来，以习近平新时代中国特色社会主义思想为指导，坚持立德树人根本任务，坚定不移培养德智体美劳全面发展的高素质应用型人才；以绿色低碳高质量发展需求为导向，优化学科专业结构，建设与行业产业需求有机链接的专业集群；以产教融合为人才培养主要路径，建立产教融合协同育人的有效机制；以培养高素质应用型人才为根本目标，探索"五育并举"的实现形式，创新产教融合人才培养模式，改革课程体系和教育教学方法，打造高水平"双师双能型"教师队伍，把学校建设成为教育教学理念先进、跨学科专业交叉融合、多元主体协同育人充满活力、服务地方经济社会能力突出、生态环保特色彰显的应用型大学。为深入推进转型发展，切实落实各项任务，确保实现"12333"转型发展目标，学校实行转型发展项目负责制，共包含产业学院建设项目、专业产教融合建设项目和公共课程平台建设项目3类。根据OBE教育理念，构建"跨学科交叉、校政企共育共管、多元协同促教"的产教融合人才培养模式，着眼于建设特色鲜明高水平应用型大学的办学目标，通过实施项目负责制精准推进产教融合。25 个本科专业实现了校企合作办学全覆盖，7 个产业学院、10 个专业和 5 个课程平台投入建设，通过多层次、多渠道与相关行业企业开展实质性合作办学，不断深化产教融合、校企合作，校企协同育人机制初步形成。

编写产教融合教材是转型发展工作中的重要环节，是学校与企业之间沟通交流的重要载体。教材建设团队坚持正确的政治方向和价值导向，将先进企业的生产技术、管理理念和课程思政教育元素融入教材。教材的编写推进了启发式、探究式等教学方法改革和项目式、案例式、任务式企业实操教学等培养模式综合改革；有利于促进人才培养与技术发展衔接、与生产过程对接、与产业需求融合；有利于促进学生自主学习和深度学习。产教融合教材和对应课程依据合作企业先进的、典型的任务而开发，满足学生顶岗实习需求、项目教学需求、企业人员承担教学任务需求。课程开发和教材编写人员组成包含共建实习实训基地项目和创新创业项目人员及顶岗挂职人员，确保教材能够将人才链、创新链、产业链有机融合，为应用型人才培养贡献力量。

序

作为外贸的新业态、生力军，跨境电子商务历经 20 多年的发展，已成为我国传统外贸创新、传统产业转型发展的重要载体与渠道。作为新业态、新模式，跨境电子商务在应对复杂多变的国内外大环境、推动我国经济高质量发展、促进我国企业在全球价值链攀升中表现出不可忽视的重要作用。从全球电商的发展趋势来看，随着年轻消费群体的需求越来越个性化，活跃在各类社交媒体的用户数量越来越多，推动着跨境电商从传统单一的图文与货架模式进入更丰富立体的视频与沉浸模式，在全球年轻的"Z 世代"群体的推动下，社交电商正在重塑全球跨境电商业态，我们进入了一个全新的、去中心化的"全球微贸易"时代，这带来了更广阔的增量市场与新的生机，也对这个行业的人才培养提出了全新的挑战。

随着大数据、人工智能在跨境电商领域的深度、广泛应用，企业一方面面临技术的颠覆，技术为企业带来更低门槛和成熟的贸易服务，另一方面在社交化、去中心化电商模式转型的过程中，人的影响变得更大。从企业实际来看，人才缺乏依然是制约企业跟上节奏快速转型的因素。目前全国有 98 所高校、341 所职业院校开设了跨境电商专业，每年有大量高学历毕业生，但人才缺口依然巨大。巨大的人才缺口不是指相关人才数量少，而是人才的供需质量不对位，在课堂培养与企业的实际岗位用人需求之间始终存在难以逾越的鸿沟。越来越多的传统企业、个人创业者不断进入跨境电子商务，尤其年轻人在这个行业的力量和热情不可小觑，但是这个行业的信息不对称、知识不准确的情况依然存在。跨境电商由于跨文化、跨地域、跨海关、跨语言、整体链条长、跨界属性强，需要的人才就变得很多元，既要知识体系足够宏观、宽广，又要在某一个专门领域足够纵深、足够专，一句话描述就是既要通才，又要专才。局外人"雾里看花"，局内人也不乏"坐井观天"，真正把生态链条、业务模式真实还原、实时还原的机构和平台凤毛麟角。尤其是传道授业解惑的教师群体，对这个出海赛道的知识与理论掌握，更是停留于过时的材料和模拟系统，基于这个赛道的数字化渗透强、行业模式更新迭代速度快的特点，需要一线实战的业务执行讲师进行第一手消息、资讯、方法、案例、数据的知识传递，只有如此才能让跨境电商人才培养进入一个真实还原、有效循环的轨道。

　　本书的创作方式很有特点，采用项目式、案例式、任务式，很务实地解决了上述问题，带学生走进跨境电商的真实世界，是学校与企业之间开展产教融合的得力教材与工具。希望这样的书籍能够多多推广，也希望更多的教师参与到跨境电商的实战、实操研究与践行中，感谢本书的各位编纂老师，谢谢他们为此付出的心血与努力，相信中国企业的跨境出海之路会越走越宽广，越走越坚实，在世界舞台展示中国优秀的商品与文化，让全球的老百姓享受到更美好的商品与服务！

敦煌网集团研究院院长

跨境电商 50 人论坛智库专家成员　　李丽

中国贸易促进会标准化技术委员会副主任

前　言

近年来，随着电子商务市场规模进一步扩大，直播电商、即时零售等电子商务新业态蓬勃发展，电子商务成为数字经济的重要组成部分。电子商务行业就业规模进一步扩大，电子商务人才需求进一步增加，电子商务已成为"稳就业"的重要阵地。2022 年中央经济工作会议指出，要大力发展数字经济，支持平台企业在创造就业中大显身手。同时，电子商务人才供给进一步优化，2022 年发布的新版《中华人民共和国职业分类大典》中新设"电子商务服务人员"职业小类，下设两个职业——电子商务师和互联网营销师，国家职业分类的调整体现了经济社会发展带动就业领域的创新，新经济业态催生大量新兴岗位，凸显了电子商务人才服务国家战略的重要性，为新兴领域和新兴岗位的从业人员提供了更大的职业发展空间。

随着构建"以国内大循环为主体、国内国际双循环相互促进"的新发展格局不断深化，跨境电子商务作为国际贸易的新业态、新模式，已成为外贸发展的新动能、转型升级的新渠道和高质量发展的新抓手，在增强国内大市场全球吸引力的同时，有效释放了国内强大的供应链生产力，持续助力提升协同国内、国外两个市场、两种资源的能力。可以说，跨境电子商务是中国对外贸易的新质生产力。也正是这一新质生产力，使当今的国际贸易模式新业态正呈现出货物贸易与服务贸易融合、贸易与产业融合、线上与线下融合的新趋势，跨境电商的蓬勃发展正在带动世界贸易全流程和各环节数字化发展。跨境电商直播、数字化营销、海外仓管理、本土化运营等新型职业岗位对跨境电商人才需求呈现爆发式增长，也对从业人员的知识结构、技能水平及职业素养提出了全新的要求，有效推动了跨境电商人才培养的改革与发展。随着跨境电商行业的高速发展，人才需求缺口不断扩大，为人才市场带来了更多的机遇。《"十四五"电子商务发展规划》显示，跨境电商从业人员呈递增趋势，到 2025 年将增长至 7 000 万人，普通人群转型做跨境电商的意愿也在不断增强。在跨境电商核心岗位中，多平台运营人才需求处于快速增长、供不应求的阶段，相关岗位对跨境电商运营人才跨境电商全链条业务能力、掌握各大平台操作流程等能力都提出了更高要求。

　　本书以主流跨境电商平台业务流程为导向，以职业能力培养为主线，以岗位教学、项目教学的理念构建教材编写体例，以虚拟仿真操作拓展教学内容。教材以行业认知实习为引导，依托多个跨境电商平台创设学习情境、布置工作任务，从而激发学生思考，有利于师生互动，解决操作中的疑难点，加强学生主动思考的能力，更有助于培养学生的创新思维。每一项目后均有实训拓展操作，进一步提高学生实训能力。

　　本书是"生态环境产教融合系列教材"中的核心课程教材。本书将先进企业的操作流程、管理理念和课程思政教育元素有机融入，教材编写有利于推进启发式、探究式等教学方法改革和项目式、案例式、任务式企业实操教学等培养模式综合改革，有利于促进人才培养与技术发展衔接、与生产过程对接、与产业需求融合，有利于促进学生自主学习和深度学习。

　　本书全面落实立德树人根本任务，坚持把习近平生态文明思想贯穿于教材编写过程，挖掘课程元素，全方位、浸润式、多途径传播生态文明理念，创新性加入绿色电子商务认知等新内容，将绿色种子深植学生心中，点燃绿色希望，培养学生建设美丽中国、幸福家园的家国情怀，培育具有生态文明理论和实践能力的时代新人，推动青年学生做生态文明理念的积极传播者和模范践行者。

　　本书由河北环境工程学院冯晓宇担任主编；河北环境工程学院卢萌、张佳音、陈潇伊，敦煌网集团研究院李丽担任副主编。本书编写过程中，浙江思睿智训科技有限公司市场部总监李路、阿里巴巴国际站秦唐服务中心负责人张凯、秦皇岛跨境电商协会秘书长贾华东、康泰医学系统（秦皇岛）股份有限公司跨境电商负责人白倩等行业企业一线人员提供了大量真实案例、数据资料、软件服务和平台技术支持，本书的出版得到了中国环境出版集团的大力支持，在此表示由衷感谢。

　　本书在撰写过程中参考了许多相关的书籍和文章，书中可能未一一列出，在此一并向有关作者和出版单位表示衷心的感谢！

　　由于跨境电商平台及相关软件迭代升级较快，书中部分内容恐有过时之处，操作时请以平台实际界面和软件最新版本为准。由于时间仓促，编者水平和能力所限，书中难免存在不妥之处，敬请读者原谅，并提出宝贵意见。

编　　者

2024 年 3 月

目　录

项目1 电子商务与绿色电子商务认知

【立德树人园地】

通过行业认知，引领学生进一步理解中国梦，提升民族自豪感。通过对近年来我国电子商务行业蓬勃发展的认知，让学生正确认识到跨境电商对企业转型和未来发展的影响，中国企业正在自信地走向世界，培养学生的民族自豪感，树立民族自信心。通过对绿色电子商务的认知，培养学生建设美丽中国、幸福家园的家国情怀，全方位、多途径传播生态文明理念。

【实训任务引领】

登录任意1～2个招聘网站（猎聘网、中华英才网、智联招聘、58招聘、前程无忧、Boss直聘等），查询电子商务热门岗位（如电商运营、网页编辑、网络营销、新媒体运营、直播运营、数据分析等），选取几家你感兴趣的企业，结合电子商务行业的发展趋势，了解企业概况、相关岗位的岗位职责与任职要求等，分析企业电子商务岗位设置及市场需求情况，结合自己的兴趣，设计自身的职业规划。

任务一　电子商务行业认知

1.1　电子商务的概念

电子商务是基于泛在网络的电子交易行为或以达成交易为目标的商务行为，交易的客体包括有形商品和数字化产品及服务，主要表现形式包括网络零售和企业之间的电子商务交易等。

近年来，电子商务模式与业态迭代创新，即时零售、直播电商、短视频电商、社区团购等新业态加速演进，无人零售、大规模定制、小程序电商等新消费场景不断涌现。电子商务拉动消费增长的作用持续加大，为消费者提供了层次丰富、形式多样的消费选择，推动人民生活水平从全面小康向更高目标迈进。同时，"丝路电商"①提质扩容，跨境电商蓬勃发展，促进外贸进出口持续增长。"数商兴农"深入实施，电商惠农机制不断创新，助力巩固拓展脱贫攻坚成果同乡村振兴有效衔接。电子商务催生了一批新的职业形态，成为许多年轻人创业的主阵地、增加居民收入的新渠道。电子商务作为数字经济的重点领域，

---

① "丝路电商"是为了推进"一带一路"经贸合作打造的国际合作新平台。

正在从消费端向生产端、供给端快速推进,通过数实融合重构产业链与价值链,帮助传统产业转型升级。

当前,以人工智能为代表的新一轮科技革命在全球范围内迅速兴起,电子商务领域将运用先进数字技术,进一步创新管理模式、运营模式和营销模式,打造新的业务增长点,提升用户体验,持续创新场景应用。电子商务领域也将践行绿色发展理念,贯彻落实碳达峰、碳中和目标要求,不断提升节能减排和集约发展水平,助力经济社会可持续发展。我国已连续十年保持全球规模最大的网络零售市场地位,立足实施扩大内需战略,电子商务创新发展将继续为我国消费市场成长壮大提供重要动力。面对复杂多变的国际环境,"丝路电商"合作先行区加快创建,不断拓展国际经贸合作空间;跨境电商推动中国制造向全球化发展,有力保障全球产业链供应链稳定。未来,电子商务将在增强我国经济发展韧性、服务构建新发展格局、实现高质量发展中发挥更大的作用。

1.2 我国电子商务的发展特点

1.2.1 电子商务模式与业态迭代创新

即时零售赋能实体商业数字化转型。在"宅经济"带动下,我国电子商务线上、线下协同联动快速发展。即时零售新模式首先在外卖领域出现,随着外卖骑手配送的商品种类越来越丰富,外卖平台也从以餐饮配送为主演变成"万物配送到家"的平台。在数字技术支撑下,从生鲜电商配送到预制菜火爆销售,再到抗疫药品的线上销售,我国即时零售实现高速发展。数据显示,2022 年我国即时配送订单超过 400 亿单,同比增长 30% 左右①。各大电商平台和传统零售企业纷纷布局即时零售,平台和自营两种即时零售模式同步发展。即时送达的便利性与商品品类的多元性吸引越来越多的消费者选择即时零售。即时零售新业态的兴起,不仅开拓了电子商务新的增长点,使得时效性和本地化属性强的消费需求在线上得到满足,还为线下实体商家带来新的发展机遇。依托线下实体零售业务和末端配送效率优势,即时零售业务向上下游延伸,有助于打通全领域数字化通路,助力线下实体商业实现线上线下相融合。

电商直播间成为新型网络店铺。截至 2022 年 12 月,我国直播电商用户规模为 5.15 亿个,较 2021 年 12 月增长 5 150 万个,已占网民整体的 48.2%,消费者通过直播电商购买商品已成为一种常态化的购物方式。伴随用户规模的持续扩大及交易额的不断攀升,直播电商吸引更多商家将其作为营销引流的"标配",服务范围快速扩大。商务大数据监测显示,2022 年,电商平台累计直播场次数超 12 亿场,累计观看人次近 11 万亿人次,直播商品数超 9 500 万个、活跃主播数近 110 万人。① 2023 年 11 月,直播电商保持快速增长势头,持续赋能实体商家,店播销售额占比增至一半。直播电商利用"人货场"新交互场景激发消费者潜在需求,缩短消费决策时间,销售转化率较传统电商明显提升。近两年,主要直播电商平台交易额增速高于传统电商平台,直播电商对传统电商产生了一定的替代效应。与传统网店相比,直播间能实现双向实时互动,凭借超长的直播时长和密集的场次覆盖,直播间已成为新型网络店铺。同时,直播电商利用更丰富的视频信息推介,把一些原本难

---

① 中华人民共和国商务部. 中国电子商务报告 2022[R]. 2023.

以在线上销售的非标品也加入了直播间货架。品牌商纷纷入驻直播间，品牌自播成为企业营销的重要方式，利用私域流量助力品牌持续增长。随着人工智能和虚拟现实技术（VR）的迅速发展，已崭露头角的虚拟主播应用将更加广泛。直播电商行业正从流量驱动转为产品和内容驱动，进入以品牌自播、知识主播、技术赋能和定制化直播等为特点的发展新阶段。

线上服务助力消费场景创新。2022 年政府工作报告提出"推动线上线下消费深度融合，促进生活服务消费恢复，发展消费新业态新模式"。推进生活服务业数字化转型，不仅对方便百姓生活、提振消费具有重要意义，而且为行业转型升级和高质量发展注入了新动力。新一代信息技术与服务业深度融合，"互联网+"激发服务业新动能，打破了服务消费供需双方在时空上的限制，拓展了服务消费场景，改善了服务消费体验，推动线上服务消费供给更加丰富，使服务消费市场增长潜力加速释放。互联网家政平台用户规模不断增长，线上渗透率持续提升，线上渠道已成为家政行业重要的需求来源。

数实融合新模式更加丰富。产业电商平台交易功能进一步强化，2022 年商务部重点监测平台交易额增幅达到 30%；国家电子商务示范基地作用更加凸显，整合培育形成 30 余个数字化产业带，助力行业企业降本增效；"数商兴农"成效显著，2023 年农村和农产品网络零售额分别达 2.49 万亿元和 0.59 万亿元，增速均快于网络零售总体。[①]

服务消费新热点更加多元。2023 年，在线旅游、在线文娱和在线餐饮销售额合计对网络零售增长贡献率 23.5%，拉动网络零售增长 2.6 个百分点。其中在线旅游销售额增长 237.5%，哈尔滨冰雪季、贵州村超等旅游亮点频出；在线文娱销售额增长 102.2%，其中演唱会在线销售额增长 40.9 倍；在线餐饮销售额增长 29.1%，占餐饮消费总额的比例进一步提高到 22.2%。[①]

1.2.2　电子商务助力消费复苏

网络零售成为稳定消费市场的中坚力量。2023 年以来，我国电子商务保持较好发展势头，创新融合不断深化，在扩内需、稳外贸、促开放方面发挥积极作用，扩大消费新动能更加强劲。2023 年全年网络零售额 15.42 万亿元，增长 11%，连续 11 年成为全球第一大网络零售市场；实物商品网络零售占社会消费品零售总额的比重增至 27.6%，创历史新高；绿色、健康、智能、"国潮"商品备受青睐，国产品牌销售额占重点监测品牌比重超过 65%；促进家居消费政策出台以来，2023 年 8—12 月适老家具、家庭影院、家用装饰品分别同比增长 372.1%、153.3%和 64.6%。商务部、北京市人民政府主办"2022 中国电子商务大会"，指引电子商务创新发展方向；商务部牵头指导举办"全国网上年货节""双品网购节"等活动，指导各电商平台对"618""双十一"等促销活动加大投入力度，激发线上消费潜力。"双十一"促进消费需求进一步释放，根据商务大数据监测，2023 年 11 月当月，网络零售增速较上月加快 1.7 个百分点。数字、绿色、健康消费热度攀升，智能手表、环保涂料、保健按摩器销售额同比增长超 50%，激活元旦、春节在线旅游市场，出境游在线销售额同比增长超过 10 倍。[②]

① 中华人民共和国商务部. 中国电子商务报告 2022[R]. 2023.
② 商务部新闻办公室. 商务部电子商务司负责人介绍 2023 年我国电子商务发展情况[EB/OL]. 中华人民共和国商务部网站，2024-01-19. http://www.mofcom.gov.cn/article/xwfb/xwsjfzr/202401/20240103467547.shtml.

1.2.3 电子商务与传统产业深度融合

企业对企业（B2B）电子商务助力工业品线上采购与供应链服务。在政策引导支持、市场需求驱动及数字技术进步等多重利好因素的共同作用下，工业品 B2B 市场规模保持上升态势。2023 年，企业线上采购持续增长，产业链上下游企业主动参与和加速数字化转型，工业品 B2B 平台业务由平台主导推动转向上下游企业协同推动。在宏观经济增速放缓和生产要素成本较快增长的背景下，产业链上游商家在获客、产品营销、精准匹配下游采购客户需求及线上运营效率等方面存在能力不足的短板，同时产业链下游客户也面临传统采购的诸多痛点，更倾向于选择更为便利和低成本的线上采购方式。工业品 B2B 平台不断完善服务生态，在线上交易服务的基础上，不断提升线上运营、供应链金融、仓储物流服务以及本地化服务等多元服务能力，助力供应链数字化升级，提升产业链要素配置效率。

电子商务贯通生产与消费促进数实深度融合。制造业企业通过打造电子商务平台，聚合消费者、服务商、供应商等主体，搭建供给与需求数字化桥梁，在打通消费、设计、生产与供应数据的基础上，通过消费与需求数据分析提升供给侧的研发、设计、生产精准度和效率，提高供需匹配度，形成以客户为中心的定制生产模式。电商平台企业基于大数据分析的灵活响应优势纷纷发力定制化生产服务，通过订单驱动智能化生产，由点及线到面，逐步带动制造全流程贯通和产业链上下游协同，提升供应链服务的弹性和快速响应能力，助力制造业数字化智能化转型。人工智能助力降本增效，虚拟试衣间、智能客服、数字人24 小时直播等加快应用。快递物流应用大数据规划运力，投入智能分拣和搬运机器人、无人车等设备，提升配送时效，优化消费体验，"双十一"物流运行趋稳，当日达、次日达比例大幅提升。

各地积极推动电子商务与产业融合发展。2022 年以来，各地主动适应经济发展新常态，大力推动电子商务与传统产业融合，助力经济高质量发展，立足电子商务连接线上线下，衔接供需两端，对接国内、国外市场的重要定位，进一步做大、做强、做优电子商务产业，加快赋能经济社会数字化转型。

1.2.4 电子商务国际化稳步推进

"丝路电商"合作提质扩容。我国电子商务多边、双边国际合作持续推进，为我国跨境电商发展提供了良好的国际环境。2023 年 11 月 23—27 日，第二届全球数字贸易博览会在浙江杭州举办，1 018 家企业参展、120 项成果发布、100 场首发首秀首展，展现数字贸易蓬勃发展的新技术、新场景、新业态。在首次举办的"丝路电商"国际合作论坛中，中国商务部国际贸易经济合作研究院发布《"丝路电商"合作发展报告（2016—2023 年）》。该报告认为，"丝路电商"顺应电子商务技术应用、模式创新快速发展趋势，顺应相关国家推动数字经济发展、分享中国规模市场红利诉求，已成为推动共建"一带一路"高质量发展的重要途径，完善数字经济国际治理体系的重要方式，推动构建新发展格局的重要举措。以促进品牌、品质消费为例，"非洲好物网购节""买在金砖""数商兴农""聚合中亚云品""网罗东盟好物"等专题活动打造了百余个"丝路电商"国别爆款，促进了"丝路电商"伙伴国特色产品对接中国市场。

　　跨境电商成为稳外贸、促消费重要抓手。党的二十大以来，面对复杂严峻的国内外形势和多重超预期因素冲击，国家聚焦行业痛点，着力解决跨境电商发展的共性问题。从完善支持政策入手，国家出台一系列便利跨境电商进出口的政策措施，支持符合条件的跨境电商企业发展，取得显著成效。跨境电商企业通过打造要素集聚、反应快速的柔性供应链，提升商品与服务质量，更好地满足了海外消费者个性化、定制化的需求。跨境电商凭借线上交易、非接触式交货、交易链条短等优势在稳外贸方面发挥了重要作用。作为外贸新势力的代表，2023 年跨境电商进出口额 2.38 万亿元，同比增长 15.6%，拉动同期货物贸易进出口增速超 1 个百分点。不少跨境电商平台通过举办促销活动、加大流量投入、提升服务水平等方式，进一步赢得包括欧美在内的国际消费者青睐，在假日购物季中表现良好。上海、广西、陕西、海南等举办东盟好物网购节、中亚主题日，开展使节直播，线上线下国际电商合作进一步深化；国内主要电商平台进口商品销售额达 2 903.4 亿元，消费选择更加丰富多元。[①]

　　跨境电商进口成为消费升级新路径。在我国居民消费升级的过程中，模仿式、排浪式消费逐渐淡出，个性化和多样化渐成主流，跨境电商"买全球"的特性可以满足国内消费者追求个性化和品质化的消费需要，已成为国内消费者全球购物重要渠道。随着外贸数字化转型步伐的加快，跨境电商品牌培育正向全阵营、全渠道、全市场发展。

1.3　我国电子商务的发展趋势

1.3.1　电子商务为扩内需拓消费提供新动能

　　2023 年中央经济工作会议对 2024 年经济工作作出重大战略部署，要加快培育外贸新动能，巩固外贸外资基本盘，拓展中间品贸易、服务贸易、数字贸易、跨境电商出口。党的十八大以来，我国电子商务快速发展，成为全球规模最大的网络零售市场，迸发出极大的创新活力，释放了强大的消费引领和促进动力，为广大消费者提供了层次丰富、品种多样的消费选择，推动人民生活水平从全面小康向更高目标迈进。新一轮信息技术革命催生的电子商务创新发展，是过去十年支撑和推动我国消费市场成长壮大的重要动力，也是未来一段时期扩大消费的重要抓手。电子商务既对传统线下消费产生一定替代（替代效应），也在不断创造和满足全新的消费需求（新增效应），激发电子商务创新动能的关键是要放大新增效应。

　　未来应进一步建设和完善物流、信息、金融基础设施，拓展线上消费的市场边界，降低商品流通成本，促进供需高效匹配，提升消费支付便利，有效放大线上消费的促进作用。鼓励和促进电子商务创新发展，培育直播电商、短视频电商、社交电商、内容电商等新业态新模式，打造即时零售、无人零售等新消费场景，拓展新国货品牌、智能消费、绿色消费等新型消费热点，开辟低线城市[②]和农村等新市场空间，持续放大电子商务的新增效应，为扩大内需和促进消费注入更强劲和更持久的动能。

---

① 商务部新闻办公室. 商务部电子商务司负责人介绍 2023 年我国电子商务发展情况[EB/OL]. 中华人民共和国商务部网站，2024-01-19. http://www.mofcom.gov.cn/article/xwfb/xwsjfzr/202401/20240103467547.shtml.
② 指三线及以下城市。

1.3.2 电子商务赋能传统产业创新引领发展

当前,我国经济恢复的基础尚不牢固,"需求收缩、供给冲击、预期转弱"三重压力仍然较大,外部环境动荡不安,给我国经济带来的影响加深。应对这些挑战,要充分释放平台经济的创新引领作用,即通过创新优化供需匹配,提高资源配置效率,进而加快经济内循环流速,缓解国内经济压力。电子商务作为平台经济发展的重点领域,不仅连接了生产者与消费者,同时通过重构产业链与价值链等方式创造着新的价值。电子商务平台凭借自身技术优势,正在从消费端快速向生产端、供给端推进,以数字化转型为导向形成供求高效匹配的新机制,培育产业发展新动能。电商平台通过数据要素的深入挖掘和算法推荐技术的合理应用,帮助企业及时捕捉消费新需求,赋能企业创造新产品、新服务、新场景。

当前以人工智能为代表的新一轮科技革命在全球范围内迅速兴起,人工智能在各个行业的应用程度都呈现不断加深的趋势,应用场景也越来越广泛。应支持电商平台企业加强能力建设,运用人工智能、云计算、虚拟现实等先进技术,创新管理模式、运营模式和营销模式,打造新的业务增长点、提升用户体验、保持核心竞争力。随着电商平台数字技术能力的不断提升,其助力传统产业转型升级的能力也将与日俱增,在赋能制造业转型升级、推动农业数字化转型、促进服务业线上线下融合转型及扩大内需等方面将创造更大价值。未来,随着平台经济在数字技术上不断增加投入,以及系统化、长期稳定、常态化的平台经济综合监管生态的形成和完善,更多电商平台企业将成为创新引领实体经济发展的重要力量。

1.3.3 电子商务助力创造就业改善民生

电子商务催生了多样化的就业领域和职业类型,创造了一批新的职业形态,丰富了劳动者的职业选择。近年来,以电商主播、外卖骑手、快递小哥、网约车司机等为代表的新就业形态劳动者数量激增,电子商务在一定程度上成为就业的稳定器和蓄水池。随着数字经济与实体经济深度融合,产业数字化步伐加快,电子商务相关职业将更好发挥就业容量大、种类多样、层次丰富、进出灵活等优势,成为吸纳青年等重点群体创业就业的主阵地、提升居民劳动收入的新渠道,助力创造就业和改善民生。有关部门将从增强群体发展的可持续性、改革现有劳动力市场制度安排以及强化权益保障等方面实施相关举措,完善电子商务相关职业设置,加强电子商务灵活就业人员劳动保障,优化就业公共服务,为电子商务领域高质量充分就业提供有力支持。2022 年发布的新版《中华人民共和国职业分类大典》首次标识了 97 个数字职业,并将"电子商务服务人员"提升为职业小类。在此基础上,电子商务职业体系将逐步完善,高度专业化和细分化的新职业不断涌现,相关职业标准、技能培训和能力认定服务跟进,促进更多劳动者在电子商务领域实现就业。电子商务相关新职业将进一步激发劳动者的积极性、主动性和创造性,推动劳动者学习新知识、掌握新技能、增长新本领,电商平台企业也将更好发挥吸纳和拓宽灵活就业渠道的先行者作用。

1.3.4 电子商务在国际合作中发挥作用

"丝路电商"合作先行区加快创建，对标高标准国际经贸规则，不断丰富"丝路电商"合作内涵，推动电商企业"走出去"和海外优质产品"引进来"，打造"一带一路"电子商务大市场。2023 年，我国对共建"一带一路"国家进出口额达到 19.47 万亿元，同比增长 2.8%，占我国外贸总值的 46.6%，规模和占比均为"一带一路"倡议提出以来的最高水平。①

我国在推动全球数字经济发展与治理方面扮演着重要角色，为电子商务企业参与国际竞争与合作提供了更为广阔的发展空间。世界贸易组织（WTO）第 12 届部长级会议期间，成员部长达成《关于〈电子商务工作计划〉的部长决定》，同意将电子传输临时免征关税的做法延续至下一届部长级会议，这一决定有利于降低贸易成本，并为中小企业提供更多机会。

我国积极推进并参与的《区域全面经济伙伴关系协定》（RCEP）已于 2022 年生效实施，全球人口最多、经贸规模最大、最具发展潜力的自由贸易区正式起航，为动荡的世界经济注入了更多稳定性和确定性。2023 年我国对 RCEP 其他 14 个成员国合计进出口 12.6 万亿元，较协定生效前的 2021 年增长 5.3%；对拉丁美洲、非洲进出口分别增长 6.8%、7.1%；第四季度对欧盟、美国进出口出现回暖，全年分别进出口 5.51 万亿元、4.67 万亿元。我国正大力推动申请加入《数字经济伙伴关系协定》（DEPA），积极参与数字经济国际规则制定，拓展国际经贸合作新空间。

未来，全球数字经济发展将维持高速增长的势头，须抓住全球数字化转型新机遇，支持引导跨境电商企业应对国际形势变化、加强合规能力建设、加快转型升级，促进企业实现高质量的国际化发展。一方面，电子商务平台企业"走出去"。引导有条件的平台企业拓展全球消费市场，向海外布局包括短视频、网络直播、网约车在内的更多数字化产品和服务，向更多国家和地区提供我国平台企业的云服务和先进技术，加速技术出海、模式出海，加快开拓海外市场。另一方面，电子商务助力实体企业"走出去"。进一步延续我国跨境电商良好发展态势，通过跨境电商赋能中国商品摆脱低价铺货模式，打造中国品牌，增强国际竞争力，推动中国制造向全球化发展，拓展参与国际贸易的空间，提升中国制造的服务增值和品牌溢价。

任务二 绿色贸易与绿色电子商务认知

近年来，极端气候事件频发，给人类生存和发展带来严峻挑战。在全球合作应对气候变化的背景下，贸易发展与环境保护的关系成为主要经济体和国际组织关注的焦点，绿色贸易成为广泛讨论的议题。2023 年年底，在阿联酋举行的《联合国气候变化框架公约》第二十八次缔约方大会（COP28）对《巴黎协定》进行了首次全球盘点，推动全球共同应对

① 叶攀. 2023 年，我国与共建"一带一路"国家进出口达到 19.47 万亿元[EB/OL].中国新闻网，2024-01-12. https://www.chinanews.com.cn/cj/2024/01-12/10144897.shtml.

气候变化迈出坚实步伐。人类在应对气候变化、推进绿色低碳转型方面仍面临不少挑战，应加强绿色发展合作，破除各种绿色壁垒，共同推进经济社会发展全面绿色转型。

绿色是中国式现代化的亮丽底色。践行绿色发展理念，贯彻落实碳达峰、碳中和目标要求，提高节能减排和集约发展水平是电子商务行业实现高质量转型发展的必然要求。近年来，电子商务在低碳发展、绿色供应链管理、引导绿色消费、平台绿色转型、发展绿色金融等方面取得了良好成效，绿色创新水平进一步提升。同时，随着电子商务规模增大，电子商务领域碳排放仍在增长，且线上、线下消费环境影响差异明显，电子商务"双碳"发展还需进一步深化。此外，绿色供应链转型存在"瓶颈"，线上购物仍对环境有一定影响，电子商务绿色金融体系还需进一步完善，电子商务绿色发展潜力巨大。

2.1 绿色贸易理念的产生和发展

随着全球气候变化影响加剧，各国积极探索绿色低碳发展之路、参与全球气候治理，已有 130 多个国家和地区宣布到 21 世纪中叶实现净零排放目标。2020 年 9 月，中国宣布力争 2030 年前实现碳达峰、努力争取 2060 年前实现碳中和，为全球应对和减缓气候变化做出贡献。主要大国加快应对气候变化国际合作，中国与欧盟通过建立并发展气候变化伙伴关系，围绕可再生能源、碳捕获和封存等关键议题进行了大量务实合作。2023 年 11 月，中美两国共同发表《关于加强合作应对气候危机的阳光之乡声明》，提出致力于有效实施《巴黎协定》及其决定，受到国际社会广泛赞誉。

国际贸易中商品和服务跨国流动对环境的影响，是多边贸易体制关注的重要内容之一。早在 1994 年，《关税及贸易总协定》乌拉圭回合谈判就达成了《关于贸易与环境的决定》。WTO 成立贸易与环境委员会，专门负责贸易与环境问题。2014 年，14 个 WTO 成员方发表声明，以开放诸边谈判的形式正式启动《环境产品协定》谈判，旨在实现对环境产品减免关税，推动环境产品自由贸易，截至 2016 年 12 月共进行了 18 轮谈判。

"绿色贸易"一词在国内外政策文件中多次出现，国际社会对推动绿色贸易达成一定共识。联合国相关机构政策文件中，绿色贸易主要指环境与贸易协调，《21 世纪议程》《里约环境与发展宣言》《可持续发展问题世界首脑会议的报告》《全球可持续发展报告》等文件中均强调贸易与环境相辅相成、相互协调、相互促进。2021 年，联合国环境规划署发布《绿色国际贸易：前进道路》，多次提及绿色贸易，并提出构建环境与贸易 2.0 议程，包括加强与贸易相关的环境政策、在贸易政策和协定中推动环境规制升级、推进环境与贸易相关合作等。欧盟《适应气候变化：迈向欧洲行动框架》等政策文件关注绿色贸易，其中的绿色贸易主要有两层含义，即绿色贸易措施和绿色产品贸易。

目前，官方文件和学术界尚未对绿色贸易概念和内涵的界定达成统一。从广义上看，绿色贸易是指在生产、分配、流通、消费等环节中达到绿色标准的经济活动，包含国内贸易和国际贸易；从狭义上看，绿色贸易是指在产品贸易中防止由于贸易活动而威胁自然环境及对人类健康产生损害，进而实现可持续发展的经济活动。这种新的贸易形式，不仅关注市场上实际发生的成本，还将环境成本纳入成本核算范围。

全球绿色低碳转型步伐加快，越来越多的国家将发展绿色贸易作为推动经济转型、提高低碳领域国际竞争力和话语权的重要抓手，以环境产品为代表的绿色贸易在国际贸易发展中发挥着重要作用。

2.1.1　全球绿色贸易总体保持平稳增长

2013—2022 年，全球绿色贸易进出口总额年均增长率为 0.85%，2023 年前三季度达 6.5 万亿美元。绿色贸易规模波动与全球货物贸易基本同步，占比稳定在 20%～23%。2022 年，全球货物贸易显著增长，绿色贸易占比小幅下降，约占贸易进出口总额的 18.17%；中国绿色贸易进出口总额为 10 792.8 亿美元，全球占比 12.2%，比 2013 年提高 2.3 个百分点。[①]

2.1.2　发达国家和地区绿色贸易发展靠前

从 2022 年全球绿色贸易进出口总额来看，欧盟、美国和中国居前三位，合计占比 40% 左右，日本、英国、韩国等国家位居前列。2023 年前三季度，绿色贸易规模前十名的国家（地区）依次为欧盟、美国、中国、日本、英国、墨西哥、韩国、加拿大、新加坡和印度，分别占全球绿色贸易进出口总额的 14.1%、13.5%、11.7%、4.2%、3.6%、3.4%、3.4%、2.7%、2.7% 和 2.3%，合计占比 61.6%。[①]

2.1.3　绿色贸易中环保科技产品占据主导地位

从产品类别看，环保科技、碳捕获和存储以及可再生能源产品进出口总额位居前列。2023 年前三季度，这三大类产品的进出口总额分别为 3.9 万亿美元、2.6 万亿美元和 1.9 万亿美元。从增速看，位于前列的是其他环境友好、碳捕获和存储以及环保科技产品。2013—2022 年，上述三大类产品的进出口总额年均增速分别为 4.7%、4.4% 和 3.8%。[①]

应对气候变化、推进绿色低碳转型成为全球共识，绿色贸易成为全球贸易的重要内容。在这样的大背景下，全球绿色贸易规模呈稳定增长态势，环境产品清单有望进一步扩大范围，市场参与方将更加多元。

2.2　我国绿色贸易发展情况

新形势下，发展绿色贸易是国际合作应对气候变化的重要路径，也是推动经济社会可持续发展的重要动力。我国将继续践行生态文明理念，加强绿色发展合作，提高经济绿色化程度，提升绿色贸易发展水平，为如期实现碳达峰、碳中和目标贡献更大力量。

2.2.1　优化全球绿色产品和服务贸易结构

发挥各地产业优势和绿色发展优势，加快绿色电力改造、推动绿色技术运用，鼓励企业优先采用低碳、节能、环保、绿色的材料与技术工艺进行绿色设计和制造，提升绿色产品出口竞争力。支持绿色产业链供应链的技术、设备、关键零部件及原材料贸易，增加环保、新能源等绿色低碳产品贸易，鼓励绿色消费品贸易。积极开展节能技术、低碳技术、绿色设计、环境服务、节能环保等知识技术密集型服务贸易。

---

① 绿色贸易成国际社会关注焦点　中国绿色贸易发展成效明显[EB/OL]. 中国新闻网，2024-02-03. https://www.chinanews.com/cj/2024/02-03/10158012.shtml.

2.2.2 加强国际绿色产业链合作

以绿色贸易带动上下游产业和关联产业实现低碳发展，加强绿色制造国际合作，推动构建绿色低碳产业链供应链合作体系，促进高端要素与实体经济高效协同发展。协调产业发展与绿色转型，提升绿色产品和服务供给能力，构建绿色产业体系。坚持集约化、绿色化、智能化方向，提高新型基础设施利用效率和绿色化水平。鼓励企业实施绿色采购、推行绿色包装，协同推进绿色供应链管理。发展绿色低碳运输，提升现代物流绿色化水平。

2.2.3 加强技术交流合作

降低绿色产品和技术的市场准入成本，加速其在全球范围内推广，完善应对气候变化的顶层设计。加大节能环保、清洁生产、清洁能源等领域绿色技术创新力度，开展国际科研合作和技术交流，实现绿色低碳技术创新突破。鼓励企业、高校、科研院所与相关国际组织开展绿色技术创新交流与合作。深化节能环保、清洁能源等领域技术装备和服务国际合作，推动绿色技术和绿色服务交流共享。推动发达国家兑现承诺，向发展中国家提供资金、技术、能力建设支持，提升绿色发展水平。

2.3 我国绿色电子商务的发展特点

绿色电子商务，是指以环保理念为核心，以互联网为平台，提供绿色、健康、低碳、可持续的商品和服务的一种新型电子商务模式。它将环境保护与商业盈利相结合，实现了经济效益与社会效益的统一。

2.3.1 电子商务绿色供应链管理不断优化

交通运输工具绿色转型。国务院发布的《新时代的中国绿色发展》白皮书中强调，在城市公交、出租、环卫、物流配送、民航、机场以及党政机关大力推广新能源汽车。在政策引导下，电子商务企业和货运平台纷纷采取相应措施助力物流和运输绿色发展。例如，京东物流集团 2021 年已在全国总计布局新能源车约 20 000 辆，使用清洁能源充电设施每年减少约 40 万 t 二氧化碳排放，通过升级新能源物流车辆，单车碳减排量可进一步提升 15%，综合碳减排提升 35%。顺丰物流也通过自购、租赁及外包等方式不断提升新能源车辆比重，持续扩大绿色车队规模，2021 年新能源车辆投放 21 278 辆。

快递包装低碳发展。从快递包装整个生命周期对环境的影响来看，快递包装的原材料和生产环节影响最大，因此电子商务平台和快递公司对供应链中绿色包装材料的研发升级和回收利用是推动电子商务平台和快递公司快递包装绿色转型的核心要务。作为绿色物流企业代表，菜鸟集团在出席 COP28 中国角主题边会上分享了菜鸟集团数字技术助力绿色物流创新方面的一系列实践。在订单环节，2021—2023 年菜鸟集团电子面单已应用于超 1 000 亿个包裹，为行业节省 4 000 亿张纸质面单。2023 年，菜鸟集团的绿色循环箱累计使用达 13 万次。菜鸟集团自主开发的路径算法在车辆调度方面已拥有 36 项世界纪录，通过优化路线规划，菜鸟集团在物流运输环节可大幅减少配送距离。

"互联网+物流"深度融合促进绿色革新。"互联网+"可在智能数据监控、智慧仓储、数字化平台、自动驾驶、路径优化、智能物流园区等具体的应用场景中，通过实时共享、整合资源、集成系统、采集和分析数据等方面提高运作和管理效率，提升用户体验和增值服务。例如，京东物流集团在智能绿色仓储、智慧物流园和数字化供应链平台方面发挥引领作用，打造了"京慧"数字化供应链平台产品，为"供应链规划设计""供应链计划管理""供应链执行管控"三大领域提供智能决策技术和模型，智能化管控能源消耗。

2.3.2　网络零售业务低碳转型有序推进

商务部办公厅发布的《关于推动电子商务企业绿色发展工作的通知》为支持电子商务企业绿色发展，引导电子商务企业提高绿色发展能力，积极探索形成资源节约、环境友好的企业发展模式，推动塑料污染治理、快递包装绿色转型等方面取得实效指明了方向。

阿里巴巴发布《阿里巴巴碳中和行动报告》，面向未来，提出三大目标：不晚于 2030 年实现自身运营碳中和；不晚于 2030 年实现上下游价值链碳排放强度减半，率先实现云计算的碳中和，成为绿色云；用 15 年时间，以平台之力带动生态减碳 15 亿 t。2020 年该企业总温室气体排放为 951.4 万 t。其中，实体控制范围内的直接温室气体排放为 51 万 t，由运营用电所产生的温室气体排放为 371 万 t。其旗下物流网络科技公司在全行业率先推出基于电子面单的数字化包裹管理工具，取代传统纸质面单、降低碳排放，累计应用超过 1 000 亿个快递包裹，节省纸张 4 000 亿张。2021 年"双十一"，天猫首次设立绿色会场，让绿色供需彼此对接，菜鸟集团"回箱计划"覆盖 8.7 万家菜鸟驿站，480 万消费者参与其中；高德与北京市交通委一起推出"MaaS"平台，引导用户使用公交、地铁、骑车等绿色方式出行，已累计激励绿色出行 42 亿人次；闲鱼作为世界最大的闲置消费市场，每天有超过 100 万件商品成交。

2.3.3　线上线下消费环境影响差异明显

随着电子商务规模不断增大，网络消费行为对环境的影响也越发受到关注。电子商务与线下商务在碳排放方面存在显著差异。相比线下商务，电子商务的碳排放更多集中在物流环节和数据中心的电力消耗上。因此，重视物流、数据等电子商务核心要素的绿色发展对减少碳排放和实现可持续发展具有重要意义。

在物流环节上，线上交易的商品在运输过程中会产生较多的碳排放，这主要取决于运输车的种类和能源类型，特别是冷链卡车和航空运输过程中会产生大量碳排放。受城市规划、汽车出行高峰和人口密度等因素影响，"最后一公里"产生的碳排放量在网络消费总碳排放量中占的比例较高。同时，线上交易的商品存在"二次包装"的情况，除了生产商对商品的初次包装，为确保商品物流过程中完好无损和增加物流效率所做的二次包装也造成一定的资源浪费。

国家邮政局快递大数据平台显示，截至 2023 年 10 月全年快递业务量已突破 1 000 亿件，2023 年快递业务量达到千亿件的时间较 2022 年提前了 39 天，2022 年相比于 2021 年仅仅提前了 7 天。我国快递业务实现飞跃式增长。根据《中国线上线下购物温室气体排放对比研究报告》估算，每单快递包裹产生碳排放约为 0.197 5 g 二氧化碳当量，高于线下购物使用塑料袋产生的碳排放量。尽管线上购物存在一些环境问题，但是在实际的购物过程中，我们也可以采取一些措施来减少对环境的影响，如选择绿色环保的包装材料、选择邻近的物流配送中心等。

2.4 我国绿色电子商务面临的挑战

2.4.1 电子商务"双碳"发展仍需进一步深化

《中国零售电子商务气候行动与环境表现（2023）》从气候变化与环境相关目标设立、气候变化与环境行动表现、气候变化与环境信息披露、平台用户可持续管理多角度分析指出，中国电子商务企业在气候变化与环境规划的响应速度与落实程度上还有很大提升空间。差距主要表现在一些企业缺乏清晰的目标指引，零售电子商务整体对可再生能源的使用尚未实现大规模突破，燃油车淘汰尚未成为主流减排路径等多个方面。

为满足市场需求，运营商、云厂商、互联网企业等纷纷对其数据中心进行升级、扩容与扩建，而数据中心在处理业务负载的过程中消耗大量电能，间接产生碳排放。尽管企业已经在降低数据中心整体的耗电量与碳排放上做了许多技术尝试，但按照"双碳"目标要求，当前数据中心电源使用效率（PUE）数值依旧偏高。提高节能新技术的应用水平、完善数据中心企业建设模式、解决数据中心能耗测算方法"双重失真"等问题是电子商务数据中心面临的新挑战。

2.4.2 绿色供应链转型"瓶颈"较为突出

供应链绿色物流科技研发和应用需要持续的资金和人才投入。面对巨额的研发成本投入，电子商务行业中很多中小企业望而却步。绿色科技的推广使用目前还仅集中在少数头部企业，而中小企业发展情况则参差不齐，绿色科技未在中小企业得到大规模普及。同时，供应链涉及上下游范围较广，涉及道路基建、仓储地产、设备制造、运输仓储管理服务等，参与的企业众多。但目前行业内所做的努力和探索还远未触及整个产业链的资源整合和整体优化，也缺乏统筹管理、设计和优化的机制，管理体系有待健全，行业和企业协同也有待加强，以形成共同推动绿色发展转型的合力。

2.4.3 线上购物仍对环境有一定影响

电商平台应用搜索功能和物流调配，有效减少线下零售储存、顾客等待时间以及人力成本消耗，但网络零售在物流运输和数据中心环节的能源消耗也会产生温室气体排放，线上购物模式如何能更加有效地减少温室气体排放量尚需持续探索。根据《中国电子商务报告 2022》，通过借助集成化的物流系统和利用数据驱动的资源配置策略，经由线上购物的碳排放量平均而言比实体店低 17%。尽管如此，顾客与商铺之间的距离、汽车燃料效率、汽车类型、商品类型以及储存方法等因素也会影响线上购物的碳排放。因此要实现电子商务的绿色发展，有关企业需要不断提高能源技术投入效率，采用更为环保的物流方案，包括利用更多的可再生能源以及选用更为高效的物流路线等。

网络消费的多样化使得人们的消费习惯和思维方式发生了转变，在一定程度上产生了过度消费行为。过度促销不仅会透支市场购买力，还会带来环境污染和不必要的浪费，直播电商购物消费存在购物冲动等问题，不符合社会经济的可持续发展要求。根据《中国电子商务报告 2022》，近七成受访者表示当主播推荐商品时如果喜欢该商品就会购买，44.1%的受访者认为自己存在购物冲动。解决这些问题，需要更好地引导消费者，提高理性消费能力，避免过度消费和浪费。同时，也需要加强对电商平台的监管，确保消费者权益和市场秩序得到有效保障。

2.4.4　电子商务绿色金融体系需进一步完善

尽管绿色金融正逐步覆盖电子商务领域，但尚未建立完整、全面的体系。截至 2022 年，共有 525 只绿色债券上市①，但相较于其他行业，电子商务及相关行业绿色债券的发行数量和规模在其中占比较小，电子商务行业的绿色转型面临较大的资金缺口，需要进一步完善绿色金融体系，以满足其绿色发展需要。

为了建立更完善的绿色金融体系，电子商务行业需要更多的绿色金融产品和服务，如发行绿色债券、提供绿色信贷、支持绿色投资等，这些措施可以促进电子商务企业的绿色投资和绿色发展。同时，还需要加强电子商务企业的绿色信息披露，提高透明度和公信力，以便吸引更多的绿色金融资本进入电子商务领域。此外，政府和监管机构也应该加强监管和规范，确保绿色金融产品和服务的质量和安全性。此外，需要加强对消费者的绿色意识和消费习惯的培养。消费者的购买行为对电子商务的绿色发展至关重要，因此，电子商务企业需要加强与消费者的沟通，加大宣传力度，提高消费者的绿色消费意识。同时，政府和社会组织也应该加强绿色消费的宣传和引导，形成良好的绿色消费氛围，支持电子商务行业的绿色转型和可持续发展。

【实训拓展操作】

1．分别进入京东网上商城、淘宝网、阿里巴巴 1688，浏览各网站首页的主要内容和功能，就电子商务模式、所经营的产品、购物搜索、支付方式、物流配送等进行详细的分析与对比，总结出这些网站的不同点和相同点，完成表 1-1。

表 1-1　京东商城、淘宝网、阿里巴巴 1688 比较分析

	项目	京东网上商城	淘宝网	阿里巴巴 1688
不同点	电子商务模式			
	所经营的产品			
	购物搜索			
	支付方式			
	物流配送			
相同点：				

2．掌握常见的网络信息检索方法，完成以下练习题。

（1）利用中国知网、万方数据库、维普网、国研网等查找企业对消费者（B2C）、消费者对消费者（C2C）或 B2B 电子商务相关文章，并下载 PDF 或 CAJ 文档。

（2）访问中国互联网络信息中心（www.cnnic.net.cn）、艾瑞网（www.iresearch.cn）、网经社-电子商务研究中心（www.100ec.cn）或者亿邦动力网（www.ebrun.com），阅读互联网发展状况报告、国内外电子商务发展专题报告，分析电子商务的发展现状和趋势。

---

① 中华人民共和国商务部. 中国电子商务报告 2022[R]. 2023.

3．轻量化包装、可循环使用快递箱、数字化运营管理……随着绿色环保理念深入人心，越来越多的电商企业认识到包装废弃物引发的环境问题，部分企业更是提早开始商品包装"瘦身减负"的实践。结合近年来我国绿色电子商务的发展情况，选取一个电子商务工作岗位，谈谈如何在心中埋下绿色的种子，践行低碳绿色电子商务，点燃绿色希望，为生态环境保护做出贡献。

项目 2 跨境电子商务认知

【立德树人园地】

通过行业认知，激发学生的学习兴趣，加强学生在跨境电商领域的前瞻性思考，对跨境电商有更加深刻的认识，树立大国自信、厚植家国情怀，坚定"国强则民强"的信念。

【实训任务引领】

你未来职场发展方向是怎样的？你感兴趣的跨境电子商务岗位是什么？该岗位具体需求有哪些？你现在与目标岗位的差距在哪里？你将如何为目标岗位做准备？明确职场发展目标，了解目前差距。根据电子商务行业发展趋势和热门岗位的调研情况，制定自身职业规划书，内容包括电子商务热门岗位、岗位要求、自身职业规划内容及完成时间表等内容。

任务一 跨境电子商务行业认知

跨境电子商务，简称跨境电商，是指分属不同关境的交易主体，通过电子商务平台达成交易、进行支付结算，并通过跨境物流送达商品、完成交易的一种国际商业活动。

跨境贸易电子商务是利用现有产业平台与资源优势，探索制定跨境电商综合服务体系以及跨境电商进出口所涉及的在线通关、检验检疫、退税、结汇等基础信息标准和接口规范，实现海关、税务、外汇管理等部门与电子商务企业、物流配套企业之间的标准化信息流通。

我国跨境电商主要分为 B2B 和 B2C 的贸易模式。在 B2B 模式下，企业运用电子商务以广告和信息发布为主，成交和通关流程基本在线下完成，本质上仍属传统贸易，已纳入海关一般贸易统计。在 B2C 模式下，我国企业直接面对国外消费者，以销售个人消费品为主，物流方面主要采用航空小包、邮寄、快递等方式，其报关主体是邮政或快递公司，目前大多未纳入海关登记。

2023 年，我国有进出口实绩的跨境电商主体逾 10 万家，我国跨境电商平台的 App 下载量位居全球前列，不断跳升的数据代表的是我国跨境电商主体的不断增长、跨境电商生态圈的不断优化，更是外贸发展的澎湃动能。我国跨境电商保持平稳较快增长，相关政策体系日益健全，跨境电子商务综合试验区实现 31 个省（区、市）全覆盖。跨境电商企业加快向合规经营、线上线下融合、标准建设发展，新平台新流量成为持续发展的新动能。当前，全球经贸形势复杂多变，机遇与挑战并存。未来，我国跨境电商将在品牌培育、移动端布局、模式创新等方面发力。①

任务二　我国跨境电子商务的发展认知

2.1　总体发展情况

近年来，由于大宗商品价格升高、物流成本增长等因素加快全球产业链重构，国际贸易形势日趋复杂，外贸供需结构深刻调整，国际贸易订单由以往大批量、低频次、标准化商品向小批量、高频次、多元化商品转变。得益于数字技术的先发优势和成熟高效灵活的产业链，我国跨境电商行业乘势而上，精准适配国际贸易新形势，取得了不错的成绩，为全球贸易增长注入了新动力。海关总署数据显示，2023 年，我国跨境电商进出口总额为2.38 万亿元（图2-1），增长 15.6%，比全国进出口增速高 15.4 个百分点。其中，跨境电商出口 1.83 万亿元，增长 19.6%；跨境电商进口 5 483 亿元，增长 3.9%。在全球贸易增速下滑、中国外贸面临诸多挑战的大环境下，2023 年跨境电商出口实现 19.6%的高增速，充分展现出中国跨境电商的强大竞争力。

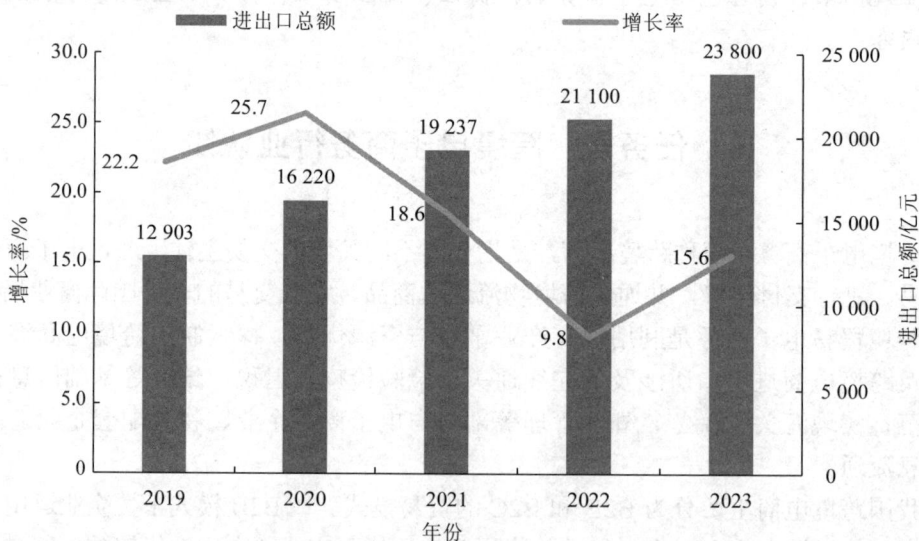

图 2-1　2019—2023 年我国跨境电商进出口情况及增速

数据来源：海关总署。

商务大数据监测显示，从原产地看，原产自日本、美国和韩国商品的跨境网络零售进口额居前三位，占整体跨境网络零售进口额的 29.3%；从进口品类看，化妆品、粮油食品和服装鞋帽针纺织品跨境网络零售进口额位居前三位，占整体跨境网络零售进口额

---

① 驻非盟使团经济商务处. 王文涛部长出席国新办发布会介绍"稳中求进、以进促稳，推动商务高质量发展取得新突破"有关情况[EB/OL]. 中华人民共和国商务部网站，2024-01-26. http://africanunion.mofcom.gov.cn/article/jmxw/202401/20240103469328.shtml.

的 72.9%。①

从贸易伙伴来看，2022 年，我国内地跨境电商出口额排名前十的国家或地区分别为美国、马来西亚、新加坡、澳大利亚、越南、韩国、泰国、菲律宾、印度、日本；我国内地跨境电商进口额排名前十的国家或地区分别为中国香港、韩国、日本、美国、澳大利亚、荷兰、新西兰、德国、法国、英国。①

从我国内地区域来看，东部沿海仍是我国跨境电商的集聚区。2022 年，我国跨境电商进出口总额排名前五的省份为广东、山东、浙江、福建、江西，占跨境电商进出口总额的 69.7%；中西部地区的跨境电商增速较快，出口增速排名前五的省（区）为云南、青海、河北、内蒙古、四川。①

跨境电商物流服务能力不断增强。一是海外仓服务和管理能力持续提升。截至 2022 年，我国海外仓超过 2 400 个，面积超过 2 500 万 m^2；其中，跨境电商海外仓超过 1 500 个，面积约 1 900 万 m^2。①通过划分区域、规范库内作业、制定产品分类标准、引入仓库管理系统等方式，我国海外仓逐步实现精细化管理，助力跨境电商高质量发展。二是中欧班列对跨境电商的支撑作用进一步凸显。作为共建"一带一路"标志性品牌的中欧班列，自开行以来一直保持安全、稳定、畅通运行。截至 2023 年 9 月，中欧班列已通达欧洲 25 个国家 217 个城市，累计开行超过 7.8 万列，运输货物 5 万多种，合计货值超过 3 400 亿美元，①在产业、贸易、投资、就业等方面为共建国家带来大量发展机遇。中欧班列搭建了沿线经贸合作新平台，"跨境电商专列""邮政专列"以及"班列+园区""班列+口岸"等新业态不断涌现，在产业、贸易、投资、就业等方面为共建国家带来了大量发展机遇。三是"丝路海运"电商快线助推跨境电商"走出去"。2022 年 6 月 10 日，"丝路海运"电商快线正式启动，从厦门港"点对点"直达菲律宾马尼拉南港，航程仅需两天，效率全球领先。截至 2023 年 6 月开通一周年，该航线集装箱吞吐量近 3 万标箱，总货值超 103 亿元，其中出口跨境电商货物 3.9 万票，货值约 3.5 亿元，以箱包、鞋服、日用品、健身器材等商品为主。电子商务货物可享受提前进场、直提直装、快速通关、无缝中转等便利措施，加快跨境电商企业和制造企业"走出去"步伐。在跨境电商平台、航空公司、海运公司、仓储企业、零售商等多主体共同推动下，我国跨境电商物流服务范围从欧美成熟电商市场向中东、南美、非洲等新兴市场拓展，核心业务能力不断增强，向综合物流与供应链服务发展。

跨境电商 B2B 支付服务日趋完善。跨境支付服务企业在跨境电商 B2C 的基础上聚焦跨境电商 B2B，推出了服务中小跨境电商企业的跨境 B2B 收款业务。相关资料显示，到 2025 年，我国跨境电商 B2B 市场规模将达到 13.9 亿元。①敦煌网是国内最早一批出海的服务商，是专业的全球中小零售商一站式贸易和服务平台，其"星航计划"针对精品卖家提供提前收款的政策以及流量上的支持。有些卖家在起步阶段，会提供他们新入驻的卖家试水通道，让卖家在比较基础的情况下就可以轻松开启 B2B 赛道。目前，我国跨境电商金融服务已经从跨境电商收款、收单等基础金融服务，向供应链金融、外汇、资金管理、保险、财税等综合性金融服务发展。

跨境电商软件运营服务（SaaS）快速发展。一方面，我国跨境电商 SaaS 规模持续

---

① 中华人民共和国商务部. 中国电子商务报告 2022[R]. 2023.

扩大。据艾瑞咨询测算，2022 年我国跨境电商 SaaS 市场规模达到 103 亿元，同比增长 40.2%。[1]另一方面，我国跨境电商 SaaS 在营销、企业资源计划（ERP）和供应链等场景的服务功能不断完善。跨境电商营销 SaaS 已经覆盖了建站、选品、运营和获客等场景，其对独立站卖家的渗透率最高；跨境电商 ERP、SaaS 具备财务、订单、仓储、发货等管理功能，约有 50%的跨境电商企业使用了 ERP 服务；跨境电商供应链 SaaS 覆盖了跨境资金、物流及产品供应等环节，有 25%的跨境电商企业使用了供应链服务。目前，我国跨境电商 SaaS 行业整体仍处于发展期，各 SaaS 服务商正在积极探索更多的服务场景和领域，持续增强产品竞争力，蓄力迎接下一轮增长。

2.2 我国跨境电子商务的发展特点

（1）新平台新流量成为加速器

2022 年，新平台新流量为我国跨境电商增长提供新空间。近年来，国外用户的消费习惯发生改变，在社交媒体的停留时间更长，更倾向于通过社交媒体来购物消费，为跨境直播电商的发展提供了机会，给我国跨境电商带来新流量。TikTok Shop[2]跨境直播平台 2022 年全年累计直播超过 286 万场，直播总时长超过 1.6 亿小时，消费者与商家互动超过 80 亿次。[1]当前，传统电子商务平台的人口红利和流量红利正在逐渐消退，新平台新流量为我国跨境电商发展带来新机遇。

（2）跨境电商积极推动线下渠道布局

2022 年以来，海外线下消费复苏明显，线下渠道逐渐被出海品牌关注。跨境电商企业积极调整战略，加快发展线下渠道，设立体验门店。跨境电商品牌安克创新 2021 年就开始抢先布局全球性零售卖场、区域性大型零售卖场、独立 3C（计算机、通信、消费电子产品）商店等线下渠道，线下渠道拓展成果显著。该公司半年报显示，2022 年上半年线下渠道收入占总营收的 35.7%，同比增长 12.4%。[1]跨境电商品牌 Shein 2022 年 7 月在加拿大推出第一家线下快闪店，随后短期内在美国、日本、新加坡、阿联酋等地相继开了将近 10 家快闪店。跨境电商品牌出海进行线下布局，在拓宽渠道的同时进一步加快了本土化进程，有助于提升品牌影响力。

（3）跨境电商标准体系建设加快推进

近年来，我国加快推动跨境电商标准体系建设高质量发展，跨境电商标准体系持续完善，与业务联系更加紧密。2022 年，六项跨境电商国家标准正式实施，涉及在线争议解决单证、产品追溯信息共享、物流信息交换、出口经营主体信息描述、出口商品信息描述以及产品质量评价结果交换等内容；十项跨境电商全国团体标准发布，涉及从业人员培训、专线物流服务、海外仓服务、物流从业人员培训、从业人员职业资格培训与评价、服装产品技术以及服装企业云服务技术等领域。2023 年 6 月 1 日，国家市场监督管理总局正式实施了四项跨境电商国家标准，规定了跨境电商综合服务、智能手机和陶瓷产品信息多语种描述、交易服务质量评价等方面的规范要求，有益于强化对中小微企业跨境电商综合服务的支持，解决跨境电商产品信息描述不准确等问题。

---

① 中华人民共和国商务部. 中国电子商务报告 2022[R]. 2023.
② 字节跳动旗下的电商平台。

（4）跨境电商经营更加规范

跨境电商正逐步进入高质量发展新阶段，合规经营成为跨境电商发展的必然选择。一方面，随着各国政府加强对跨境电商经营管理的监管，进入跨境电商行业的合规门槛持续提高。2022 年以来，欧洲各国陆续推出了生产者责任延伸（EPR）合规政策，众多跨境电商平台都将 EPR 政策内容纳入平台管理规则。目前，各国跨境电商合规政策仍在不断细化完善。另一方面，跨境电商平台对合规管理的参与度不断提升。跨境电商产品类目繁多，平台规范标准在不断更新，应用的范围持续扩大。为了规范全球速卖通网购平台的市场管理秩序，为消费者营造安全安心的网购环境，提升消费者的购买信心和满意度，全球速卖通新增盲盒、福袋禁售规则和《全球速卖通盲盒、福袋商品管理规范》，规范适用于全球速卖通所有发布玩具类盲盒、福袋商品的卖家。

2.3 我国跨境电子商务的发展环境

（1）国内政策措施不断完善

2023 年中央经济工作会议提出，要加快培育外贸新动能，巩固外贸外资基本盘，拓展中间品贸易、服务贸易、数字贸易、跨境电商出口。国务院高度重视跨境电商等新业态、新模式的发展，印发了一系列政策文件，主要包括三个方面：

一是推动跨境电商进口发展。国务院办公厅先后印发了《关于做好跨周期调节进一步稳外贸的意见》《关于促进内外贸一体化发展的意见》《关于推动外贸保稳提质的意见》，强调促进跨境电商零售进口规范健康发展，进一步调整优化跨境电商零售进口商品清单，推进跨境电子商务综合试验区建设，为加快跨境电商进口发展指明了方向。

二是扩大跨境电子商务综合试验区试点范围。2022 年 11 月 24 日，国务院发布《关于同意在廊坊等 33 个城市和地区设立跨境电子商务综合试验区的批复》，至此我国跨境电子商务综合试验区达到 165 个，实现了 31 个省（区、市）全覆盖。各地之间的政策差异逐渐缩小，使得各地跨境电商产业更加聚焦创新发展、特色发展。

三是加大对海外仓的金融支持力度。国务院办公厅发布《关于做好跨周期调节进一步稳外贸的意见》，提出积极利用服务贸易创新发展引导基金等，按照政策引导、市场运作的方式，促进海外仓高质量发展。鼓励具备跨境金融服务能力的金融机构在依法合规、风险可控前提下，加大对传统外贸企业、跨境电商和物流企业等建设和使用海外仓的金融支持。

2023 年，为充分发挥跨境电商在畅通双循环中的作用，国家相关部门出台了发挥外贸创新平台作用、优化调整跨境电商零售进口商品清单、支持外贸新业态跨境人民币结算、加强跨境电商知识产权保护、支持跨境电商进出口商品退货等跨境电商相关政策文件。

商务部出台《关于推动外贸稳规模优结构的意见》，鼓励各地方发展"跨境电商+产业带"；会同有关部门印发支持跨境电商海外仓发展有关举措；优化跨境电商企业出口退运措施；组织召开跨境电商、海外仓等现场会，举办新业态专题培训，遴选优秀实践案例，复制推广经验做法，多措并举促进跨境电商健康持续创新发展。

国家外汇管理局发布《关于扩大跨境贸易投资高水平开放试点的通知》，决定在上海市、江苏省、广东省（含深圳市）、北京市、浙江省（含宁波市）、海南省全域扩大实施跨境贸易投资高水平开放政策试点，便利更多经营主体合规办理跨境贸易投资业务，以高水平开放促进高质量发展。

中国人民银行印发《关于支持外贸新业态跨境人民币结算的通知》，允许境内银行与非银行支付机构、清算机构在满足一定条件的前提下进行合作，为市场交易主体及个人提供经常项下的跨境人民币结算服务。该通知为跨境人民币结算提供了更详细的规则，扩大了合法交易范围，将进一步满足跨境电商企业日益增长的跨境人民币结算需求。

海关总署发布了《海关总署支持广州南沙深化面向世界的粤港澳全面合作若干措施》，要求深化跨境电商零售出口退货"合包"措施运用，支持南沙符合条件的企业开展跨境电子商务零售进口退货中心仓业务。加快出口海外仓企业备案，实施"一地备案，全国通用"，支持跨境电商企业出口海外仓业务发展。

（2）国际合作平台持续优化

一是中国国际进口博览会（以下简称进博会）加速跨境电商"展品变商品"。近年来，进博会吸引了许多跨境电商企业参加，并通过进博会宣告战略、推出计划、发布新品、洽谈合作。2023年7月21日，海关总署发布《海关支持2023年第六届中国国际进口博览会便利措施》，措施共计17条，覆盖参展准入、展品通关、展后处置全流程。第六届进博会进一步扩大参展范围，允许无动植物疫情流行国家和地区未获检疫准入的动植物产品、食品，经特许审批后入境参展，涵盖暂时进境展览品税款担保、审查审批手续便利化、监管手续便利化等多个方面。

二是中国进出口商品交易会（以下简称广交会）持续发挥开放平台作用。2023年，广交会继续与跨境电子商务综合试验区和跨境电子商务平台同步开展活动，集聚货运代理、金融机构、信用保险机构、认证机构、海外仓业主、海运服务提供商等在线上提供服务。广交会成为我国跨境电商企业抢抓海外订单，开拓国际市场的重要渠道。

三是中国国际消费品博览会搭建互利共赢合作平台。2023年4月举办的第三届中国国际消费品博览会展览总面积从首届的8万 m² 扩至10万 m²，其中，国际展区从首届的6万 m² 增加到8万 m²。中国国际消费品博览会成为国外优质商品和服务进入国内市场的平台和国内精品品牌出海的重要途径，同时也是推动高水平对外开放、促进内外市场相通、畅通国内国际双循环、促进消费升级和消费回流、引领全球消费时尚的重要平台。

（3）跨境电子商务综合试验区加强探索创新

创新推进跨境电子商务综合试验区建设，大力发展跨境电商+产业带模式。与各国贸易伙伴一道充分发挥各国资源禀赋优势，共同提升发展跨境电商的能力，创造更多的新的市场需求，拓展国际贸易发展的空间。

自2015年起，先后设立165个跨境电子商务综合试验区，在标准、监管、信息化等方面开展探索创新。目前跨境电子商务综合试验区的跨境电商规模占中国跨境电商的比重已经超过90%，持续加强政策赋能，商务部会同有关部门提升监管便利化、数字化水平，累计出台近200项政策措施，形成70余项成熟经验做法，并于2016年创设了跨境电商零售进口模式，为各国商品进入中国市场提供了新路径。在这个模式下，设立正面清单，对清单内的商品免征进口关税，消费税和增值税全部减少，按七折征收，在大幅税收优惠的同时还按个人自用进境物品进行监管，不执行有关商品的首次进口许可批件、注册和备案要求，创立了高度便利化的监管模式。

任务三　我国跨境电子商务面临的机遇与挑战认知

3.1 跨境电商发展面临的机遇

（1）国际物流恢复促进全球供应链通畅

2022 年 12 月以来，国际物流运输持续恢复，我国跨境电商全球供应链更加畅通。一方面，全球港口拥堵问题缓和，我国跨境电商全球供应链压力大幅缓解。克拉克森（Clarkesontrack）数据显示，截至 2022 年 12 月，全球港口拥堵造成的停泊运力从峰值的 350 万标箱（TEU）以上的高位降至 230 万标箱，拥堵运力占比由峰值的 151%降至 87%。全球船舶周转效率有所提升，集装箱船队效能得到较好释放。全球供应链压力指数由 2022 年年初高位的 423 下降至 118。另一方面，据民航局统计，2022 年国际航线完成货邮运输量 263.82 万 t，较 2021 年下降 1.1%，占国内航线完成货邮运输量的 76.74%。主要陆路口岸通行能力改善，中欧班列运行稳定。截至 2023 年 8 月底，中欧班列运行线路 86 条，通达欧洲 25 个国家的 217 个城市，累计发送货物 126.2 万标箱，同比增长 23%。通关港口的多项便利化措施试点范围不断扩大，高新技术设备监管查验流程不断优化，大宗资源商品检验放行效率不断加快，有力保障了货物的快进快出。我国物流发展正在由高速度向高质量转变，从增量扩张为主转向调整存量、做优增量并举。

2023 年前三季度，回收逆向循环、新能源等绿色化物流需求维持高增长区间，再生资源物流总额同比增长 18.7%，新能源汽车、光伏电池、汽车用锂离子动力电池、充电桩等物流量增速均在 30%左右，有效地促进了社会物流总额的持续恢复。

（2）新兴市场线上消费需求快速增长

在全球电子商务销售额增速放缓的背景下，新兴市场线上消费需求仍保持较快增长，为我国跨境电商持续发展注入新动力，新兴经济体成为全球电子商务发展的新增长极。从全球来看，世界各地电商在零售渗透率仍然比较低。当前新兴市场线上电商渗透率不到 10%。其中，东南亚、拉丁美洲、非洲、中东等新兴地区受市场的关注度陡增。全球知名市场研究机构"电子营销家"（eMarketer）的数据分析表明，新兴市场用户使用数据优，需求旺盛。新兴市场的人口结构合理，人口基数巨大，拥有庞大的青年群体，青年人网瘾大，单个用户人均时长达 7.8 小时，东南亚和中东地区甚至超过了 8 小时的平均上网时长，非常之高，社交媒体的渗透率也非常高。阿根廷、巴西、墨西哥是拉丁美洲电商市场较发达的国家，互联网的渗透率非常高；中东地区包括阿联酋和沙特，互联网渗透率基本上达到了 100%。未来，这些新兴市场机会非常大。

（3）电子商务国际合作有序推进

我国电子商务多边、双边国际合作持续推进，为跨境电商发展提供了良好的国际环境。一是"丝路电商"成为未来跨境电商的重要增长点。2013—2022 年，我国与"一带一路"共建国家货物贸易额从 1.04 万亿美元扩大到 2.07 万亿美元，翻了一番，年均增长 8%；2023 年跨境电商进出口 2.38 万亿元，同比增长 15.6%，其中与共建"丝路电商"国家贸易规模占比已经超过了 50%；截至 2023 年 12 月，我国已与 30 个国家签署双边电子商务合作备忘录,"丝路电商"成为国际经贸合作的新渠道和新亮点。二是 RCEP 有序落地。RCEP 实施后,将对跨境电商发展产生三个方面利好:①关税降低;②跨境物流提速;③汇率更多用人民币结算,降低波动风险。在 RCEP 协议框架下,随着未来各成员国在跨境贸易领域的扶持政策陆续出台,有望显著改善目标区域内跨境贸易企业的营商环境,推动经营业绩增长。在通关便利化、线上消费者保护、关税、网络安全、计算机设施、争端解决等方面达成区域电子商务合作机制,为我国跨境电商企业拓展新兴市场营造良好的国际环境。此外,我国加入 DEPA 和《全面与进步跨太平洋伙伴关系协定》(CPTPP)的工作也在按照程序深入开展谈判和磋商。

（4）数字经济快速发展

数字贸易是当今世界经济增长的重要推动力,已成为对外贸易新亮点。应做强、做大电商,把跨境电商作为抢抓数字经济和贸易发展新机遇的重要抓手。党的十八大以来,党中央高度重视发展数字经济,电子商务是数字经济中发展空间最大、创新最活跃的部分,其中跨境电商已成为我国发展速度最快、潜力最大、带动作用最强的外贸业态。习近平主席向第二届全球数字贸易博览会致贺信指出,"中国积极对接高标准国际经贸规则,建立健全数字贸易治理体系,促进数字贸易改革创新发展,不断以中国新发展为世界提供新机遇",强调"携手将数字贸易打造成为共同发展的新引擎"。我国的数字经济发展速度全球领先。2022 年,我国数字经济规模达 50.2 万亿元,同比增长 10.3%,占 GDP 的比重达 41.5%。我国数据产量达 8.1ZB,同比增长 22.7%,在全球占比为 10.5%,居世界第二。截至 2023 年 6 月,我国网民规模达 10.79 亿人,互联网普及率达到 75.6%。这些都为数字贸易发展夯实了产业基础,也为跨境电商发展创造了更好的条件。商务部在 2023 年全球数字贸易博览会上发布的《中国数字贸易发展报告 2022》显示,2022 年中国可数字化交付的服务进出口额同比增长 3.4%,规模再创历史新高。[①]在共商合作、共促发展、共享成果中把数字贸易打造成为发展新引擎,对于提升全球数字产业链供应链韧性、推动数字经济和实体经济深度融合,意义重大而深远。

3.2 跨境电商发展面临的挑战

（1）全球通胀导致成本上涨压缩企业盈利

近年来,世界秩序中的动荡因素进一步加剧了全球通胀。据国际货币基金组织测算,多数主要经济体的通胀水平仍处于高位。与整体通胀相比,美联储认为核心通胀（不包括粮食和能源价格）目前仍受制于服务业通胀、房租、医疗价格等分项指标持续活跃的影响。机构预测,包括医疗、教育和酒店业在内的核心服务业通胀以及房租涨幅仍将继续保持在 5% 以上。[②]2023 年以来,欧洲通胀也有所放缓,主要受到能源价格下降及欧洲央行持续加息效应释放等因素影响。然而,能源价格变动和加息给欧元区带来的副作用也不小,欧元区经济内生动力缺失以至于增长乏力的问题正变得越来越突出。如果处理不当,欧元区陷入通胀高企、经济衰退的"滞胀"困局风险较大。未来,全球通胀将持续推高人工、材料、能源价格,压缩跨境电商企业利润空间仍将维持一段时间。

---

① 中华人民共和国商务部. 中国数字贸易发展报告 2022[R]. 2023.

② 第一财经. 美国关键通胀指标来袭,美联储"灭火"降息能否奏效[EB/OL].新浪财经,2023-12-21. https://finance.sina.com.cn/roll/2023-12-21/doc-imzytsih8066393.shtml.

国际货币基金组织预计，由于货币政策收紧，加之国际大宗商品价格下跌，预计全球通胀率将从 2023 年的 6.9%稳步降至 2024 年的 5.8%。大多数国家的通胀预计要到 2025 年才能回到目标水平。

（2）全球经济复苏缓慢且不均衡

国际货币基金组织于 2023 年 10 月发布《世界经济展望报告》，预计全球经济增速将从 2023 年的 3.0%放缓至 2024 年的 2.9%，低于 3.8%的历史（2000—2019 年）平均水平，且 2024 年的预测值较 2023 年 7 月预计时下调了 0.1 个百分点。全球经济继续从新冠疫情、乌克兰危机等负面因素中缓慢复苏并展现出韧性，但全球经济增长仍然缓慢且不均衡，各国分化趋势日益扩大，多个因素正在阻碍经济复苏。与新兴市场和发展中国家相比，发达经济体的放缓更为明显。

在发达经济体，随着政策收紧开始产生负面影响，经济增速预计将从 2022 年的 2.6%放缓至 2024 年的 1.4%。美国增长前景改善，其消费和投资展现出了韧性，2024 年经济增速预计为 2.1%[①]；相比之下，欧元区经济活动的预测值则被下调至 0.7%，其中，德国预测值仅为–0.5%。而新兴市场和发展中经济体 2024 年的经济增速预计将小幅下降，从 2022 年的 4.1%降至 2024 年的 4.0%，表现出的韧性强于预期[①]。

（3）各国环保政策调整影响企业出海

2023 年以来，欧盟及其各国政府在环保方面的法律法规出台和执行监管力度仍不断加大，五花八门的循环经济计划与各项绿色协议、法案被草拟、通过、出台生效。例如，欧盟 2023 年 3 月 28 日宣布了 Fit for 55 "一揽子"计划，目的在于使欧盟到 2030 年将其温室气体净排放量减少至少 55%；2023 年 5 月 17 日，欧盟碳边境调节机制（CBAM）正式生效，欧盟成为第一个征收"碳关税"的地区；2024 年 3 月 26 日，欧盟《赋权消费者实现绿色转型指令》生效。

具体到国家，截至 2023 年 5 月，已经有德国、法国、意大利、奥地利、西班牙、瑞典 6 个欧盟国家正式落实了带有本国细化要求的 EPR 环保合规法案，以促进当地绿色循环经济发展。该法规在欧盟境内并没扩散到泛品类产品中，也尚未在所有的欧盟成员国中形成统一的要求。公开资料显示，自 2022 年起卖家若面向法国和德国市场销售商品，卖家需确保自身产品符合 EPR 法规的要求，并向亚马逊、全球速卖通、易贝（Ebay）等电商平台提交 EPR 账号，以便平台核查。

一个国家或地区的绿色环保法规必然会影响当地的经济运行规则。聚焦到跨境电商经济领域，给中国卖家带来的直接影响是环保合规的要求提升，且主要体现在四个方面：一是减少产品本身给欧盟环境带来的不友好性（指产品在使用过程中对环境的破坏性，如使用时会排放过量含碳气体等）；二是减少产品包装带来的环境不友好性（包装丢弃时产生的污染，如塑料污染）；三是减少产品废弃带来的不友好性（体现在材料不易降解带来的污染和产品寿命过短造成的废弃污染等）；四是避免虚假环保行为（例如"漂绿"行为）。为此，卖家将产品投放到欧盟市场前需要重点关注的欧盟环保合规要求可浓缩为两点——产品环保（包括生产和包装）、营销环保。随着欧盟环保政策的日益严格，各大跨境电商平

---

① 2023 年世界经济展望报告：全球经济复苏缓慢且不均衡[EB/OL]. 腾讯网，2023-10-16. https://new.qq.com/rain/a/20231016A07LGT00.

台（如亚马逊、阿里巴巴等）都已经对 EPR 法规做出了响应。例如，阿里巴巴国际站 2023 年 5 月 29 日发布《关于德国包装 EPR 加入二元回收系统以及回收凭证收集合规要求》，要求卖家必须提交 EPR 注册号以及已加入二元回收系统的会员身份证明和包装回收费用交付凭证。

（4）跨境电商领域数据安全问题突出

随着日常生产生活日益数字化，数据成为重要的生产要素。数据对个人、企业、行业和国家的重要性日益凸显，保护数据安全变得更加紧迫和必要。随着跨境电商的快速发展，通过跨境电商产生的数据越来越多，涉及的领域也越来越广，但跨境电商领域的数据安全问题依然突出，主要体现在三个方面：一是跨境电商平台数据安全问题。跨境电商平台企业在注册、购买、支付过程中持有大量用户数据。平台系统漏洞和数据保护权责不明确是电商平台信息泄露的重要原因。对于平台公司的数据保护要求，重要的是要防止平台内部管理者为了商业利益而将大量用户数据出借给他人。另外，强化平台企业的数据保护意识，通过与网络安全企业合作帮助平台企业筑起数据防护墙，也是防止平台企业数据泄露的有效途径。二是跨境电商货运环节的数据安全问题。货运在整个跨境电商交易过程中发挥着重要作用，也将为交易双方形成大量数据。主要风险在于货运系统漏洞和货运收据交易。货运收据交易风险往往集中在这些管理松散的货运代理地点。另外，由于跨境电商的快速发展，货运企业也发展极为迅速，市场竞争更加激烈。为了节省公司的运营成本，在建立货运公司交易系统时，往往在数据保护技术和人力方面投入相对较少，很容易造成系统安全漏洞，攻击者可以直接泄露系统中的海量存储和用户数据。三是跨境电商用户环节数据安全问题。用户层面容易出现的数据安全问题包括木马病毒、网络钓鱼、账号被盗等。例如，木马病毒主要表现在手机用户中。一些移动应用程序带有木马病毒，一旦用户安装它们，手机将受到远程监控。同时，用户交易数据在交易过程中被删除的风险也显著降低，主要是因为跨境电商的交易数据属于电子信息，经营者可以利用技术手段更改、删除数据并摧毁它，导致证据不足，给消费者依法维权造成困难。

任务四　跨境电子商务的发展趋势认知

4.1　跨境电商将进入品牌新时代

我国跨境电商历经产品出海、精品出海之后，在 2023 年全面进入品牌出海阶段。随着外贸数字化转型步伐的加快，跨境电商品牌培育正向全阵营、全渠道、全市场发展。一是全阵营品牌培育。跨境电商品牌培育由传统上仅依靠贸易型卖家负责，转为平台卖家、工贸企业、传统品牌商、新消费品牌商等多类主体共同参与，形成新的品牌出海阵营。二是全渠道品牌培育。以往跨境电商品牌培育主要以第三方平台和独立站为渠道，现在正转为通过第三方平台、独立站、社交网络以及海外实体等全渠道发力，提升品牌影响力。三是全市场品牌培育。随着各主要跨境电商平台拓展全球布局，我国跨境电商企业在欧美主流市场的基础上，正加快在中东、东南亚、拉丁美洲等地区布局，实现全球化发展。我国跨境电商已进入全面品牌培育的新时代，并加速实现精细化、数字化、国际化运营。

4.2　跨境电商将加快移动端布局

随着全球移动互联网的普及，移动端购物需求快速增长，将成为我国跨境电商未来布局的重点。一是全球移动电商快速发展。据 eMarketer 估算，预计到 2025 年全球移动电商交易额将达到 49.9 万亿美元，占全球零售电商交易额的 67.6%。二是从区域来看，新兴市场移动电商发展较快。目前，北美及欧洲的网民逐渐向移动设备消费过渡，据 eMarketer 测算，2022 年，北美移动购物渗透率为 40.1%，西欧为 46.8%。同时，新兴市场在互联网和智能手机的普及下，移动购物占比更高，未来，我国跨境电商"走出去"将加快应用软件（App）等移动端入口建设。

4.3　跨境电商模式将加速迭代

当前，我国跨境电商已经进入了高质量发展阶段，行业竞争日趋激烈，模式迭代创新将成为增长的重要动力。一方面，新技术应用将加快跨境电商模式迭代创新。随着第五代移动通信技术（5G）、VR、增强现实技术（AR）、人工智能、区块链等新技术在跨境电商各环节的深度融合应用，已经出现了线上试穿（用）、多语种客服、个性化定制、虚拟人直播等新模式，线上消费体验持续提升。未来，"新技术+场景应用"将成为我国跨境电商模式迭代创新的常态。另一方面，内容互动将形成新的跨境消费模式。当前，针对不同地域、行业和品类，第三方平台、独立站以及跨境电商卖家采取本地化、垂直化、精细化深耕，同时消费者需求更加多样化，已经出现了跨境直播电商模式。内容互动型销售方式，更有助于激发用户的消费需求。未来，有利于消费者和供应商之间建立双向沟通的内容互动模式将持续创新。

4.4　数字贸易对跨境电商影响深远

数字经济的发展得益于数字技术的推动，对全球的经济贸易发展产生了剧烈的冲击，促使全球贸易不断向着现代化、服务化以及数字化方向转变。其主要表现在四个方面，分别是国际贸易主体的变化、客观的变化、模式的变化以及竞争力的变化。传统的国际贸易主体以跨国及大型企业为主，但是随着数字经济的发展，进行国际贸易的主体逐渐发生了改变，跨境贸易的市场及规模的增大，尤其是依托于互联网技术诞生的 B2C、C2C 等模式，使中小企业与消费者成为国际贸易的主体。便捷的交易模式与支付方式，使得越来越多的中小企业与消费者积极主动地参与到国际贸易交易中。而参与国际贸易的客体原本以大宗型的货物为主，受数字经济发展的影响，国际贸易交易的客体逐渐转变为三种类型。第一是货物贸易的数字化程度不断提高，数字化因素成为消费者选择货物交易类型的重要指标。第二是数字化服务逐渐提升了自身在国际贸易交易中的占比，推动贸易服务的不断发展与完善。第三是数据作为全新的生产要素，正式成为现阶段国际贸易交易的客体，发挥的作用越来越重要。受数字经济的影响，国际贸易的交易模式发生了转变。传统的国际贸易交易模式主要是线下交易，而数字技术的不断完善促使越来越多的国际贸易交易采用交易平台进行。企业与消费者通过在交易平台上进行成交，有效降低了成本，提高了交易效率，并依托于完善的交易流程与标准，极大地提高了平台的在线交易安全，降低了资金的风险。另外，随着市场发展的多元化需求，平台除了提供交易之外，还为用户提供诸如商业信息、信息交流、品牌推广等多样性的服务，推动国际贸易交易的快速发展。数字经济背景下，数据成为企业发展的基础战略资源，同时也是关键的生产要素。拥有足够多的数据资源便能够催生更多的数字经济新产业、新业态与新模式，推动数字经济进一步发展，同时数据要求对其他的生产要素而言有着乘数效应，能够更好地推动其他生产要素的发展。由此可见，数据要素是企业未来在国际贸易中提高竞争力的关键核心。

【实训拓展操作】

1. 提到跨境电商，大家首先想到的是全球速卖通、亚马逊、敦煌网等头部平台。事实上，除了这些家喻户晓的电商平台之外，许多新兴的跨境电商平台也活跃在市场上。上网了解新兴跨境电商平台（如 Lazada、Shopee、Mercado Libre、Souq、Jumia、Trade Me、OTTO 等）的最新情况。

2. 实训拓展作业：选择水平 B2B 电商、垂直 B2B 电商各三种类型的网站，分析其近期的会员数量、盈利模式、主要业务模式等。你认为水平 B2B 电商平台和垂直 B2B 电商平台哪个更具有发展潜力？为什么？

3. 某学校电子商务专业的学生计划面向美国市场开展跨境电商交易，请你帮助他们完成下列实训任务。

（1）查阅资料，分析美国消费市场的特点。

（2）调研对中国卖家开放的美国跨境电商平台主要有哪些。

（3）结合自己所在地拥有的货源，用 SWOT 法分析利用哪些平台在美国市场开展跨境电商交易更有优势。

项目 3 敦煌网跨境电商平台操作（上）

【立德树人园地】

在平台操作中培养学生认真、严谨、细致、一丝不苟的工作作风，引导学生遵守职业道德，培养学生精益求精的工匠精神。

【实训任务引领】

某外贸公司生产了一款新型水杯，并能够支持客户对水杯定制的订单，假如你是该公司的外贸业务员，请根据题目所提供的素材在敦煌网跨境电商平台发布一款定制产品。

要求：

1. 产品信息填写正确和完整。

（1）根据产品素材正确选择商品类目（家居与园艺—饮具—水瓶）；

（2）产品标题需自拟填写（要求符合优质标题编写规范）；

（2）产品主图不少于6张，并按照逻辑顺序展示；

（3）根据素材将产品基本信息、交易信息、物流信息填写正确和完整。

2. 产品详情描述采用普通编辑模式，包含产品图片描述、包装物流信息、公司信息和常见问题解答（FAQ），按照逻辑顺序展示，排版清晰有条理。

任务一 了解敦煌网跨境电商平台

敦煌网于2004年创立，是中国领先的B2B跨境电商在线交易服务平台，也是美国市场最大的中国跨境B2B电商平台。敦煌网是以"促进全球通商，成就创业梦想"为使命，以在线交易为核心的B2B+B2C双赛道跨境平台，一站式布局全球千亿级市场，全方位的平台资源政策，为跨境电商产业链上中小微企业提供店铺运营、流量营销、仓储物流、支付金融、客服风控等全链路赋能，赋能商家起步成长，帮助中小企业实现"买全球，卖全球"的梦想，助力中国品牌无忧出海，帮助中国制造对接全球采购。

截至2023年年底，敦煌网累计注册供应商超过254万个，年均在线产品数量超过3 400万个，累计注册买家超过5 960万个，覆盖全球225个国家及地区，提供100多条物流线路和10多个海外仓，在北美洲、拉丁美洲、欧洲等地设有全球业务办事机构。敦煌网是商务部重点推荐的中国对外贸易第三方电子商务平台之一，国家发展改革委"跨境电子商务交易技术国家工程实验室"，科技部"电子商务交易风险控制与防范"标准制定课题应用示范单位，工信部"全国电子商务指数监测重点联系企业"，被工信部电子商务机构管理认证中心列为示范推广单位。

2022 年，敦煌网公司宣布正式升级为敦煌网集团，以中心化跨境电商平台敦煌网（DHgate）和去中心化社交电商平台 MyyShop 为核心业务引擎。智能物流平台驼飞侠 DHLink、金融支付服务驼驼数科，是敦煌网集团支撑双擎发展的服务板块。

任务二　开通店铺

2.1　账户注册

登录卖家首页：https：//seller.dhgate.com/，点击"轻松注册"或者"轻松开店"，进入注册页面，按照页面提示，填写真实的注册信息。注意要选择正确的用户类型，选择错误将有可能导致注册关联超限。登录名不能含敦煌网官方名称、不文明词汇、品牌词汇、名人姓名、联系方式（邮箱地址、网址、电话号码、QQ 号、MSN 地址等）等内容。

登录名一经注册，则无法修改。在提交信息后会提示进行手机、邮箱认证，请根据指引完成相应认证。自 2019 年 2 月 20 日起，新注册的账户通过手机验证和邮箱验证激活账户后，页面将提示缴纳平台使用费，点击"立即缴费"即可进入缴费页面。缴费成功后，商户可进入身份认证页面，上传相关资料证明申请，通过身份认证后，可正常操作后台相关功能。用户也可以进入"我的 DHgate"—"待操作"中查看到缴费提醒；或者进入后台"我的 DHgate—设置—平台使用费—缴纳平台使用费"中操作。

2.2　账户认证

根据 2010 年国家工商行政管理总局颁布的第 49 号令——《网络商品交易及有关服务行为管理暂行办法》的规定，自 2010 年 7 月 1 日起，通过网络从事商品交易及有关服务行为的法人、其他经济组织或自然人，需履行营业执照登载信息的展示（或个人身份信息申报）以及经审查等义务。所以，为落实该办法，针对敦煌网全体新注册的卖家，需要进行个人身份认证或企业身份认证才可以正常提款。

进入"我的 DHgate"后，平台会给予提醒：您尚未进行身份认证，您上传的产品将无法被买家看到，请尽快完成身份认证，选择点击"申请身份认证"，进入设置中的"身份认证"（图 3-1），选择身份类型后，点击"开始认证"。

2.3　经营品类

为提升平台商户和商品质量，提高店铺专业度，提升客户满意度，敦煌网将各行业划分为 14 个经营品类，一个店铺仅能选择一个品类经营。登录卖家后台—商铺—经营品类管理，选择经营的品类进行绑定，经营品类绑定后不可修改。

图 3-1　身份认证

　　为了保证卖家遵守平台用户协议、平台规则，维护平台健康竞争，保护消费者利益，卖家同意就开设的店铺按入驻的类目缴存一笔资金作为平台用户协议、本卖家协议及平台规则的履约保证金（以下简称保证金）。如果出现以下情形，敦煌网有权从保证金中扣除相应款项：①卖家违反适用法律法规、平台规则、平台用户协议及/或卖家与买家的协议等，敦煌网有权主张违约金及相关损失；②具体保证金扣除方式，依据缴费对应准入类目清退规则执行。

　　如果保证金金额少于规定金额，卖家应在 15 日内向敦煌网平台进行补足。如果保证金低于一定金额，敦煌网平台有权对卖家采取限制性措施，包括但不限于限制提现功能、下架店铺商品、终止类目服务、终止本协议。

任务三　产品管理

3.1　选择产品类目

　　登录到"我的 DHgate"—"产品管理"—"添加新产品"页面，会看到选择类目的区域（图 3-2）。

图 3-2　选择类目

输入产品关键词后，系统会自动提供 5 个以内的推荐类目；此外，系统还会提供 5 个以内的您曾经使用过的类目，具体如图 3-3 所示。

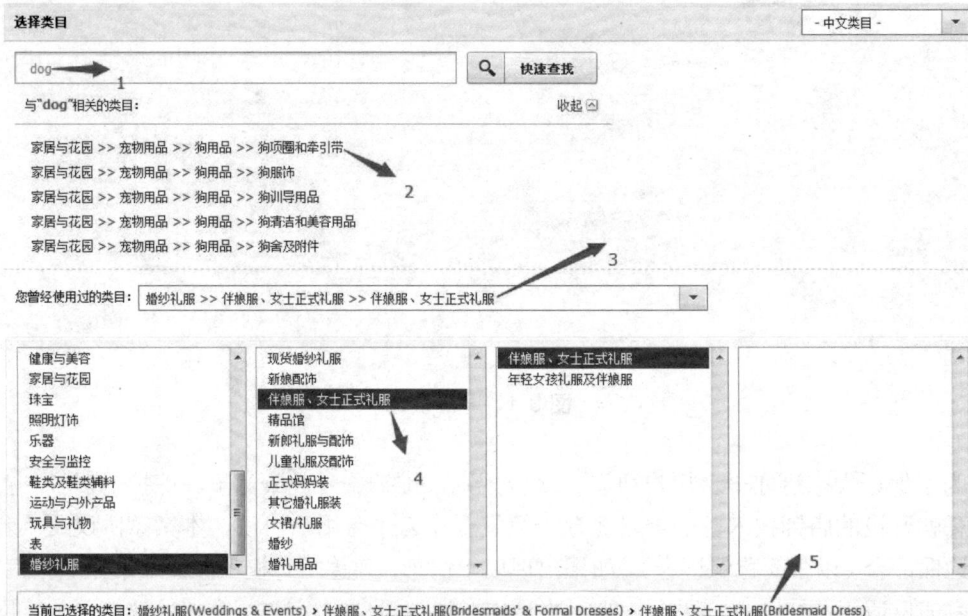

图 3-3　系统推荐类目

3.2　批量修改属性值

登录 DHgate 卖家管理平台，"类目属性升级"的类目数（需要修改商品属性值的类目个数），点击类目属性升级，页面跳转至商品管理页面。是否类目属性升级，默认选项"是"，商品列表为类目属性升级的商品，需要修改商品属性值（图 3-4）。

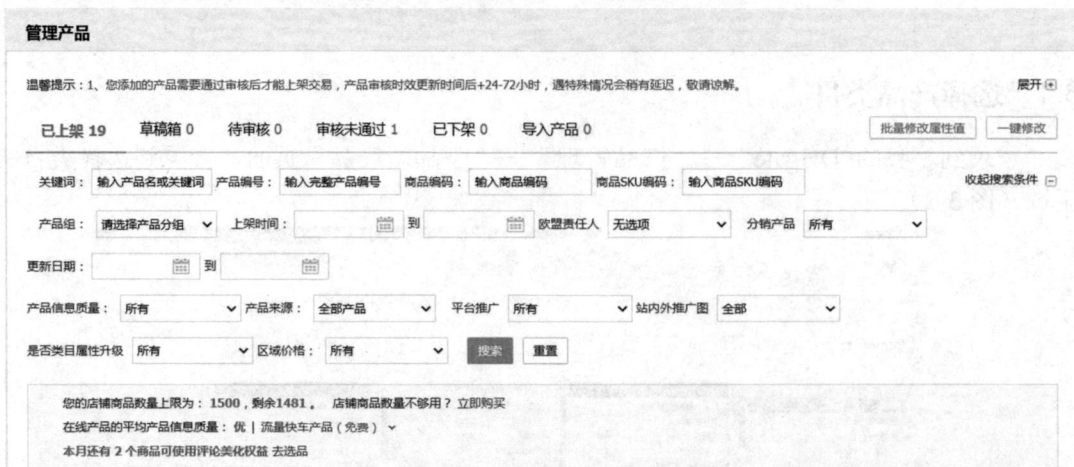

图 3-4　类目属性升级界面

可点击编辑商品，单个商品修改属性值。商品编辑页面，商品所属类目属性升级，会看到提示窗口（图 3-5）。

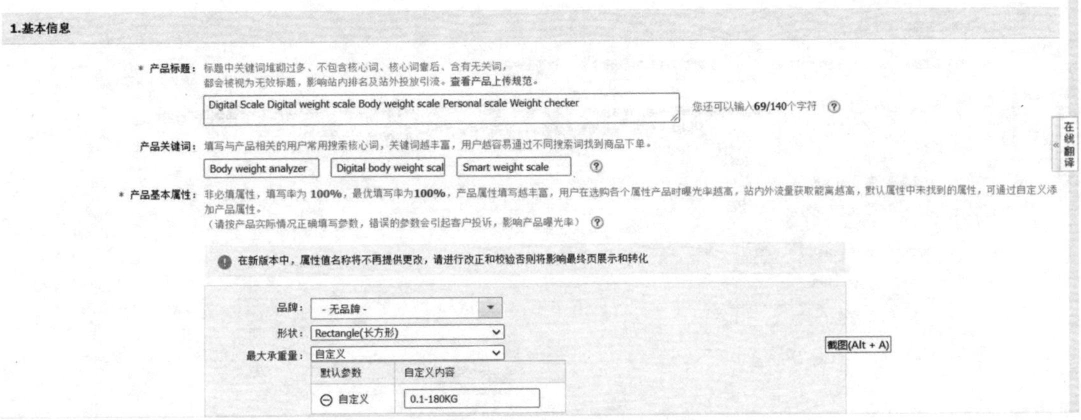

图 3-5　修改商品属性值

3.3　一键修改价格、一键修改备货期、一键修改备货数量和一键调整产品组

为了优化卖家体验，提高卖家修改产品信息的效率，新增"一键修改价格、一键修改备货期、一键修改备货数量和一键调整产品组"功能。登录"我的 DHgate"—"商品"—"管理商品"，如图 3-6 所示，点击"一键修改"，可以选择所有上架产品、指定产品组或指定产品类目，进行价格的统一设置、增减或折扣，也可进行数量区间和对应折扣的统一设置。

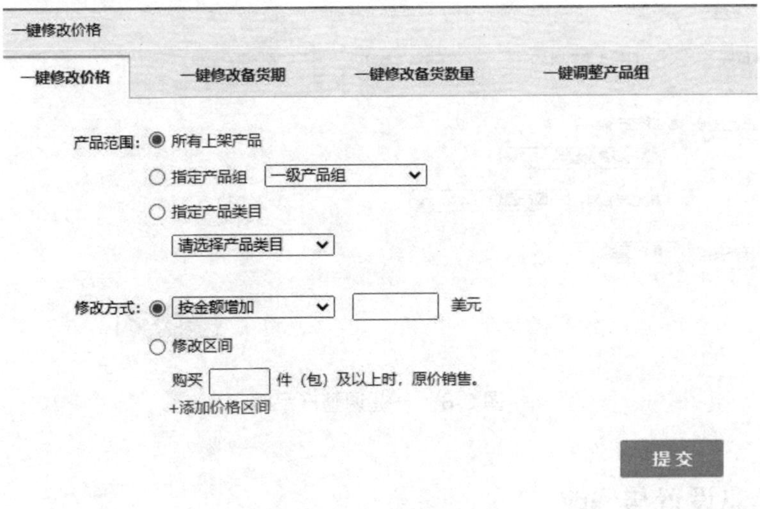

图 3-6　一键修改价格

可以通过产品类目、产品组维度选择需要修改备货期的产品，通过统一修改备货期或增减的方式调整所选产品备货期。在一键修改页面，选择"一键修改备货期"页面（图 3-7），筛选想要修改价格的产品。通过设定产品范围进行筛选，可选范围包括所有上架产品、指定产品组、指定产品类目。

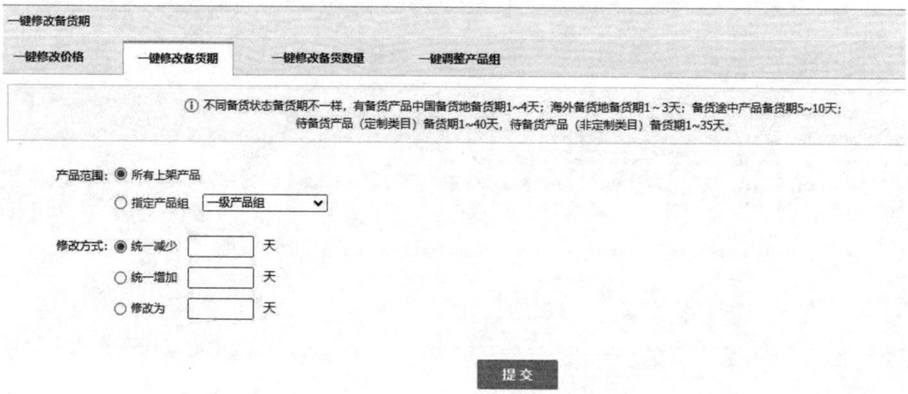

图 3-7　一键修改备货期

可以从类目角度、产品组角度调整产品组，也可以进行产品组之间、父子级产品组之间的产品整体调整。在一键修改页面，选择"一键调整产品组"页签。筛选想要调整产品组的产品。通过设定产品范围进行筛选，筛选方式有指定产品类目或者指定产品组选择目标产品组。提交后，所选产品将调整到所设定的目标产品组中。如图 3-8 所示，点击"提交"，显示确认弹层：点击"确认提交"，进入提交结果页，点击"上一步"返回修改。

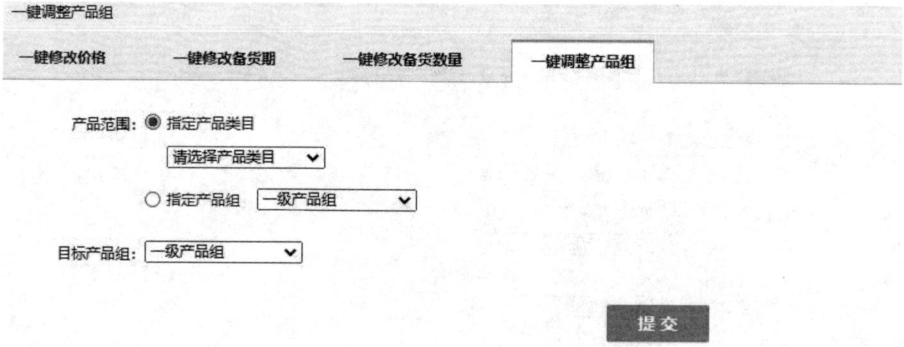

图 3-8　一键调整产品组

3.4　备货信息设置与修改

备货信息的设置可通过以下三种方式进行设置：

1）如果添加一个新商品，同时需要设置备货状态，则登录"我的 DHgate"—"商品"—"添加新商品"页面进行设置，如图 3-9 所示，在"销售信息"处设置备货信息（备货状态、备货地、产品价格、备货期、备货数量等）。

2）登录到"我的 DHgate"—"管理商品"—"已上架"/"已下架"，如图 3-10 所示，点击"编辑"，进入"修改产品信息"页面（与"添加新商品"页面相同），设置备货信息（备货状态、备货地、产品价格、备货期、备货数量等）。

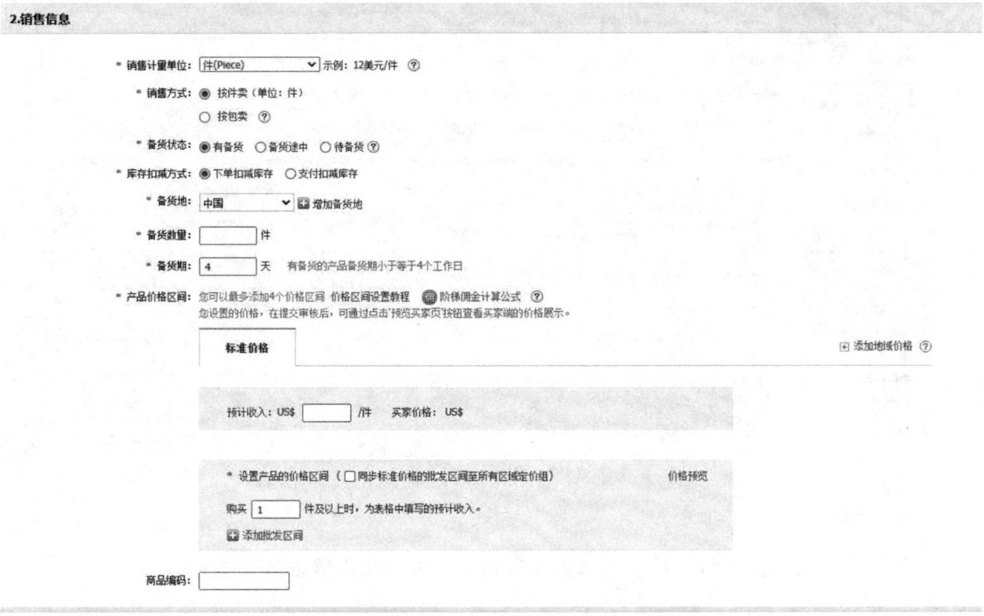

图 3-9　添加一个新商品设置备货状态

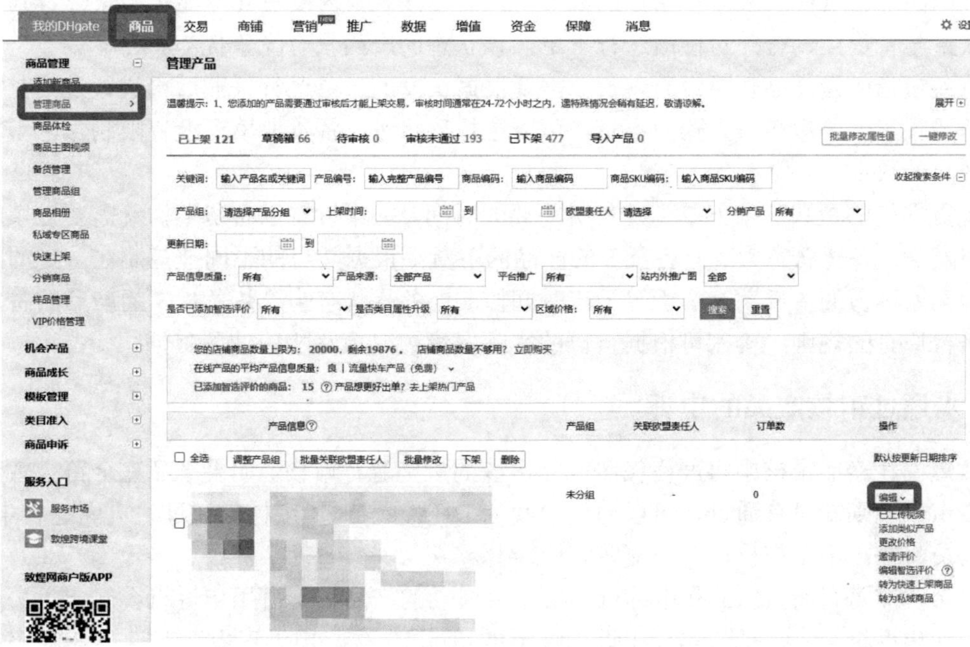

图 3-10　已经存在的并且通过审核的产品进行设置备货

　　3）如果备货状态为"有备货"的产品数量售完之后，会自动下架，则该类型的产品在"我的 DHgate"—"商品"—"管理商品"中。如图 3-11 所示，该类型产品的下架原因为"备货售完下架"，需点击"备货设置"，设置备货信息后，操作栏中才出现"上架"，才可将产品进行上架操作。

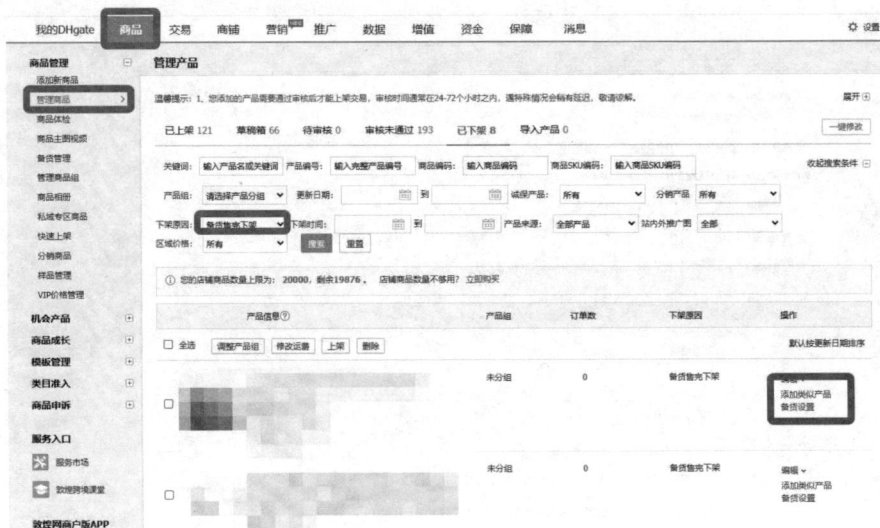

图 3-11　备货状态为"有备货"的产品设置备货状态

有备货指的是产品有现货，可立即发货。如果产品有现货，可立即发货，可以选择该状态，需要填写备货的所在地，针对该产品的属性、规格组合分别设置对应的产品数量，并且该产品的备货期被限制在指定的天数内，需在该天数内发货此产品。买家会看到该产品的数量与备货期，有针对性地进行下单。该状态的产品具有竞争优势。

待备货指的是产品暂时没有现货，需要根据买家的下单进行采购后再进行发货。如果产品需要买家下单后再去采购而发货，可以选择该状态，备货期填写没有限制，也不需要设置产品的数量。

备货期指的是从买家下单到发货所需要的时间。如果设置了备货期，就需要在填写备货期内发货。备货状态为"有备货"的产品的备货期根据类目的不同被控制在一定的时间内，即卖家填写的备货期需小于等于该时间控制；备货状态为"待备货"的产品的备货期遵循平台原有的规则，卖家可根据自己的实际发货情况填写相应的备货期。

3.5　未通过审核产品的申诉

敦煌网在产品审核中将严格按照产品审核的规则进行审核。如果产品完全符合敦煌网的产品审核规则却没有通过，可以通过"我的 DHgate"—"审核未通过"页面进行申诉，工作人员将在 1 个工作日内完成复审。

每个卖家每月将有 10 次申诉机会，申诉成功的产品将不占用申诉机会。申诉失败将减去一次申诉机会，每个月累计申诉失败不能超过 10 次。申诉理由请保持在 300 字符以内，不支持 html 代码格式。

3.6　备货信息买家端展示

如果产品备货状态为"有备货"，即设置了产品的备货信息，则产品在买家端产品最终页显示，如图 3-12 所示，框内显示产品的备货数量。买家选择产品的不同属性，则对应出不同的备货数量，方便买家有针对性地进行下单。如果产品备货数量接近 0，可以直接点击后进入"我的 DHgate"—"商品"—"商品管理"—"备货管理—需要补充备货的产品"，进行补充备货。

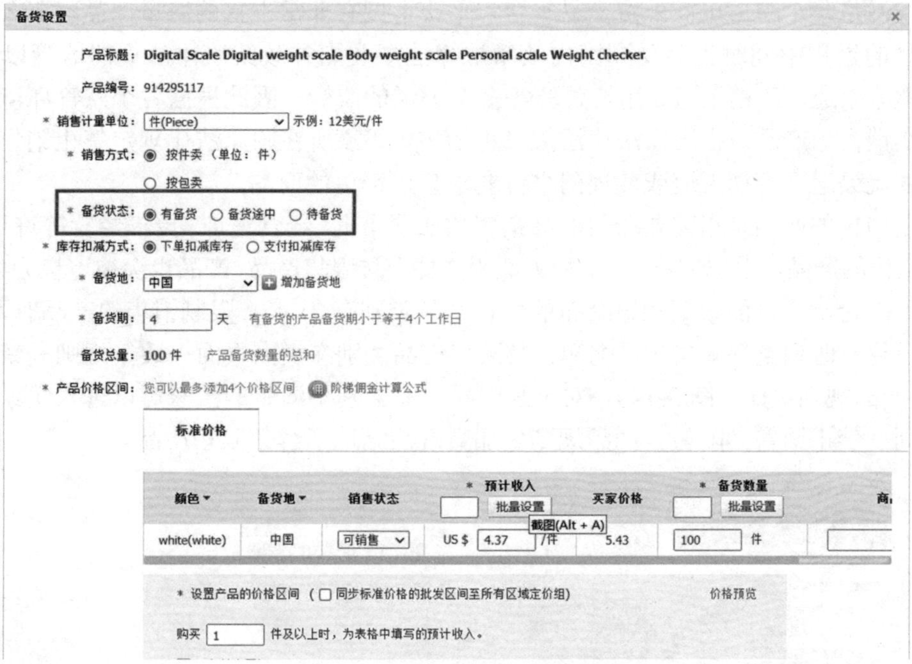

图 3-12 产品备货状态显示"有备货"

如果产品备货状态为"待备货"，即没有设置产品的备货信息，则产品在买家端产品最终页显示，如图 3-13 所示，不显示产品的备货数量。

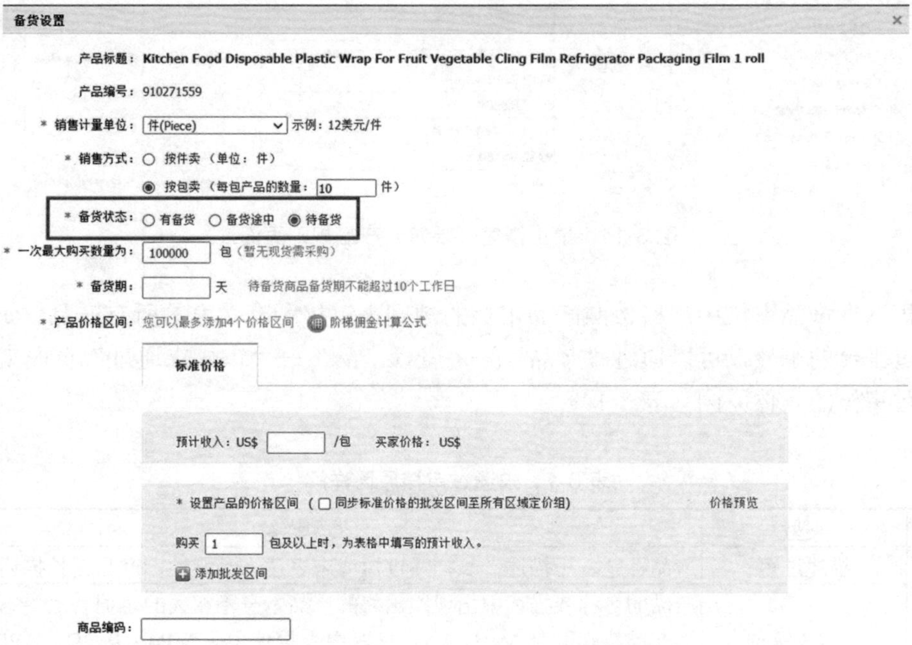

图 3-13 产品备货状态显示"待备货"

3.7 禁限售产品

敦煌网是一个跨境电商外贸交易平台，平台上拥有非常丰富的海量商品，那么这些商品在销售的过程中同时也会受到国内政策法律法规及国外政策法律法规的监管以及支付渠道、物流渠道、营销渠道、用户体验等多个渠道的监管。因此根据各个监管环境，平台定义禁止销售的产品是指国家法律法规禁止销售，买家所在国家法律规定禁止销售，支付渠道、物流渠道、营销渠道或敦煌网平台要求禁止销售的商品。

限制销售的产品是指需要取得商品销售的前置审批、经营凭证、授权经营等许可证明，才可以上传的产品，因此如果未提交相关证明文件上传限售产品，产品也会被审核为禁销品。

目前平台卖家页面政策频道公布的禁售产品类别有 21 类，限制销售的产品有两大类，敦煌网也将不时调整禁限售产品名单。禁限售产品类别在卖家页面—政策规则—禁止销售（限售）产品规则页面（图 3-14），对于禁限售产品类别不清楚的卖家可以进入卖家页面—政策规则—禁止销售（限售）产品规则更加直观清晰地了解禁限售产品。

图 3-14 禁止销售（限售）产品规则页面

敦煌网在产品审核中严格按照产品审核的规则来审核所有卖家的所有产品。如果产品没有通过平台的审核，可以通过"产品"—"管理产品"—"审核未通过"页面来查看产品未通过审核的具体原因（表 3-1）。

表 3-1 未通过审核原因详解

	类型	类型详解
违规品	描述过短	产品标题、短描述、长描述过短或未表达产品特性，产品无长描述
	乱放关键词	产品的名称或描述中出现跟出售的产品本身不相关的字词 如产品售卖的是 MP3，而在标题中大量使用了 MP4、IPOD、APPLE 等关键词

	类型	类型详解
违规品	留联系方式（QQ、电话、网址）	产品的图片或描述中包含联系方式（包括电话号码、电子邮件地址、网络即时聊天工具 ID、个人主页地址等），或者敦煌网平台以外的外贸电商网址链接
	合格证明	家居防护类目产品需展示质检合格证明
	乱放类目	产品属性与发布产品所选择的目录不一致
	产品图片展示违规	产品图片模糊不清晰
	产品图片双水印	产品图片上有两个不同的敦煌网店铺名水印
	中文	产品的描述中含有中文字符
	成人用品	产品展示过于不雅，性感内衣露点、展示姿势过于不雅观、成人用品过于逼真，未使用平台指定图片遮挡
	刀具上传要求	刀具展示直尺且长度不能超过 15 cm，刀尖角度不能小于 60°
侵权品	文字侵权	产品标题或描述中含有品牌词、变形词、产品线词 如标题中含有 HTC、H-T-C
	图片侵权	产品图片中含有其他品牌已注册的文字商标或者其他图形商标 如 Burberry 的经典格子
	侵权品乱放	产品侵权平台保护品牌且乱放类目
	暗示性语言	产品与平台保护品牌产品相似，在长描述中有 it has B logo，two C logo 等
	版权或专利权	产品图片或者描述中侵权平台保护的卡通形象，平台保护品牌官网图，品牌设计款式、专利设计款式等 如 Kitty、米奇米妮、海绵宝宝等；销售婚纱产品，使用 mori lee 的官网图
	apple	产品图片或描述侵权 apple 官网所有产品
	商标近似	产品图片商标近似于平台保护品牌商标
	不完全展示	产品与平台保护品牌产品相似，但商标部位故意遮挡或不展示，手表未展示12 指针等
	形似且涂抹	产品与平台保护品牌产品相似，商标处有涂抹

任务四　产品信息质量优化

4.1　商品评分规则

商品信息质量评分项目结合站外渠道推广和站内用户体验对商品信息各个模块提出精细化要求，并从对产品标题、产品图片、产品短描述、产品长描述、产品属性五个维度的要求来限制上传成功和进行评分。

4.1.1　评分标准

（1）产品标题

优质产品标题需要满足：

1）不存在产品关键词堆砌（同一关键词在产品标题中出现两次及以上）；

2）不含产品无关词；

3）包含对应低级类目核心关键词且核心关键词出现位置靠前。

（2）产品图片

优质产品图片需要满足：

1）数量：最佳为 8 张；

2）质量：非全文字，无边框，无店铺水印或文字。

（3）产品短描述

优质产品短描述需要满足：

1）不含产品无关词；

2）最佳商品的短描述字符数在 400 个以上。

（4）产品长描述

优质产品长描述需要满足：

长描述中最佳产品相关文本单词数量在 500 个单词以上（不包含默认模板文本数）。

（5）产品属性

产品属性虽然为非必填属性，但是最佳产品属性填写率为 100%。

4.1.2 产品上传成功限制

（1）产品标题

产品标题中单词所有字母都大写会被限制上传成功；

产品标题中含有噱头词会被限制上传成功。

（2）产品短描述

产品短描述中含有噱头词会被限制上传成功；

产品短描述与产品标题中的单词重复度达到 50% 及以上会被限制上传成功；

每一条产品段描述内容之间重复超过 50% 会被限制上传成功；

产品短描述若包含大量特殊字符及链接会被限制上传成功，如!、"、#、$、%、&、数字等。

（3）产品属性

产品属性值输入"as pic"或"-""as pics""Other""Others""None""brand"等无意义词，会被限制上传。产品无关词还包括 hot、new、shipping、best、cheap、cheapest、popular、guarantee、great gift、过期年份词（2015、2016、2017、2018、2019、2020）等。

（4）产品图片

产品图片最少上传 3 张，最多上传 8 张。

4.2 高质量图片要求及规范

4.2.1 产品首图

产品封面图片要求必须是纯色背景（最好是白色），或者透明色背景；图片无水印、无边框、无文字，有 LOGO 的图片，LOGO 标志必须在左上角且不超过图片面积的 10%；最小分辨率为 600px×600px，并且必须清晰；商品至少占据 80% 的图片画面（图 3-15～图 3-20）。

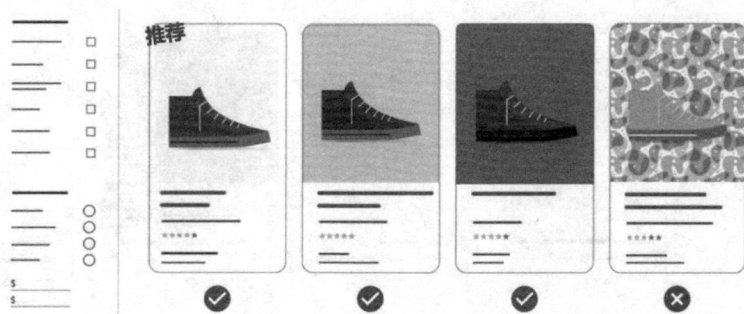

图 3-15　封面图片必须是纯色背景或者透明色背景

图 3-16　封面图片不得带有边框

图 3-17　LOGO 标志必须在左上角且不超过图片面积的 10%

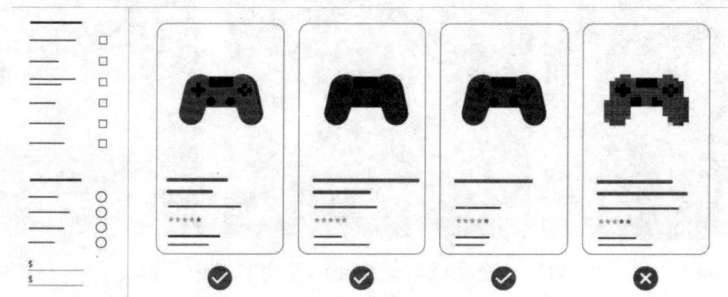

图 3-18　图片清晰，不得模糊

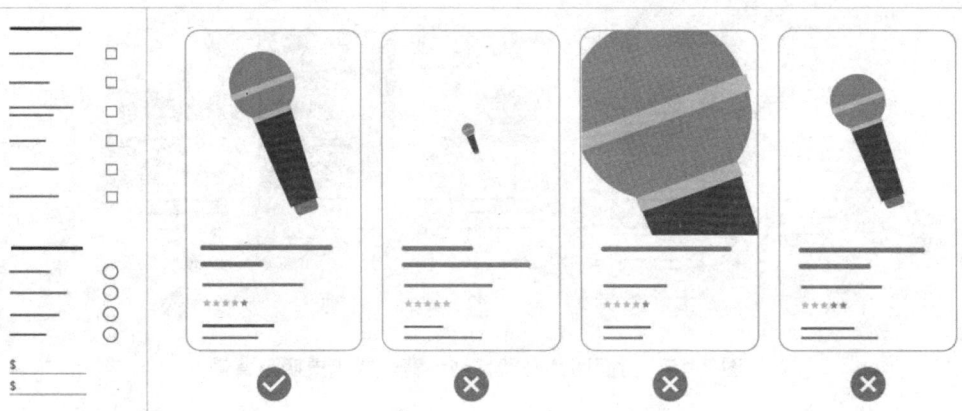

图 3-19　封面图片商品至少占据 80%的图片画面

图 3-20　封面图片建议不要使用拼接图

4.2.2　产品细节图

　　产品细节图允许使用非纯色背景，以帮助展示产品的用途或规模，每张图片应展示产品的不同角度；产品图片不要包含多个产品（除非是捆绑产品），每个产品至少上传 3 张且最多 8 张的非重复图像（图 3-21～图 3-28）。

图 3-21　产品细节图片允许使用非纯色背景

图 3-22　每张图片应展示产品的不同角度

图 3-23　产品图片不要包含多个产品

图 3-24　图片必须清晰，不得模糊

图 3-25　图片需要保持边缘方形和边框透明，不得有边框

图 3-26　确保产品是焦点，不要在图片正中央叠加徽标、其他图形或者文字 LOGO 等

图 3-27　图片空白空间不得占整个图像的 80% 以上

图 3-28　同一产品避免拼接

4.3　产品标题编写技巧

　　清晰简单明了的产品标题不仅便于用户阅读，也便于搜索引擎的识别，对于提升页面的竞争能力有一定的帮助。

4.3.1　产品标题格式

　　（1）品牌+商品（类目核心词）+属性+规格+修饰词（无品牌，可不写品牌）

　　例如：Padan（品牌）时尚（修饰词）男士休闲鞋（核心词）吸汗透气（属性）

　　Padan Fashion Men Casual Shoes，Sweat- Absorbent Breathable

　　（2）品牌+属性+类目核心词+规格（特性）+修饰词（无品牌，可不写品牌）

　　例如：豹头微镶锆石（属性）戒指（核心词）18K 镀金（规格）情侣高级礼品（修饰词）

　　Leopard Head Micro-set Zircon Band Rings，18K Gold Plated，Couple premium gifts

　　其中：

　　修饰词：修饰词位置不固定，可以随意添加，但是要遵循核心词在前 8 个字的规则，为了提升阅读体验可适当添加标点符号，标点符号一般可添加在核心词、属性或规格后。这里的属性是指产品固有的性质，一般指产品的颜色、材料、材质、形状、功能等；规格一般指产品的大小、尺寸、型号等。

　　（3）产品标题不规范示例

　　产品：被套/四件套

　　特价新床袋套装，我公司质量上乘，非常适合节日礼物——现在就放心购买！

Hot Sale！！！ Quilt Cover in A Bag Set From my store excellent quality，perfect for holiday gifts－buy now with confidence！

该标题问题：不得使用任何销售信息，如"Hot Sale"；介词、连词不必大写，如"A"；不得使用任何与产品无关词以及噱头词，如"buy now with confidence""excellent quality"。

4.3.2 产品标题编写注意事项

（1）标题的长度

产品标题应该简洁，尽量控制在 80 个字符，最少不少于 50 个字符，最多不超过 140 个字符。

（2）字母大小写

每个单词的首字母要大写，不要全部单词都是大写，连词（如 and、or、for）和冠词（如 the、a、an）首字母不得大写。

（3）标题中的符号

不要在中文输入法状态下输入标点符号，不要使用特殊字符，如～、!、*、$、？、、_、~、{}、[]、#、<、>、|、*、;、∧、^、¬、¦，不要使用商标符号、高位 ASCII 字符（Æ、©、ô 等）。

（4）标题中的数字

使用阿拉伯数字，如 6，而不是 six，度量单位的单词应完全拼写清楚，如 6 inches（6 英寸），而不是 6。

（5）标题中的商品信息

核心关键词必须在产品标题的前 8 个单词里面。

有品牌备案或授权的，品牌名称是必填项，建议写在标题的最前面，大小写保持一致，无品牌产品要注明无品牌。

不要在标题中出现价格和促销信息，如 Popular、Bestseller、Promotion、Free shipping、Hot Sale、Promotion 等；不要堆砌同一个意思或者不相关的关键词；不要使用侵权关键词，避免出现侵权问题；不要在标题里面中包含商家名称。

4.4 产品卖点和特性编写技巧

4.4.1 产品卖点和特性编写格式

精心编写的商品要点可以提升销量，五点描述可以帮助买家快速了解产品的基本情况及产品亮点，同时也是吸引/引导买家继续深入了解产品的重要因素之一。下面模板顺序不固定，可以挑其中的任意一点来编写产品卖点：

产品的优势（用户选择你的原因）+产品的属性/特性（产品功能/设计/规格）+产品的体验（给用户带来什么样的体验/效果）+产品的适用性（产品适用范围）。

例如，产品：毛巾。100% 纯棉（材质/面料），面料可防止缩水、起皱、褪色和起球（面料特点），为舒适而打造，越洗越干越柔软（面料特点），可以机洗和干洗（洗涤方式）。

翻译：100% cotton（材质/面料），Fabric resists shrinkage，wrinkles，fading and pilling（面料特点），Made for comfort，wash and dry for softer（面料特点），Machine washable and dry cleanable（洗涤方式）。

该产品从其面料及面料特点，以及洗涤方式来概述，可帮助用户了解该产品的特点。

4.4.2　产品卖点和特性编写注意事项

产品卖点和特性需要突出说明希望买家注意的关键特点，例如设计理念、尺寸、适龄性、商品的特点/优势、技能/特性水平、成分含量和原产地等。

每条商品要点开头使用大写。不要包含促销和定价信息、运输和公司信息；每句话内容不可与产品标题重复、内容之间不可重复；不得写与产品不相关的信息，比如公司/店铺介绍。建议五点描述不得低于 100 个字符，避免过于简单的描述。

例如：

Welcome to our store，there are many fantastic clothes in our store，always provide high quality product at a good price.

We accept mixed order，Please leave massage in the order，if you have any special request，please be free to contact us，if you have any problems.

We are professional clothing supplier for Men and Women. Just choose what you want to wear. Such as T-shirts，dresses，hoodies，jackets，jeans，jogger pants. Original brand, all products with Top quality. Accepted 100%，Mix Order Accepted，please be free to contact us.

描述内容与产品不相关，内容多数在表达卖家所售卖的产品有哪些，并没有对所销售的产品进行详细的描述。

4.5　产品详细描述

4.5.1　产品详细描述的编写格式

根据编写的产品卖点和特性进行描述，即可围绕任意一点或所有点进行详细、全面的介绍，如表 3-2 所示。

表 3-2　根据编写的产品卖点和特性进行产品详细描述示例

产品卖点和特性示例	产品详细描述
• 最流行的游戏鼠标，全新品质，兼容各种系统，高精度、高速度，带给您最佳的手感——优势概括	兼容 Windows 7、Windows 8、Windows XP、Vista、ME、2000、OSX 等系统；人体工程学造型，舒适掌握。带纹理的表面可提供可靠的抓握力，实现全面掌握——优势详细介绍
• 比竞争对手的无线鼠标快 25%：结合极低的延迟和减少干扰，实现真正的无线自由——特性（功能/设计/规格）	采用点对点无线优化，大幅提升无线性能，实现真正的 1 ms 报告率和 2.4 GHz 抗干扰的稳定连接，让玩家可以真正体验到如同有线连接般的稳定和疾速的无线连接。 充满电量后可拥有多达 70 天的使用时间，1 min 快速充电即可获得 3 个小时使用时间——特性（功能/设计/规格）详细介绍
• 最轻、零妥协的无线游戏鼠标 70 g：Razer Viper Ultimate 包含 2700 DPI 光学传感器，适合最认真的游戏玩家——体验/效果	可调节重量（70～90 g），盖子内置重量调节器，可以根据自己的喜好调节重量，它带有两个重量，70 g 或 90 g。 您可以通过打开盖子的背面来移除它们，选择最适合您的重量——特性（功能/设计/规格）详细介绍

产品卖点和特性示例	产品详细描述
• 比传统机械开关更快：新型光学鼠标开关使用基于光束的驱动器以光速记录按钮按下——优势概括	具备惊人的精准度和灵敏性，8000 DPI 光学传感器几乎可在任何表面进行追踪，以适应您的操作习惯和显示器分辨率——优势详细介绍
• 智能设计：专为惯用左手和惯用右手的用户设计，两侧带有可访问的可编程按钮，适用于台式机、笔记本电脑、家庭和办公室使用——适用性/使用范围	轻音点击——按键轻盈利落，可提供令人满意的柔和触觉反馈，同时点击噪声降低 90%。相比于 MX Master 3，MX Master 3S 在 1 m 距离处的左右键点击声功率级降低 90%。搭配非常安静的 MagSpeed 电磁滚轮，实现零干扰的高性能体验——适用性/使用范围介绍

对产品的使用进行说明以及注意事项、产品的售后服务等产品相关信息，如表 3-3 所示。

表 3-3　根据产品相关信息进行产品详细描述示例

	产品卖点和特性示例	产品详细描述
游戏鼠标	• 最流行的游戏鼠标，全新品质，兼容各种系统，高精度、高速度，带给您最佳的手感 • 比竞争对手的无线鼠标快 25%：结合极低的延迟和减少干扰，实现真正的无线自由 • 最轻、零妥协的无线游戏鼠标 70 g：Razer Viper Ultimate 包含 2700 DPI 光学传感器，适合最认真的游戏玩家 • 比传统机械开关更快：新型光学鼠标开关使用基于光束的驱动器以光速记录按钮按下 • 智能设计：专为惯用左手和惯用右手的用户设计，两侧带有可访问的可编程按钮，适用于台式机、笔记本电脑，家庭和办公室使用	通过蓝牙连接： • 按下您鼠标上的连接模式键（不超过 3 s），直至连接模式指示灯亮起，提示蓝牙连接已选择。连接模式指示灯闪烁 3 min，提示您的鼠标已进入配对模式。 • 将您的鼠标和启用蓝牙的电脑配对。 通过接收器连接： • 把电池放入鼠标：把鼠标翻过来，找到电池盖，然后打开插入电池，通常是两节 AA 电池。 • 连接接收器和计算机：把适配器插入计算机的 USB 接口面。 • 把鼠标和接收器连接在一起：鼠标底部的一个小洞里有一个很小的按钮，将按钮滑至 ON 打开，当移动鼠标光标移动时，就已经连接成功了，如果光标没有移动，那么重新放一下接收器

写作示例：

产品：游戏鼠标

把电池放入鼠标：把鼠标翻过来，找到电池盖，然后打开插入电池，通常是两节 AA 电池。连接接收器和计算机：把适配器插入电脑的 USB 接口面。把鼠标和接收器连接在一起：鼠标底部的一个小洞里有一个很小的按钮，将按钮滑至 ON 打开，当移动鼠标光标移动时，就已经连接成功了，如果光标没有移动，那么重新放一下接收器。

Put the battery in the mouse：Flip the mouse over，find the battery cover，and open it to insert the batteries，usually two AA batteries.

To connect the receiver to the computer：Insert the adapter into the USB interface side of the computer.

Connect the mouse and the receiver together：there is a small button in a small hole at the bottom of the mouse，slide the button to on，when the mouse cursor moves，the connection is successful，if the cursor does not move，then restart Put down the receiver.

4.5.2　产品详细描述的编写注意事项

精心编写的商品描述可以帮助买家想象拥有或使用商品所带来的体验，可促进买家购买商品，不要仅仅提供简明扼要的简单说明。要设身处地为买家着想：他们希望感受、触摸、思考和得到什么？提供关于商品体验、使用和优势的信息可以激发买家的想象力，可让买家尽可能接近实体店的购物体验。

产品详细描述必须有文字信息，带有文字的图片建议用文字输出；内容不要与产品标题、产品卖点和特性重复，更不要与产品信息无关；产品描述需要包含关键词或者相关关键词；如果上传图片，避免与产品主图及细节图片重复；产品详细描述字符数建议不得低于 100 个字符，不超过 2 000 个字符，保证内容语法正确；产品详细描述不建议添加除段落、字号标签之外的其他标签、样式或内容。

例如：Washable canvas pants with faux suede detailing on the back。此描述过于简单，无法帮助用户了解产品的更多信息。

【实训拓展操作】

1. 小组讨论，指出图 3-29 中产品详细描述的不规范之处。

图 3-29　产品描述

2. 根据以下产品提示，利用网络资源找到合适的配图，为华为手机写一条英文的产品详细描述。

产品名称：华为手机

- 抓住生活，充实地生活，并与最重要的人分享。凭借其 48 MP 四摄像头、强大的 AI 成像模式和 OZO 音频，捕捉您所看到和听到的一切从未如此简单。（配图）
- 每次充电可使用长达 3 天，我们还通过面部和指纹解锁以及对最新 Android 软件进行为期 2 年的软件更新来提高安全性。（配图）

- 总之，这是一部您可以信赖的手机，可以确保您的所有工作出色、安全。（配图）

3．根据以下产品提示，用英文介绍儿童露营椅的产品卖点和特性，帮助买家快速了解产品的基本情况及产品亮点。

产品名称：儿童露营椅

- 轻便、耐用的折叠露营椅，专为儿童打造（产品特点及适用人群）
- 网状座椅通风并防止积水（构造及产品特点）
- 露营、游戏或海滩的理想选择（适用场合）
- 三重加固边角可防止撕裂，牢固，使用寿命长（产品特点）
- 内置扶手杯架（产品特点）

项目4 敦煌网跨境电商平台操作（下）

【立德树人园地】

培养学生爱岗敬业职业操守和诚实守信的良好职业道德，激发学生品牌发展意识以及创新思维和创业精神。

【实训任务引领】

IWCC 公司国际站主营女装，美国客户 Alice 想要三件连衣裙确认效果和质量，现需要设计样品单的运费模板。根据任务要求，完成以下操作：

（1）新建运费模板：模板名称："RTS 运费模版 01A"；发货地邮编：321000；支持物流方式：快递；解决方案：普货解决方案（一件代发专区适用）。

（2）运费调整比例：120。

（3）其余信息自行设计。

任务一 物流管理

DHLink 成立于 2014 年，是敦煌网旗下的综合性跨境物流业务平台，为敦煌网及外部的客户提供高效的端到端供应链解决方案和仓储服务。DHLink 拥有 100 多条国际物流路线和 10 多个海外仓，服务覆盖全球 223 个国家和地区，利用先进的技术和物流专业知识，打造智能无缝的跨境物流渠道。

DHLink 通过人工智能、云计算、大数据、物联网等技术，整合仓储配送、跨境多式联运、目的国配送等服务，为电商平台卖家和独立站提供一站式、全方位的跨境物流服务，形成覆盖线上线下的智慧物流生态体系，在行业赛道和重大突发应对上展现出足够的能力。

1.1 DHLink 在线发货操作

（1）登录 DHLink 官网（http://www.dhlink.com）

点击"登录"，然后输入用户名和密码（图 4-1）。

图 4-1　登录 DHLink

（2）登录后点击"FBD 直发"→订单管理→创建订单（图 4-2）

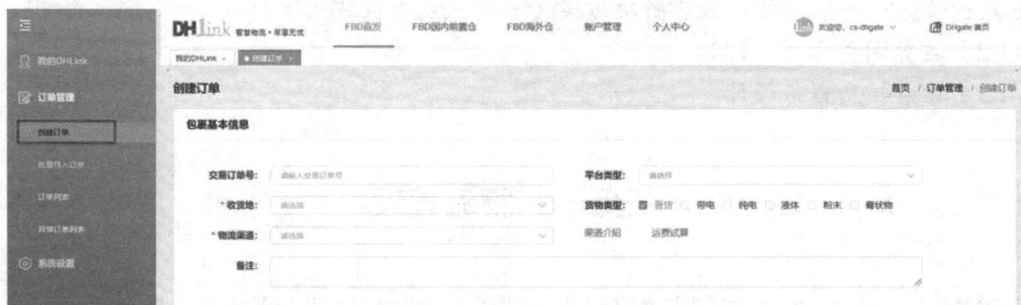

图 4-2　创建 DHLink 订单

（3）填写包裹基本信息（图 4-3、表 4-1）

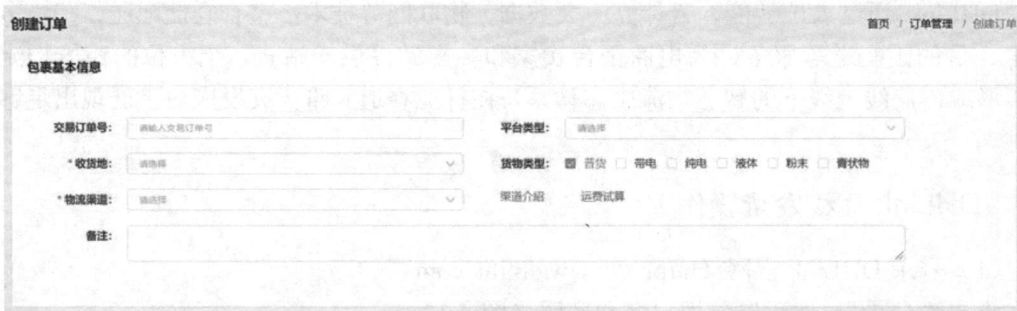

图 4-3　填写包裹基本信息

表 4-1　包裹基本信息各列字段填写要求

字段名称	是否必填	填写要求	备注
交易订单号	否	填写订单在平台上对应的交易订单号	如填写 DHgate 交易订单号：①欧盟路向的订单，系统会自动匹配 IOSS 号并进行校验；②下单成功后，获取到国际运单号，系统会根据店铺名、DHgate 交易订单号，在 5~10 min 内回填运单号到 DHgate
平台类型	否	交易订单所在的平台	如果是 DHgate 订单，平台类型选择敦煌网
收货地	是	包裹收件人所在目的国	
物流渠道	是	包裹所使用的线上物流渠道	
货物类型	是	包裹的货物类型	
备注	否	其他备注信息	

1）"物流渠道"字段，卖家选择对应的物流渠道后，卖家可以点击"渠道介绍"，查看该渠道详细介绍（涵盖内容：服务介绍、上门揽收、范围自寄、自送仓库地址、寄送限制、附加费说明）（图 4-4）。

图 4-4　查看渠道介绍

2）"物流渠道"字段，卖家选择对应的物流渠道后，卖家可以点击"运费试算"，输入发货地、收货地、重量、件数、尺寸；同时可选择物流类型、商品属性、交货方式、物流时效；再点击"查询"（图 4-5）。

图 4-5　查看运费试算

（4）填写发件人信息（图 4-6）

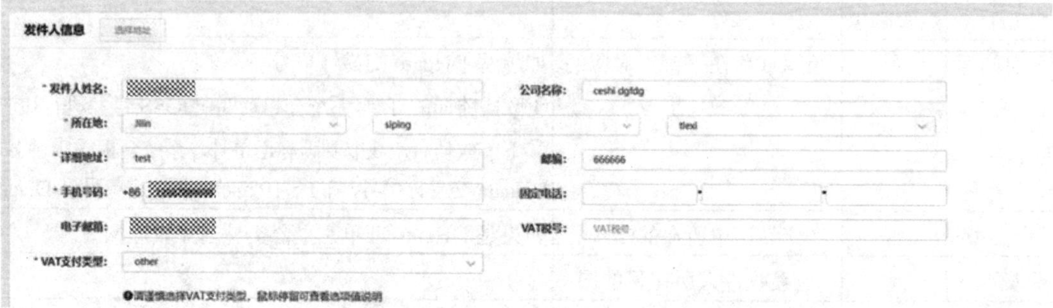

图 4-6　填写发件人信息

1）发件人信息中：VAT 支付类型（图 4-7）指发件人 VAT（卖家、平台），发往欧盟的订单此处为必填项：

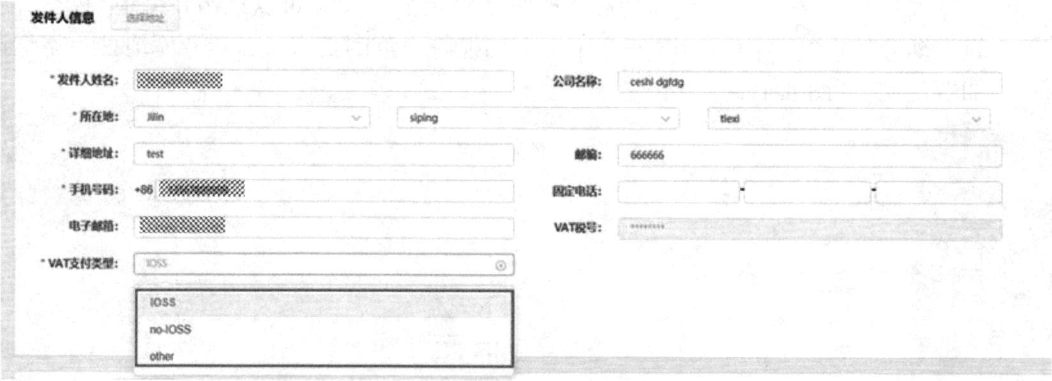

图 4-7　选择 VAT 支付类型

IOSS：欧盟订单≤150 欧元，将自动匹配 IOSS，平台统一申报税费，涉及平台隐私不可见。

no-IOSS：欧盟订单，申报主体为卖家个人或公司。

other：欧盟订单＞150 欧元（由买家自行交税）和非欧盟国家订单可选择 other。

2）如已经设置默认发件人信息，系统将会显示默认发件人信息，如需修改为其他发件人信息，则点击：选择地址→使用（图 4-8）。

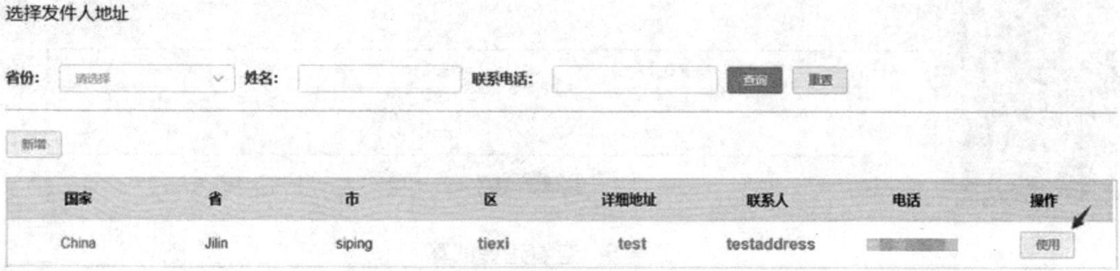

图 4-8　选择发件人地址

3）收件人信息中：VAT 税号指收件人 VAT 税号，发往南美洲国家的订单此项为必填项。南美洲国家包含：巴西、阿根廷、委内瑞拉、智利、哥伦比亚、圭亚那、厄瓜多尔、秘鲁、巴拉圭、玻利维亚、苏里南、乌拉圭、法属圭亚那、马尔维纳斯群岛（福克兰群岛）。

（5）选择交货方式

1）如果有包裹需要上门揽收，请选择上门揽收（图 4-9），并填写揽收地址，下单完成后需您主动联系仓库安排揽收事宜。点击上门揽收，系统会加载默认的揽收地址。如需选择其他揽收地址，选择揽收地址，并点击使用。如需确认地址是否在揽收范围，可点击：查看揽收区域进行核实。

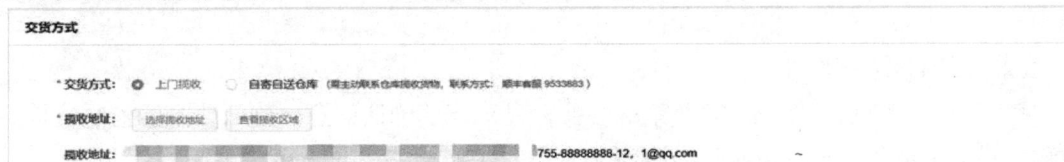

图 4-9 选择上门揽收方式

2）如果有包裹需要寄送到仓库，选择"自寄自送仓库"（图 4-10）和"寄送仓库"，并提前预存好仓库地址和揽收人信息，下单成功后安排快递寄送至仓库。

图 4-10 选择自寄自送仓库方式

（6）选择支付方式（图 4-11）

图 4-11 选择支付方式

1）账期：指店铺开通月结额度，且有可用额度，使用月结支付运费，则支付方式选择"账期"。

2）Link 余额：指使用 DHLink 账户可用余额支付运费，下单成功后会预冻结费用，包裹到仓扣除运费后，冻结金额会自动解冻。

3）如果包裹实际未入库，冻结金额会在 21 天后自动解冻；冻结/解冻详情在 "DHLink—账户管理—交易明细"中查询。

（7）填写商品申报信息（图 4-12）

根据目的国邮政要求，欧盟国家包裹需提供 HS 编码（海关编码），请准确填写。海关编码查询可参考 https：//www.hsbianma.com。如有多个包裹需填写，可点击"+"，进行补充。

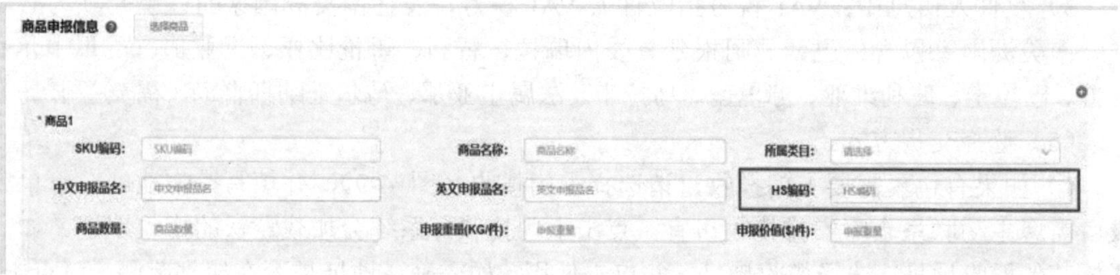

图 4-12　填写商品申报信息

（8）填写包裹信息

填写包裹信息后（图 4-13），系统会弹窗显示下单确认信息，确认信息涵盖收货地、运输方式、申请包裹总数量、申请包裹总重量、预估总运费（图4-14）。

图 4-13　填写包裹信息

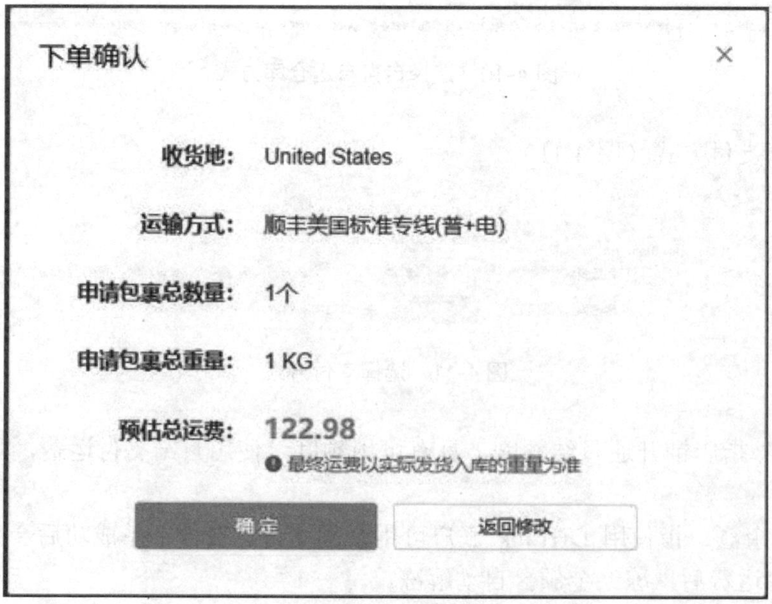

图 4-14　下单确认

（9）打印物流面单（图4-15）

确认下单后，到"订单列表"→找到"待仓库发货"页签→输入对应订单，点击"查询"→勾选订单选择"打印物流面单"→将物流面单贴到相应的包裹上。

图 4-15　打印物流面单

（10）确认发货

1）如果发货方式选择的是"上门揽收"，勾选订单，点击"批量确认发货"（图 4-16）。发货状态更新为"已发货"（在没有操作确认发货前，发货状态是"未发货"）→ 主动联系相应渠道仓库联系人揽收包裹。

图 4-16　上门揽收下选择批量确认发货

2）如果发货方式选择的是"自送仓库"，勾选订单，点击：批量确认发货（图 4-17）。填写国内使用的快递名称和国内运单号，并点击"确定"。发货状态更新为"已发货"（在没有操作确认发货前，发货状态是"未发货"）→将包裹寄往相应仓库。

图 4-17　自送仓库下选择批量确认发货

1.2 DHgate 端批量发货

（1）查询订单

登录 DHgate→交易→在线发货→批量在线发货，可以批量发 10 单及以下单量（图 4-18）。

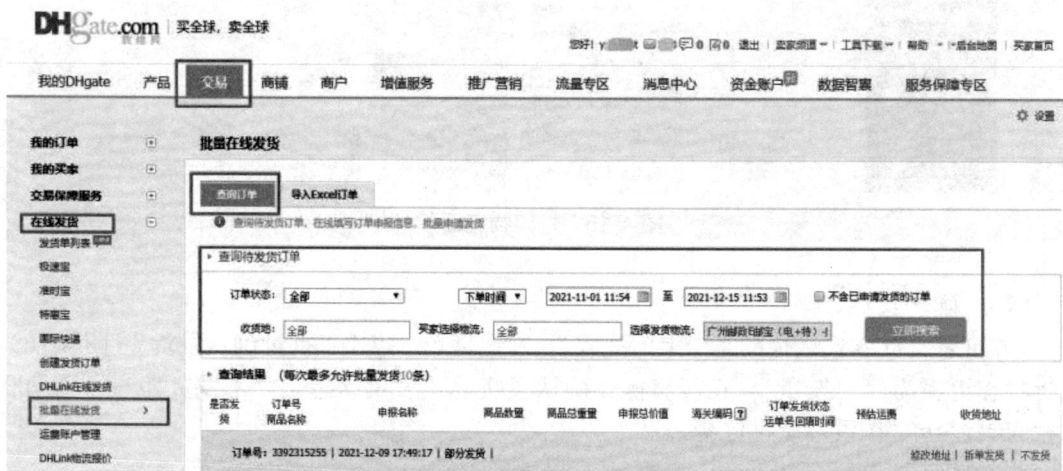

图 4-18 DHgate 端查询订单

点击"立即搜索"，搜索结果会显示在页面下方，如图 4-19 所示。

图 4-19 查看订单查询结果

（2）选择交运方式和运费支付方式

核对信息无误后，点击"下一步"，见图 4-20；再选择"交运方式""运费支付方式"→下一步。

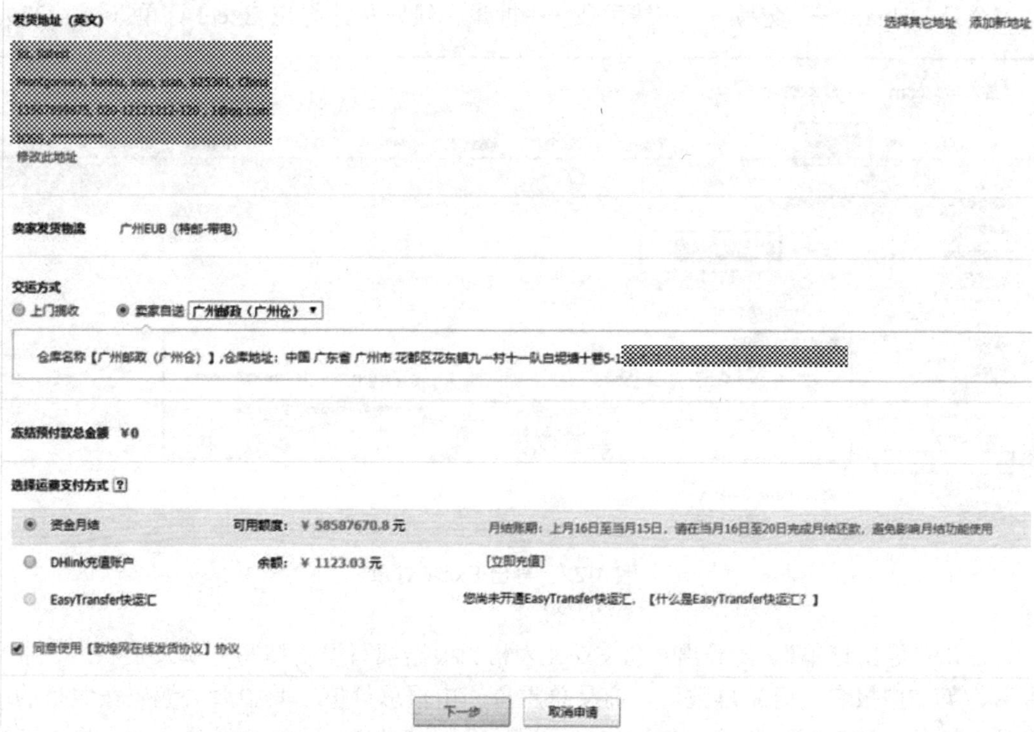

图 4-20　选择交运方式和运费支付方式

（3）打印货运标签

批量发货申请成功，打印货运标签（面单或条码单），点击"管理发货单"，选择要打印面单的订单在订单号前面的方框里打钩（批量打印面单目前最多只支持 20 单）→ 打印物流面单。将物流面单贴到相应的包裹上，自寄自送交货给仓库或者联系仓库人员揽收（图 4-21）。

图 4-21　打印货运标签

（4）导出 Excel 订单

登录 DHgate → 交易 → 在线发货 → 批量在线发货，导出 Excel 订单（图 4-22）。

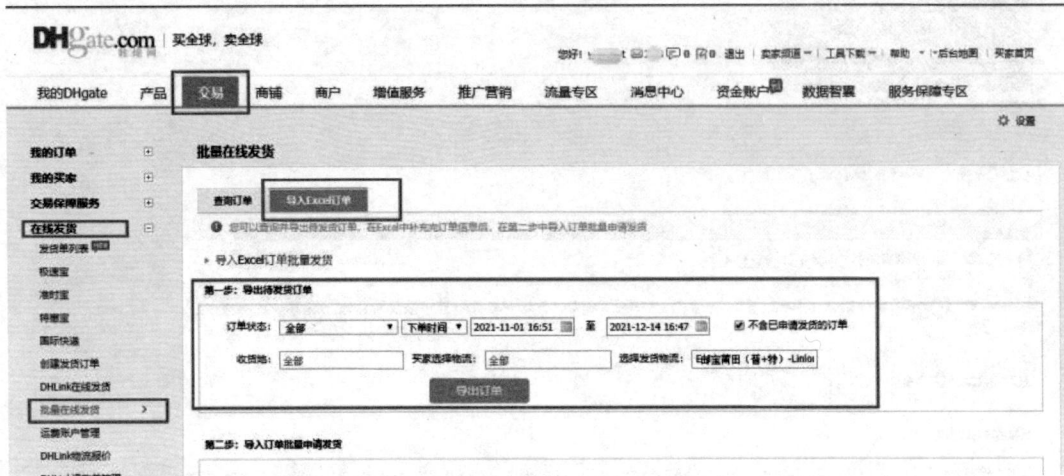

图 4-22　导出 Excel 订单

点击"导出订单"，会导出一份 Excel 表格。根据填写说明填写订单发货状态、中文申报名、英文申报名、商品总数量、商品总重量、申报总价值，其中海关编码按照目的国要求是否填写。填写后，并核对其他信息无误后，回到 DHgate 批量发货页面，导入订单批量申请发货（图 4-23）。

图 4-23　填写 Excel 订单相应信息

选择文件：选择您刚刚填好并核对好信息的 Excel 表格 → 提交上传（图 4-24）。

图 4-24　提交上传 Excel 表格

（5）打印物流面单，完成发货

订单总数量全部导入成功后，点击"下一步"→ 选择"交运方式""运费支付方式"，批量发货申请成功，并会显示申请成功数量。打印货运标签（面单或条码单），点击"管理发货单"，选择要打印面单的订单在订单号前面的方框里打钩（批量打印面单目前最多只支持 20 单）→ 打印物流面单，将物流面单贴到相应的包裹上，自寄自送交货给仓库或者联系仓库人员揽收。

任务二　海外仓系统操作

2.1　登录海外仓系统

直接用 DHgate 账号登录 DHLink 账号，来到主页面，点击"登录"，登录成功进入"我的 DHLink"界面，点击上方菜单栏的"FBD 海外仓"（图 4-25）。弹出开通 DHLink 海外仓服务协议，同意开通后进入海外仓下单主界面。

图 4-25　登录海外仓系统

2.2　商品管理

进入"商品管理"界面，可查看商品基本情况/推送至海外仓/打印标签/编辑/导出/删除（推送至仓库，状态为使用中的商品不可删除）/关联 DHgate 商品。商品信息可在"商品管理"中查看（图 4-26）。

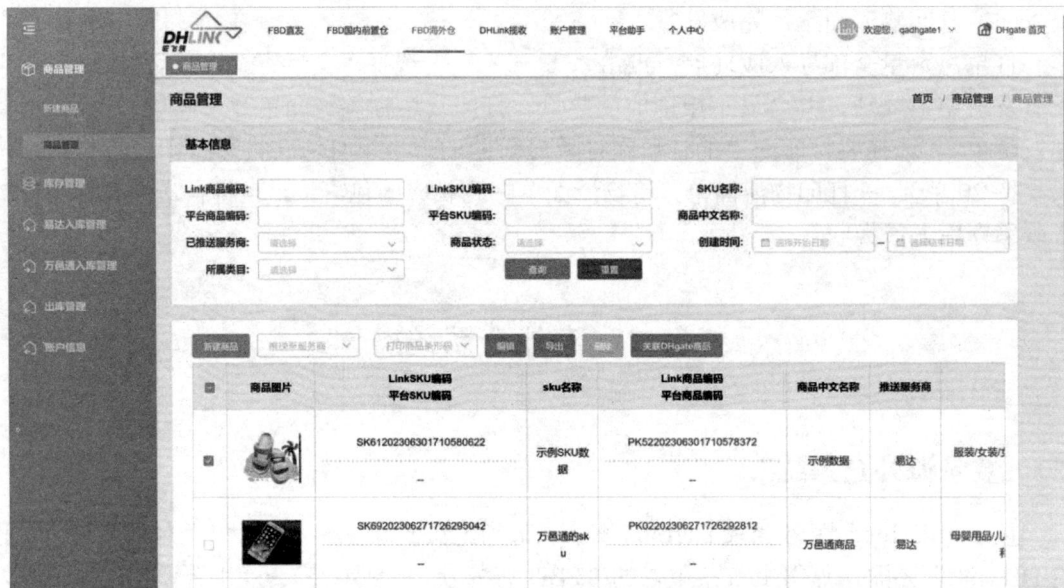

图 4-26　查看商品管理界面

2.3　新建商品

商家在商品管理模块，可创建非 DHgate 平台商品，支持发其他平台的订单。根据建立流程完成商品创建。此时商品属于 DHLink 平台商品，后续新建入库单时可同时选择 DHgate&DHLink 商品（图 4-27）。

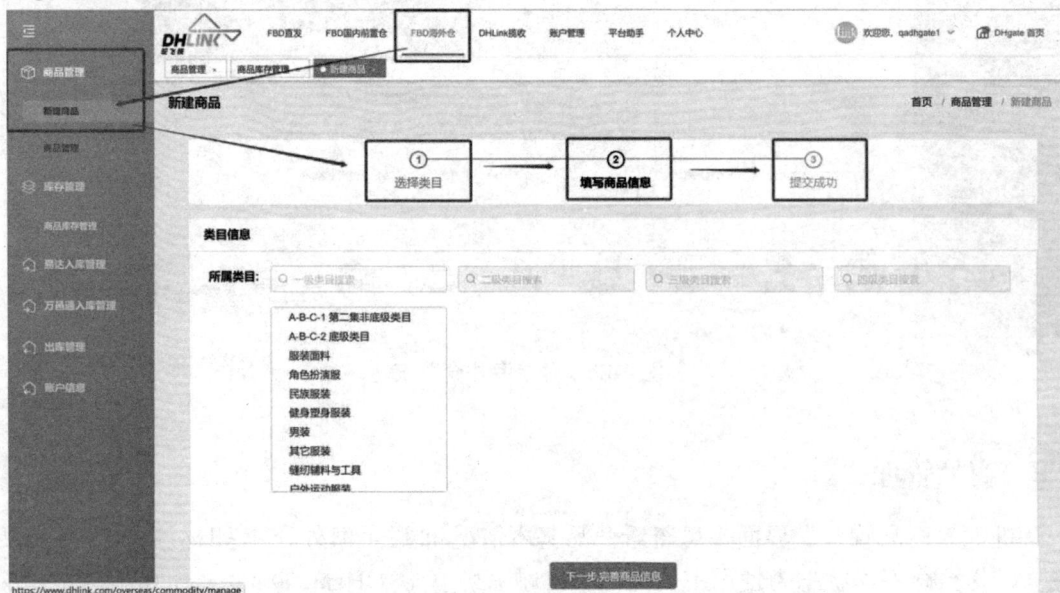

图 4-27　填写商品信息

2.4　商品导入

（1）单个建立

输入 SKU 编码，再按照要求填写其他相关信息，该商品 SKU 建立完成（图 4-28）。

图 4-28　单个建立商品导入

（2）批量建立

下载货品模板，根据模板内容填入商品相关信息，再上传，建立完成（图 4-29）。

图 4-29　批量建立商品导入

2.5　提交商品

当商品信息有编辑或者已创建草稿商品（也可在创建时直接提交），提交对应仓库（图 4-30），只有仓库收到了商品预报信息，才可接收后续提交给仓库的入库单和出库单。在"商品管理"界面，勾选需要操作的商品，打印 SKU 条码。

图 4-30　提交对应仓库

2.6　入库单管理

（1）新建入库单

以易达入库单为例，选择易达入库管理，新建入库单，选择目的仓库（波兰/西班牙），带"*"项为必填（图 4-31）。

图 4-31　新建易达入库单

进入选择商品界面，可根据"商品名称""SKU 编码"定位，选中将要添加的商品，决定发货数量，点击确定（图 4-32）。

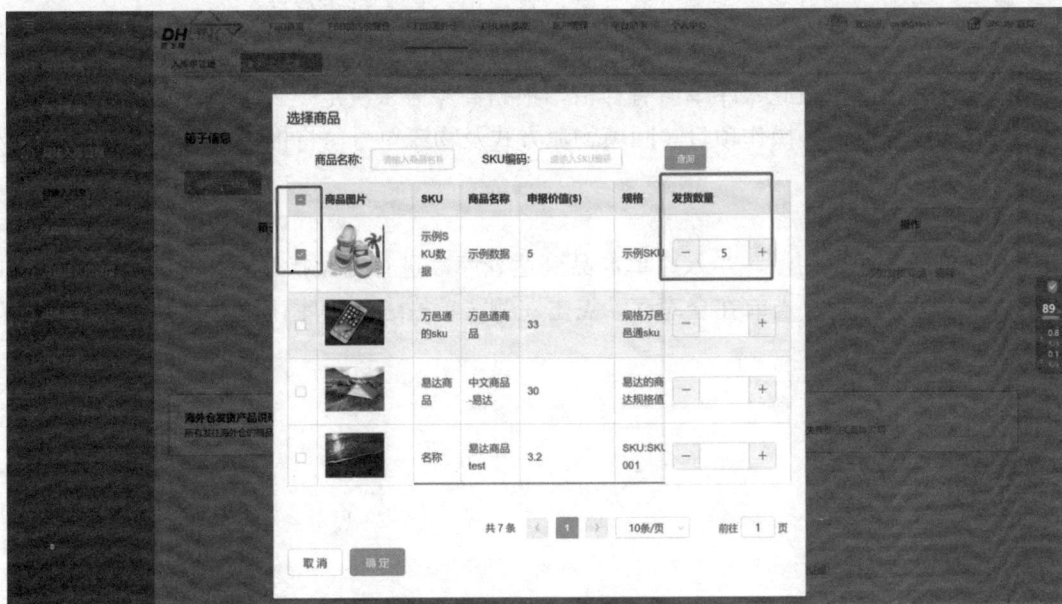

图 4-32　选择商品

（2）入库单管理

此时入库单皆为草稿状态，选中要操作的入库单，进行相应的操作。确认后，推至海外仓（图 4-33）。

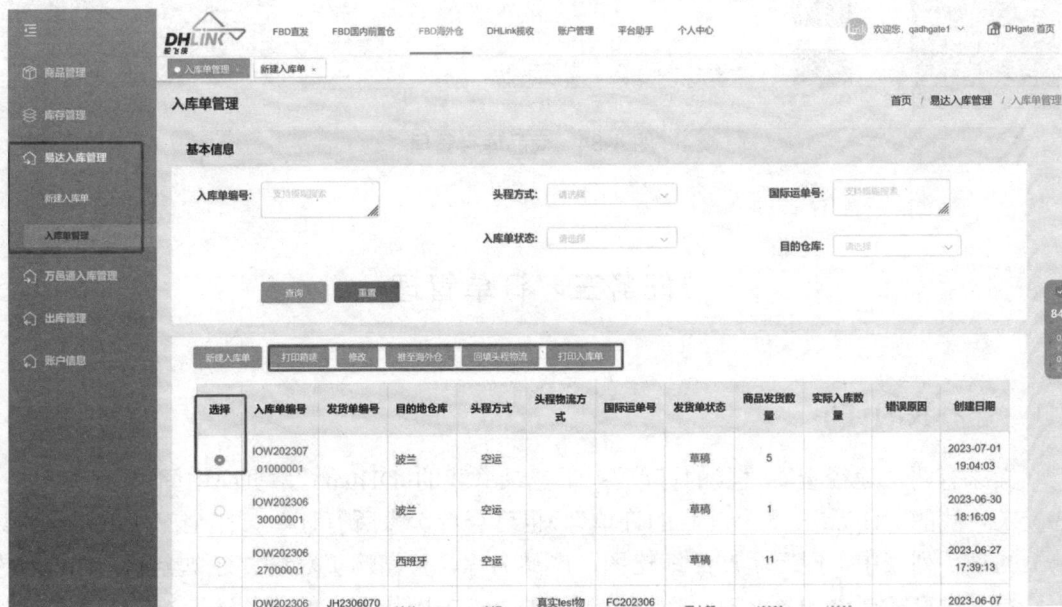

图 4-33　入库单管理

打印箱唛：发货前的操作，入库单条形码需贴在每箱外箱（请平整地张贴在外箱置顶面）。

修改：修改箱子尺寸、重量、商品等信息（提交后不可再修改）。

推至海外仓：根据之前选择的目的仓库推送至相应仓库，推送后数据不可再修改。

打印入库单：下载此入库单所有详情，根据商家需求决定是否下载。

回填头程物流：必操作项目。回填物流方式及物流单号，将推送至仓库，随时监控入库包裹情况。

（3）库存管理

以万邑通入库单为例，当入库单商品到达仓库，进行上架操作后，会增加对应 SKU库存；商家可在此查看当前在仓库存。点击左侧菜单栏进入"库存管理"界面，查看库存信息，如图 4-34 所示。

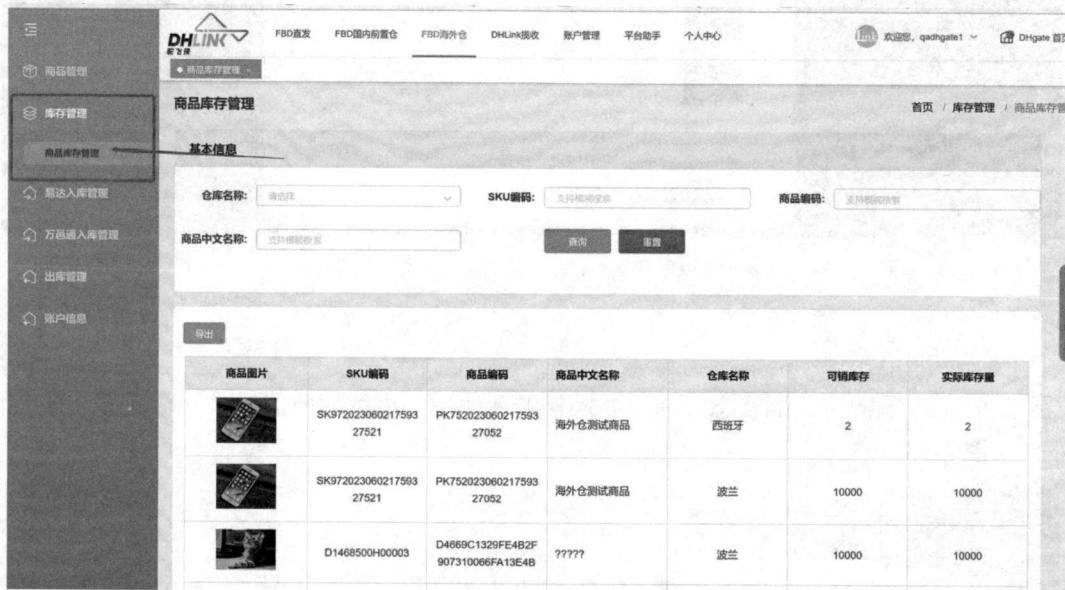

图 4-34　商品库存管理

任务三　订单管理

3.1　查看我的订单

卖家有两个途径查看"我的订单"：①登录"我的 DHgate"，页面中间显示了订单；②登录"我的 DHgate—交易—我的订单"，也可查看卖家所有订单。在全部订单及纠纷订单页的订单列表中，展示了产品缩略图、产品名称、买家购买数量、订单金额、订单状态等信息。卖家需要添加备注时，在订单列表中，点击操作下方的"备注"按钮，在弹出的对话框中填写备注内容。查看时，点击"备注"，打开备注内容（图 4-35）。

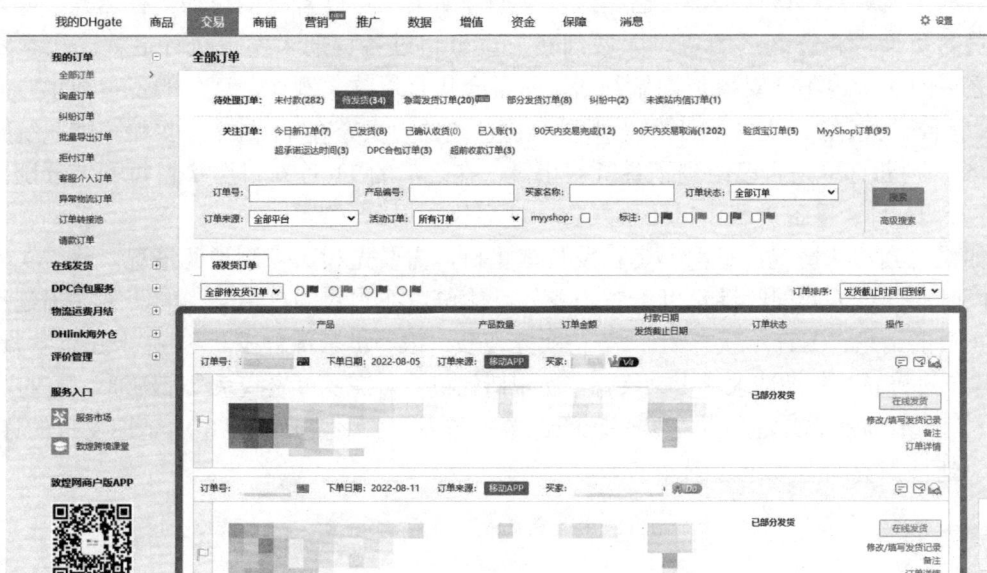

图 4-35　查看全部订单

3.2　修改发货订单

为解决商户因为缺货或者价格设置错误等造成无法发货的问题，平台具备待发货订单卖家主动取消功能。若卖家主动取消订单，将从卖家资金账户中扣除订单支付金额 10%的罚金，取整数，小数点后不计算，上限 20 美元，下限 5 美元，不处罚卖家成交不卖，且不计算责任退款率。站内信标题为："您已取消订单×××"。当资金账户余额不足时，无法取消订单（图 4-36）。

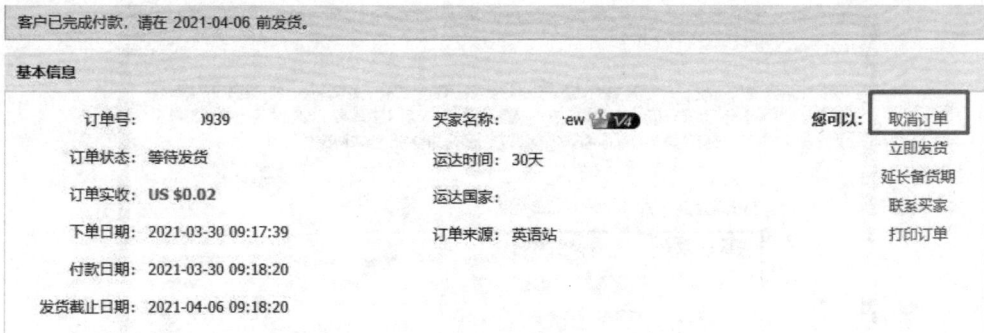

图 4-36　卖家主动取消待发货订单

3.3　修改备货期

备货期以工作日计算，遇法定节假日（元旦、春节、清明节、劳动节、端午节、中秋节、国庆节）顺延。发货截止时间为买家付款时间+备货期。非定制类商品备货时间最长可设置 10 个工作日，定制类商品最长备货时长按商品所在类目进行差异化管理。

发货前协议纠纷，卖家拒绝并选择"我已备货，不同意退款"，系统将在买家发起协议之后的 4 天后判断该订单是否已超过备货期，如果已超过备货期自动执行退款；如果没有超过备货期，将在之后的每一天做判断，直至超过备货期未发货执行退款。买家发起纠纷之后的 4 天内不会对备货期做判断，即不会执行退款。例如，订单的备货截止时间是 11 月 7 日，买家在 11 月 1 日下单当天发起协议纠纷，卖家在 11 月 2 日拒绝，则系统将在 11 月 5 日判断订单是否已经到了备货截止日，在之后的 11 月 6 日至 7 日每一天分别再判断，直到 11 月 7 日备货截止日还不发货，才会执行退款。

如果遇到特殊情况，不得不延长发货截止日，需要先和买家沟通此情况，获得买家同意，同时，订单需要同时满足以下三个条件，才可以在"我的订单"中向买家提出延长发货截止日的请求：①订单状态为："等待卖家发货"或"卖家部分发货"；②未超过备货期；③未申请过延长备货期请求。卖家只有一次申请的机会，需要事先联系买家沟通，慎重操作。

1）登录"我的 DHgate—交易—我的订单—待发货"中找到需要申请延期发货的订单，点击"延长备货期"按钮（图 4-37）。

图 4-37 选择延长备货期

2）选择"延长天数"及"原因"，点击"提交"，系统会弹出再次核实延期申请的信息框（一旦确认就无法再次提交申请，请在确定提交申请之前仔细核对"延期天数"及"原因"）（图 4-38）。

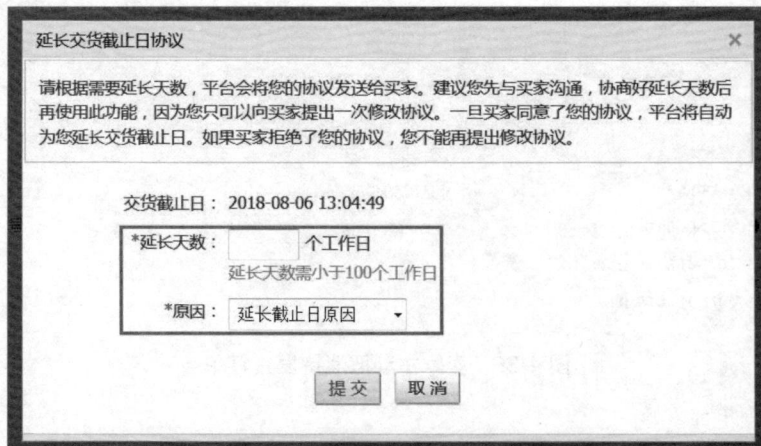

图 4-38 核实延期申请信息框

3）核实无误后，点击"确定"，延长截止日申请即成功了，系统将会发站内信及邮件通知买家。提交延期申请后，买家页面展示如图 4-39 所示。此时，买家点击"View Detail"查看详情，可选择同意或者拒绝。

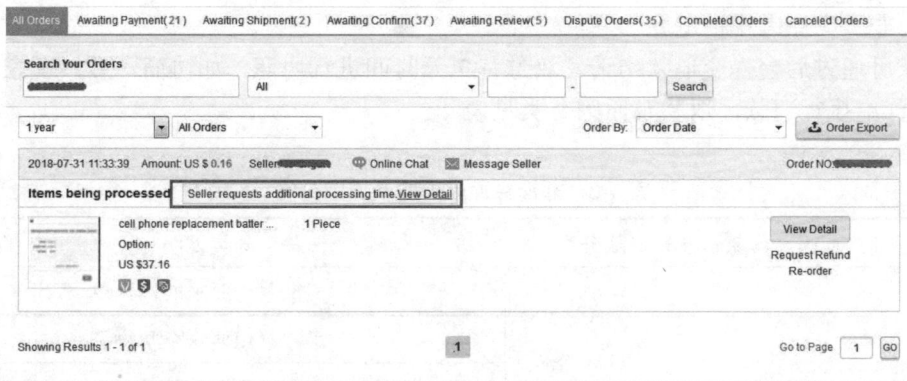

图 4-39　买家页面显示延期信息

4）直接延长备货期功能是在原来延长备货期功能基础上，为了解决卖家突然断货或其他特殊原因无法按时发货，需要向买家申请延长备货期，但买家迟迟不回复的问题而设置的辅助延长备货期功能。每个卖家每月有三次直接延长备货期的机会，可延长时间为 1～5 个工作日，直接延长备货期按钮出现的时间为发货截止日时间前推 24 小时。

任务四　申请退款

4.1　未发货订单申请退款

（1）卖家原因申请退款

卖家无法主动提交退款申请，如超过备货期无法发货，买家一旦发起退款申请，那么系统会自动取消订单并给到卖家成交不卖相应的处罚，退款及原因分类见表 4-2。

表 4-2　商户原因退款及原因分类

商户原因（卖家责任）退款分类	原因分类
产品相关	断货
	没有买家需要的尺寸（颜色、款式等）
	货物与描述不符（除产品/包装损坏外）
发货相关	超期未发货，系统自动退款
	超过备货期仍然未发货
	买家选择的发货方式，卖家无法执行
	卖家不能按照订单的价格/数量进行发货
	虚假运单号投诉—快递无追踪信息
	未收到货—发货方式不符
	未收到货—未按照约定时间发货
其他—卖家行为相关	卖家存在严重违规行为
	卖家不执行协议
	其他因卖家行为导致的退款
其他—纠纷专员裁决	裁决的责任方为卖家责任

（2）非卖家原因申请退款

买家可通过后台提交退款申请，双方有 7 天时间进行协商，如协商一致，卖家可点击"同意"订单执行退款，退款及原因分类见表 4-3。

表 4-3　非商户原因退款及原因分类

不属于商户原因（卖家责任）退款分类	分类说明
买家原因	买家主动要求取消订单
	买家不想要这个货物了
	担心海关扣关
	风控识别高风险订单
	买家不配合清关
	其他因买家行为导致的退款
物流原因	货物严重破损
	货运公司将货物丢失
	货运公司原因导致货物退回
	卖家全部发货，买家未（部分）收到货
	其他因货运公司导致的退款
预裁决	预裁决订单的退款
处罚申诉成功	成交不卖处罚申诉成功的退款
	货描不符处罚申诉成功的退款
	虚假运单处罚申诉成功的退款
	违背承诺处罚申诉成功的退款

4.2　已放款订单申请退款

订单状态为 Payment released，非 VIP 买家 30 天，VIP 买家 60 天内，买家可以在后台发起纠纷，订单状态为 Closed，买家将不能发起纠纷，可以买卖双方在站内信或者即时咨询中达成一致（需明确订单号和退款金额），可以联系卖家客服，提交退款申请，由平台介入处理。订单付款超过 180 天平台将无法退款，可联系卖家客服尝试申请退款。

【实训拓展操作】

1. 优惠券活动是商家店铺最重要的营销方式之一，对买家下单起到关键的转化作用。选择一种商品，登录敦煌网卖家后台，进入"我的 DHgate—推广营销—营销工具—店铺活动"（图 4-40），开展店铺活动。

图 4-40　店铺活动页面

2．高质量站内外推广图可以使商品有更多曝光机会，吸引更多流量。请上传一张高质量图片用于推广，用生动真实的图片展示产品，要求图片为白底无水印，无 LOGO，无人为修改，无促销、名称、属性等文字信息，符合推广产品政策。

上传要求：

（1）图片像素不低于 600 px×600 px（建议 800 px×800 px 以上），且大小不超过 5M，图片格式为 JPEG，建议为正方形图片；建议图片背景底色为白色或者纯色，图片主体占比 70%～80%，至少上传 3 张。

（2）首图产品主体展示完整，建议不要使用产品局部图，不要在产品图片上加边框，不要在产品主体添加水印、文字等信息。

（3）图片保护提醒：切勿盗用他人图片，以免受网规处罚。上传图片可以选择从"本地上传"或者从"相册上传"。

3．根据以下场景和参考示例，撰写站内信。

（1）付款阶段—买家未付款时催单。

Dear Valued Customer，

Good day. We appreciated your purchase×××（具体的产品）for this order. We have these items in stock. However，we noticed you that haven't paid yet. This is a friendly reminder to you to complete the payment. The earlier you pay，the sooner you will get the item. If you have any problems to make the payment，please let us know. We can help you to resolve the payment problems. If you do not need it，just let it be and it will be closed after it's expired.

Looking forward to hearing from you soon.

Best Regards，

Seller ID.

（2）发货前—买家下完单，但是缺货、断货，可推荐其他产品或者同意退款，询问买家意见。

Dear Valued Customer，

Thank you for your order. The item（s）you ordered is（are）currently out of stock. It will be available on（具体时间）. We would like to confirm how you would like to proceed with your order：

1. Wait for the item（s），we will give you $** as compensation.

2. Select any other item（s）of equal value to your order.

3. Request a refund.

Please let us know which you prefer. Whatever you choose，I will respect your choice.

Looking forward to hearing from you soon.

Thank you！

Best Regards，

Seller ID.

（3）发货后—货物被物流公司丢失，询问买家是否同意重新发货。

Dear Valued Customer，

Good day. I am very sad the items I shipped to you on××××（发货日期）has been lost by the shipping carrier.（Enclosed the relevant documents for your reference）

At this point，we would like to offer you two solutions：

1. Resend you the items.

2. Issue full refund to you.

Please let me know which you prefer. We are sorry for any inconvenience this may have caused

Looking forward to hearing from you soon.

Best Regards，

Seller ID.

（4）退货中—如果买家就是不喜欢收到的货（自身原因），坚持退货，同意退货。

Dear Valued Customer，

We are sorry to hear that you have opened a dispute regarding the item（s）you have received. If you insist return & refund，you can return the item（s）to us. Once we received the item（s）well，we will provide you full refund.

Please note that you will have to pay the shipping fee for returning the item（s）.

Below is our return shipping address：

（详细英文退货地址：包括收件人姓名、电话、邮编、买家需要选择的货运方式和申报价格等）

Contact name：

Shipping address：

Zip Code：

Tel：（required）

Kind reminder：

1. Returned goods must remain intact and in perfect condition.

2. Remember to mark "Order No." and "Returned Goods" on the parcel.

3. Please let me know the shipment tracking number once you have shipped the package.

Thank you！

Best Regards，

Seller ID.

项目 5　全球速卖通跨境电商平台操作（上）

【立德树人园地】

在实训中培养学生踏实肯干、吃苦耐劳的工作作风，诚实守信、善于沟通、团队合作的工作品质。

【实训任务引领】

为了方便、高效地对店铺内众多的商品进行管理，在店铺运营的过程中可以设置产品分组。按照下列要求，完成产品分组管理的设置任务：

给店铺的产品添加一个"Mobile Phone"的一级分组，并将公司所有手机产品移动到这个分组。

任务一　了解全球速卖通跨境电商平台

全球速卖通（AliExpress）是阿里巴巴旗下的面向国际市场打造的跨境电商平台，被广大卖家称为"国际版淘宝"。全球速卖通面向海外买家客户，通过支付宝国际账户进行担保交易，并使用国际物流渠道运输发货，是全球第三大英文在线购物网站。

全球速卖通创立于 2010 年，是一个全球交易市场，使全球消费者得以直接从中国乃至全球的制造商和经销商购买商品，覆盖全球 220 个国家和地区，其主要消费者市场包括美国、巴西、法国和西班牙。除了全球英文版本，全球速卖通平台还有 17 种其他语言的版本，包括葡萄牙语、西班牙语和法语。全球速卖通流量瞩目，海外成交买家数量已突破 1.5 亿，包括日常消费类目等 22 个行业，支持全球 51 个国家的当地支付方式，备受海外消费者欢迎。

任务二　开通全球速卖通店铺

1）登录全球速卖通，点击页面的"我要开店"选项（图 5-1）。

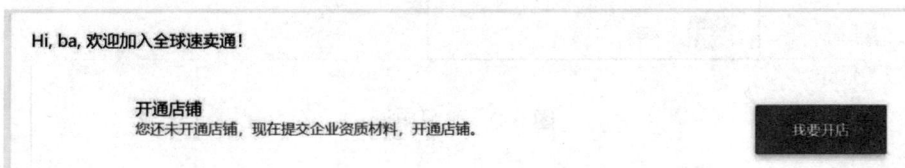

图 5-1　登录全球速卖通

2）设置店铺名称（图 5-2）：官方店、专卖店、专营店在店铺表述上有所区别；官方店为"品牌名+official+Store（S 要大写）"、专卖店为"品牌名+自定义内容+Store"、专营店为"自定义内容+Store"，请注意店铺名称一旦设置好就不允许修改了，务必谨慎设置。

图 5-2　设置店铺名称

3）店铺名称设置完毕之后页面会自动跳转至"我的申请"页面，在"类目申请"分组中点击下方"类目申请"选项，如图 5-3 所示。

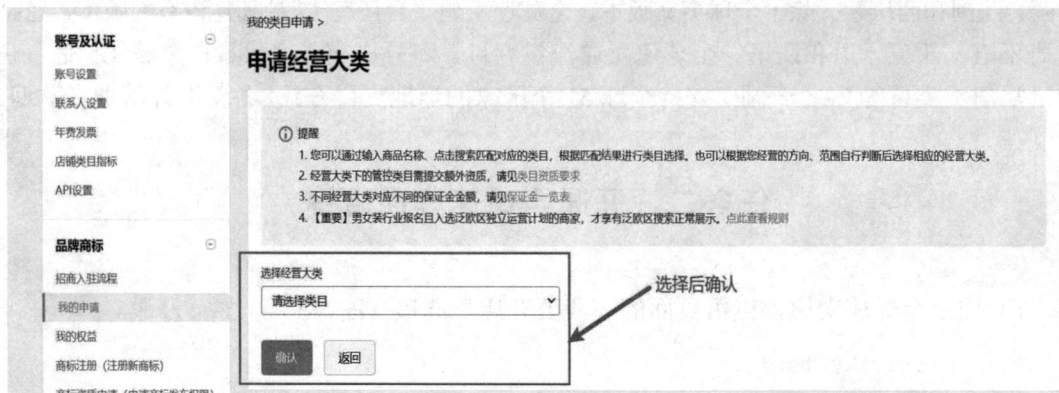

图 5-3　类目申请

4）在申请经营大类中，选择需要申请经营的类目。点击确认按钮后，系统弹窗提示申请成功。在完成缴纳保证金后，就可以在申请的类目中开始发布商品了。

5）店铺类型申请：在"账号及认证—我的申请—店铺类型申请"中进行店铺类型的申请，本次操作以专营店为例，进入页面后选择"新申请"选项，如图5-4所示。以"专营店"为例，由于新用户的品牌售卖授权数为0，所以需要添加授权品牌。

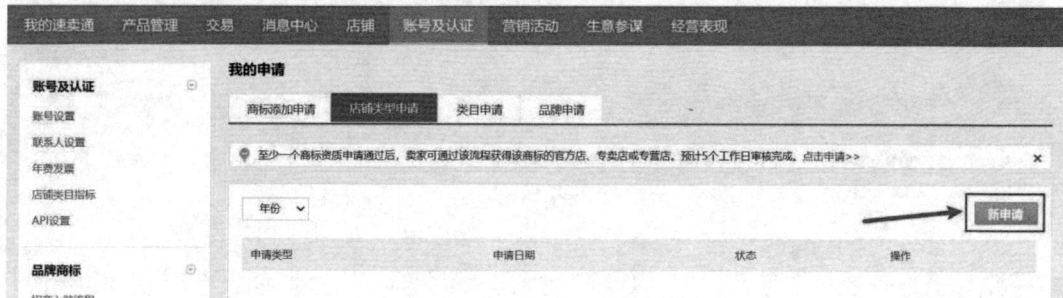

图 5-4　申请店铺类型

6）进入商品资质申请页面之后，点击"我要申请"，进入品牌资质申请。进入申请页面后需要提交各项资料，首先是要选择店铺主营类目，选好后点击"下一步"，如图 5-5所示。

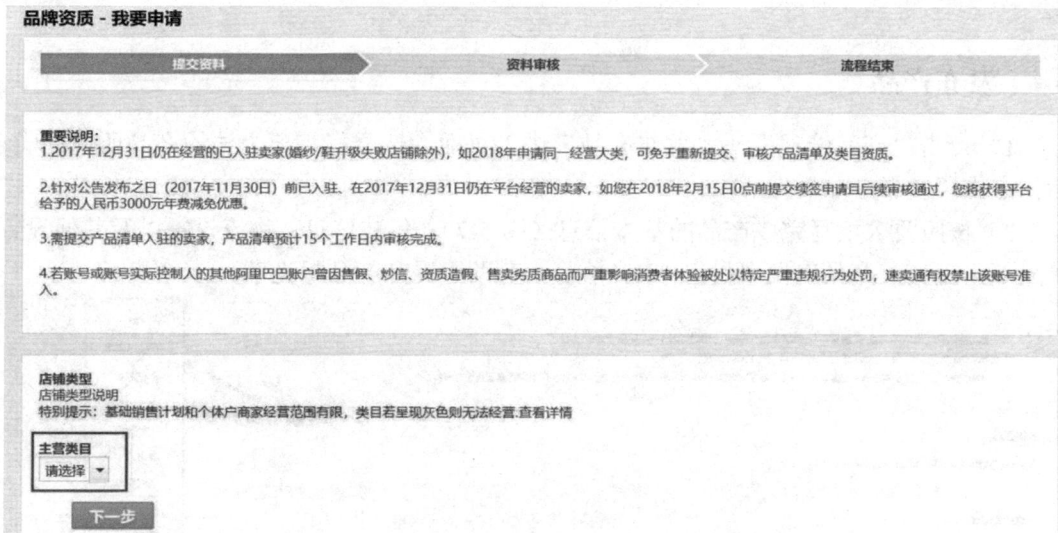

图 5-5　选择店铺主营类目

7）点击"下一步"后，填写品牌关键词，点击"查看品牌"，新用户由于之前未添加过，因此系统会提示"您搜索的商标目前不在商标资质申请列表中，您可以进行商标添加"，点击进入添加商标。

8）点击"商标添加"后，按照要求提交商标授权证书，完成后点击"提交审核"。至此全部信息都已经提交成功，将交由工作人员进行审核。品牌审核情况可以在"账户及认证—我的申请—品牌申请"中查看，如图5-6所示。

9）品牌准入成功后，至此已经符合开店的全部资质，勾选"我已了解"选项，点击

"确认申请"选项。页面自动跳转至"我的申请—店铺类型申请"界面，在"状态"处，显示"准入成功"，至此店铺开通完成。

图 5-6　查询品牌申请

任务三　产品管理

3.1　发布产品

1）点击"产品管理"—"发布产品"进入页面，选择好需要上传的产品所属的类目后，点击"发布产品"。

2）按照要求填写完成产品的基本信息（图 5-7）、包装信息、物流设置以及其他设置，最后点击提交，产品属性率尽量 100% 填写，有助于提升产品曝光率。

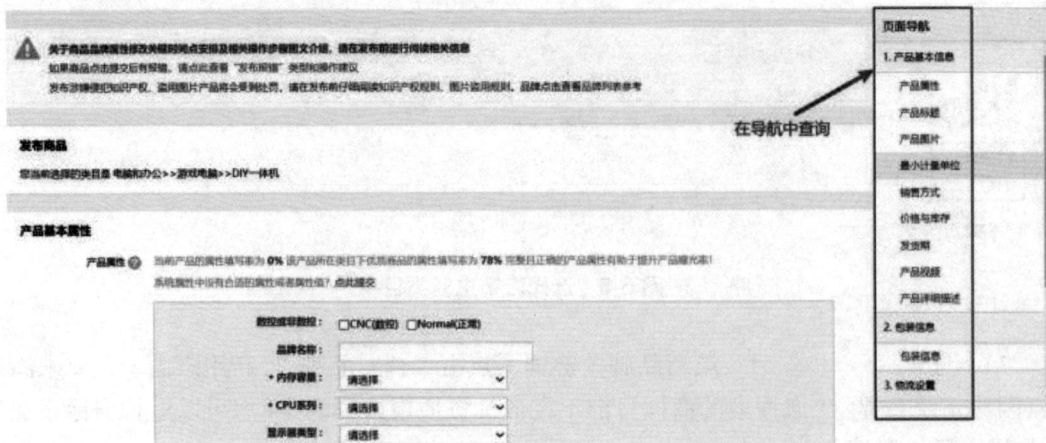

图 5-7　填写产品基本属性

3）产品通过审核后可以在"产品管理—管理产品—正在销售"中查看，如图 5-8 所示。

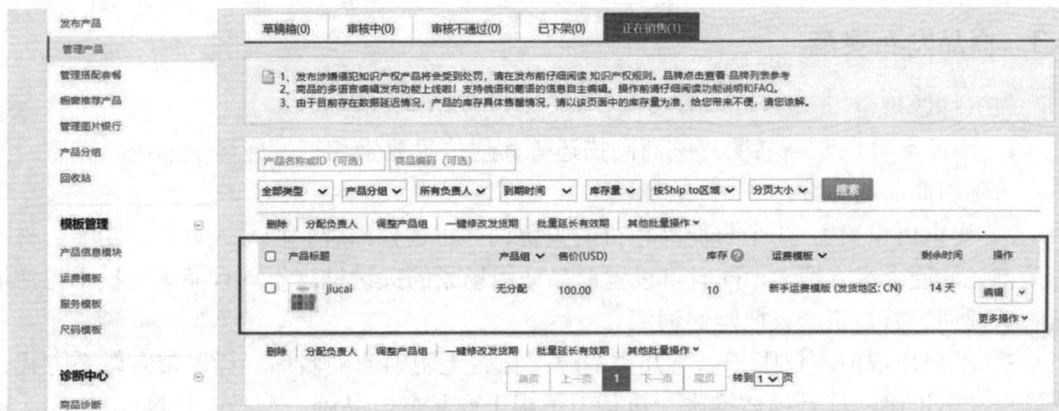

图 5-8　查看正在销售产品

3.2　批量上传

1）在"产品管理—管理产品"页面的右上方，点击"批量上传"，如图 5-9 所示。

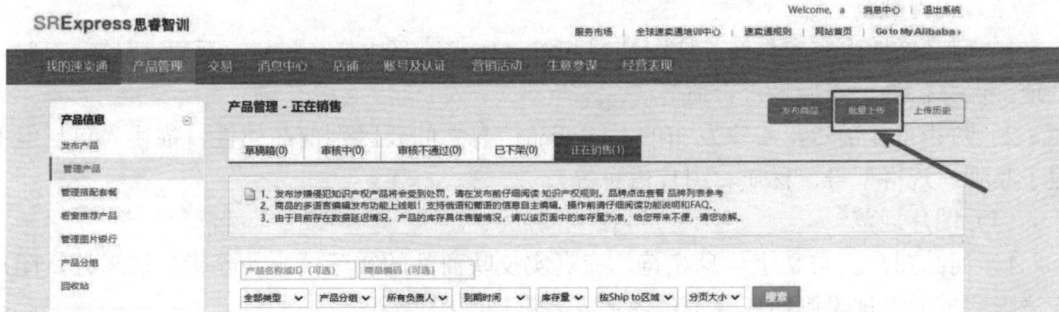

图 5-9　"批量上传"产品

2）点击"下载模板"，将需要上传的产品文件，按照模板填写，最终上传填写完成的文件，如图 5-10 所示。

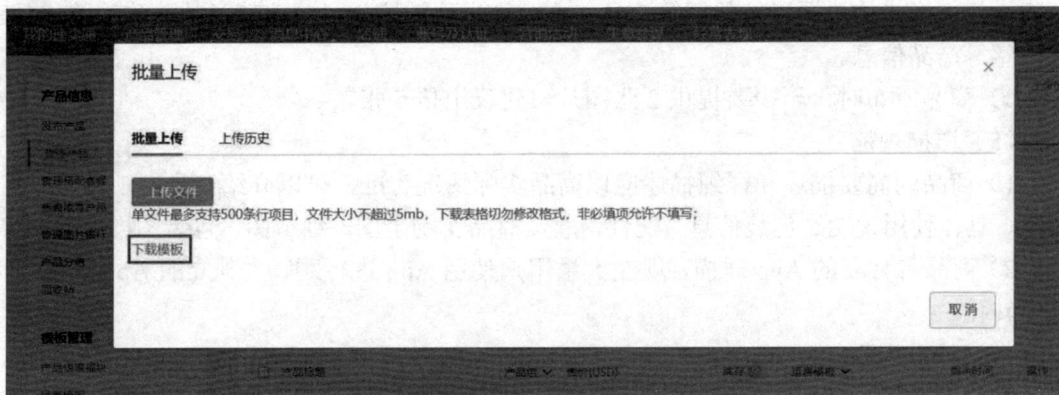

图 5-10　导入"下载模板"

3.3 商品发布规范

（1）标题规范

1）商品名称应与商品图片、商品描述等其他信息要素相符，应尽量准确、完整、简洁，可使用商品通称等。

2）卖家可设置1~3个与商品相符的关键词（可选择品牌、型号、风格、功能、材质等关键词）便于买方搜索，同时可设置商品使用场景的关键词。不具有品牌授权不得使用品牌关键词等有知识产权风险的词汇。

3）不要出现但不仅限于以下几类情况：标题无明确商品名称、标题带有联系方式、标题商品名堆砌、标题描述堆砌（包括但不限于商品名、品牌、型号、修饰词堆砌）、标题商品名与商品图片不符、标题描述与详细描述中的买卖意向不符等。

（2）类目规范

商品应选择相关性高且最合适的最小类目下。系统推荐类目仅供参考，卖家应根据商品的实际情况谨慎选择。快速定位发布类目可以到买家前台找到搜索结果靠前的同类商品，将产品链接或产品ID复制到工具中定位，或者通过核心商品关键词搜索定位。

（3）属性规范

1）商品属性内容应与商品实际情况相符，如实填写成分、材料、尺码、品牌、型号、产地、保修信息、年龄是否合适等。

2）防止重复铺货，卖家发布的不同商品信息之间要区别商品属性、描述（包括但不限于品牌、规格型号、材质、图片信息等）。

（4）图片规范

1）商品图片应与文字信息相符，应真实反映商品的实际情况。除指定情形外，图片应清晰完整无涂抹无遮挡（除平台规定需要遮挡的图片除外）。

2）图片规格建议满足：图片比例在1：1~1：1.3，图片像素大于800 px×800 px，图片大小不超过5M。增加白底图和营销场景图，有利于提升转化。图片背景必须为纯白色或全透明；商品主体需居中正面展示，与四边保持一定间距，建议不小于50 px；允许表达多SKU、套装、配件等产品属性信息，需保证产品主体清晰可识别。不允许出现品牌LOGO、水印、任何形式的边框以及促销等信息；不允许出现敏感类目、违禁商品、政治敏感、宗教敏感等产品信息。

3）商品发布时，至少要提供2张图片，建议上传5张。

（5）详描规范

1）商品的简要描述和详细描述应以商品实际情况为准，可以介绍商品的功能、风格、特点、具体使用说明、包装信息、配件，展示商品实物全图、细节图、包装图、效果图等。

2）商品有独立的App详描，现在大量用户使用App进行购物，独立的App详描可以提升转化。

（6）数量规范

为了保障买家高效购买的体验，让全球速卖通有限的资源最大限度满足卖家经营的需求，所以对卖家发布商品的数量进行限制。全球速卖通根据数据统计和运营经验，对不同类目、等级的卖家设置了不同的可发布商品数量。具体如下：

1）无类目、行业的特殊规定，选择"标准销售计划"的店铺，店铺内在线商品数量上限为 3 000 个；选择"基础销售计划"的店铺，店铺内在线商品数量上限为 300 个；特殊类目（special category）下每个类目在线商品数量上限 5 个。如店铺经营表现获得评估后的商家方可提升商品发布数量。

2）接发与发套行业对产品发布上限要求：金银牌店铺发品数量上限 300，普通店铺上限 200。

3）男装—上衣、T恤—T恤类目对产品发布上限要求：发品数量上限 1 000。

如果商品发布数量超过限制数量，全球速卖通将下架超限商品。下架商品按货品上架时间来确定，最后上架的超数商品将最先下架。

（7）禁止性规范

1）涉及药品、医疗器械、健康相关及美容的产品和店铺，禁止使用存在明显不当、令人震惊和具有误导性的表述、图片和视频等内容；包括但不限于对人体有改变、恢复、声称可治疗、恢复、可能影响健康效果的内容。

2）全平台所有涉及使用儿童模特进行展示的商品及店铺避免商品展示内容存在使用儿童模特包含低俗色情或其他不雅儿童元素（如不雅姿势、过于暴露等）。根据《联合国儿童权利公约》《联合国青年权利公约》综合确定，儿童定义年龄段为 0～18 周岁。

3）不得发布或出售鼓励非法活动的商品（如开锁工具、用于毒检作弊用途的合成尿液）；色情材料或具有性属性的商品。

4）不得发布或出售具有种族、宗教或族裔侮辱性的商品，或鼓吹仇恨、暴力、种族歧视或宗教偏执的商品。

5）不得发布或出售赠品、彩票、抽奖或竞赛；股票、债券、投资权益及其他证券。

6）不得发布或出售毒品、易制毒化学品及毒品工具；易燃、易爆及危险化学品；武器及枪支弹药；政府、执法及军警用品。

7）不得发布或出售收藏品、文物及贵重金属；人体器官、遗体及受保护的动植物；烟草产品。

8）不得发布或出售不以实物形式提供所售产品或服务的商品（如数字货币以及仅为收集用户信息的广告）。

9）不得发布或出售违背社会道德、公序良俗和人道主义精神的争议性或敏感性产品等。

（8）知识产权规范

1）严格排查在线及下架商品，若存在侵权行为，要立即将侵权商品删除。同时，严格把控进货来源，杜绝来源不明的产品，建议实拍图片，提高图片质量，让买家更直观地了解商品，获得更多订单。

2）发展有品质的自营品牌。如果产品竞争力强，注册自有品牌，扩大自营品牌影响力，让自己的品牌商品出海，不断增加附加值。

3）完成品牌准入流程。完成品牌准入再发布品牌商品，不要发布未获得发布权限的品牌商品。

全球速卖通平台会按照侵权商品投诉被受理时的状态，根据相关规定对相关卖家实施适用处罚：同一天内所有一般违规及著作权侵权投诉，包括所有投诉成立（商标权或专利权：被投诉方被同一知识产权投诉，在规定期限内未发起反通知，或虽发起反通知，但反通知不成立；著作权：被投诉方被同一著作权人投诉，在规定期限内未发起反通知，或虽发起反通知，但反通知不成立），及全球速卖通平台抽样检查，扣分累计不超过 6 分；同三天内所有严重违规，包括所有投诉成立（被投诉方被同一知识产权投诉，在规定期限内未发起反通知；或虽发起反通知，但反通知不成立）及全球速卖通平台抽样检查，只会作一次违规计算；三次严重违规者关闭账号，严重违规次数记录累计不区分侵权类型。

3.4 管理产品

点击"产品管理"—"管理产品"进入页面（图 5-11），该页面中可以管理商户在全球速卖通平台中的产品，可以按照"产品名称或 ID""商品编码""库存量"等搜索产品，也可以对产品进行"编辑""下架""删除"等操作（图 5-12）。

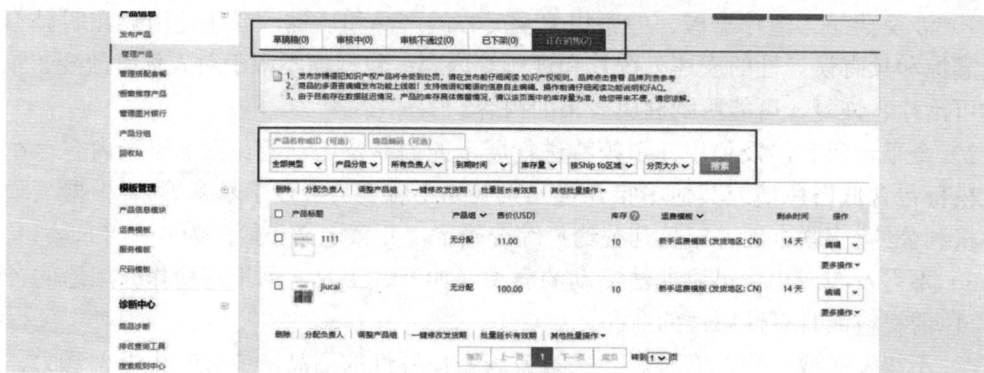

图 5-11 进入管理产品页面

图 5-12 进行产品编辑等操作

为加强全球速卖通平台商品品质及效率管控，提升消费者购物体验，全球速卖通平台将"不活跃商品"定义为商品创建超过 90 天（含 90 天）且 180 天内无成交的商品。

商家可通过：商家后台—商品诊断—查看标记为"商品竞争力不佳"的商品。对于不活跃商品，平台将采取流量屏蔽、下架、删除该商品的处置措施。同时针对不活跃商品占比较高（如高于行业平均水平）且新品（发布不超过 90 天的商品）动销率较差（如低于行业平均水平）的商家平台进行店铺流量管控。平台对于不活跃商品的管理是为了促进商家根据消费者的需求发布商品，被处置的不活跃商品不关联店铺扣分，同时平台将对季节性商品、发展型类目的商品视活跃情况做酌情处理。

3.5　管理搭配套餐

搭配套餐是将两个或多个相互关联的商品捆绑组成一个套餐消费，套餐消费与原本商品单独购买总和相比会有一定的折扣优惠。

1）点击"产品管理"—"管理搭配套餐"进入页面点击"创建搭配套餐"创建新的搭配套餐，如图 5-13 所示。

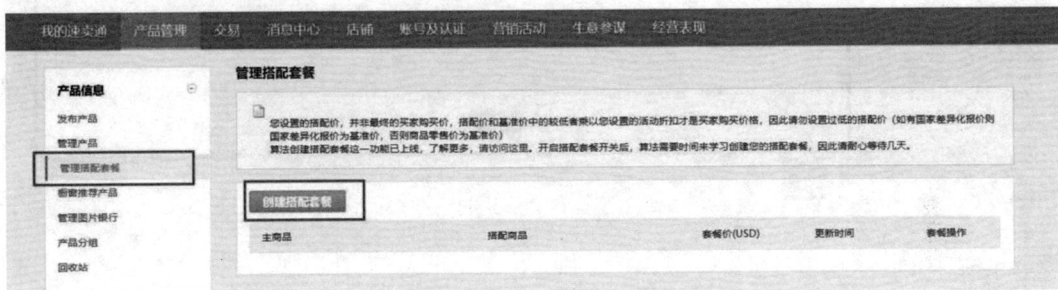

图 5-13　创建搭配套餐

2）选择一个商品成为主商品，完成后点击"下一步"，如图 5-14 所示。

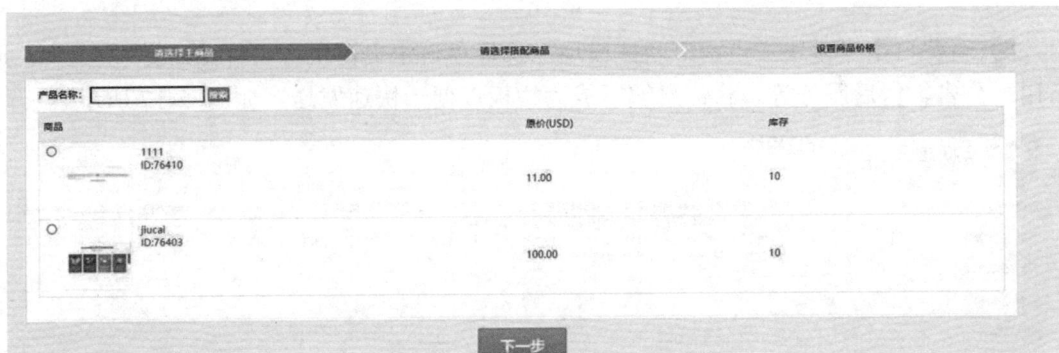

图 5-14　选择主商品

3）选择一个商品成为搭配商品，完成后点击"下一步"，如图 5-15 所示。

图 5-15　选择搭配商品

4）新建关联产品模块。点击"新建模块"选择"关联产品模块"将产品关联，可以同时修改和引用这些产品的信息。新建完成后可在模板右侧点击编辑更改，如图 5-16 所示。

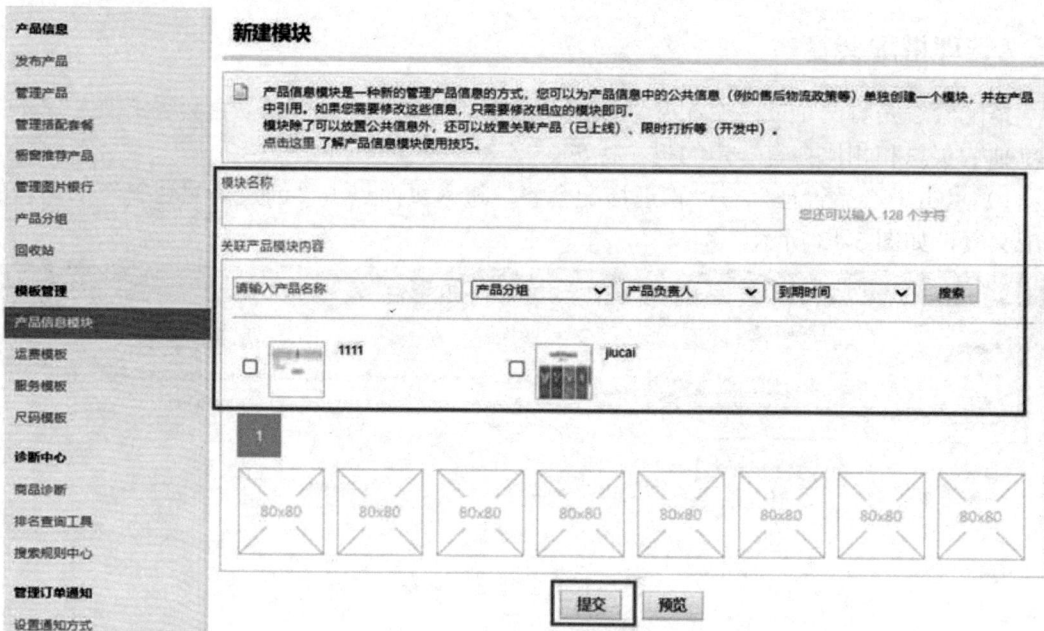

图 5-16　新建关联产品模块

5）新建自定义模块。点击"新建模块"选择"自定义模块"，自由编辑模块内容，通常用于公告、售后服务等。将信息编写成为模板以便于快速发送，如图 5-17 所示。

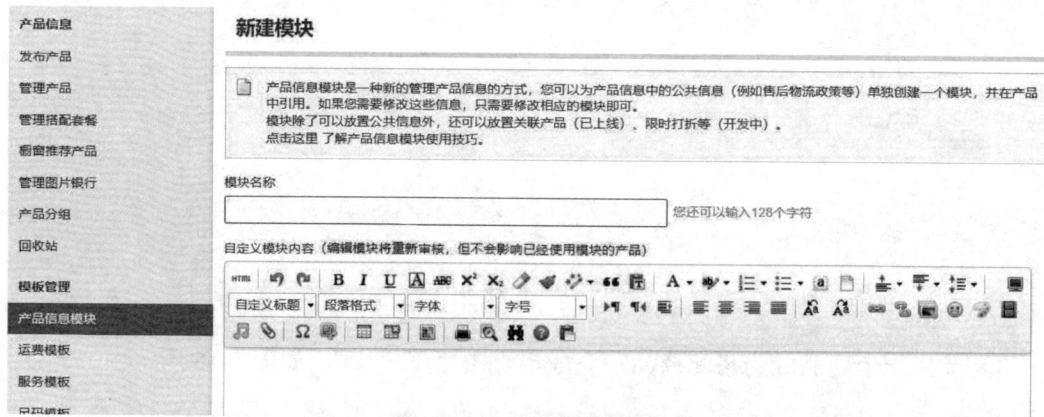

图 5-17　新建自定义模块

6）运费模板。点击"产品管理"—"运费模板"进入页面，运费模板能够快速地插入商品的运输信息中，可以提高商铺的办公效率，如图 5-18 所示。

注：①按照平台的物流规则进行运费设置；②谨慎设置承诺运达时间，如果未送达可能会产生纠纷资损。

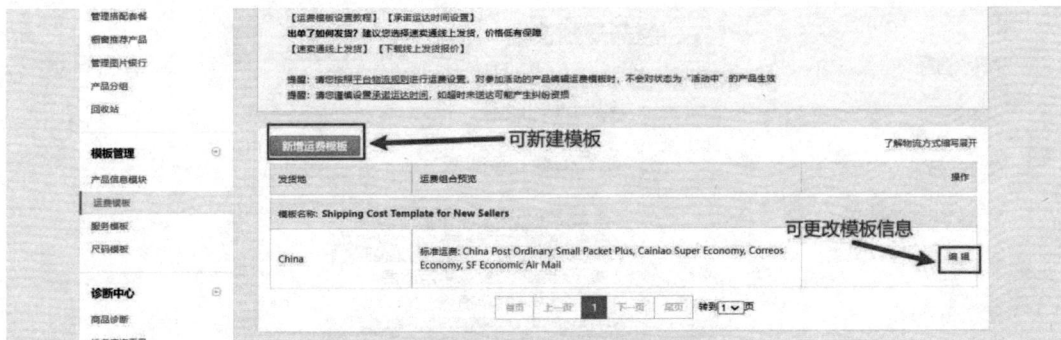

图 5-18　新建运费模板

点击"新增运费模板"进入页面，按照要求填写运费模板名称，选择物流公司类型以及物流公司，最后填写运费和运达时间，如图 5-19 所示。

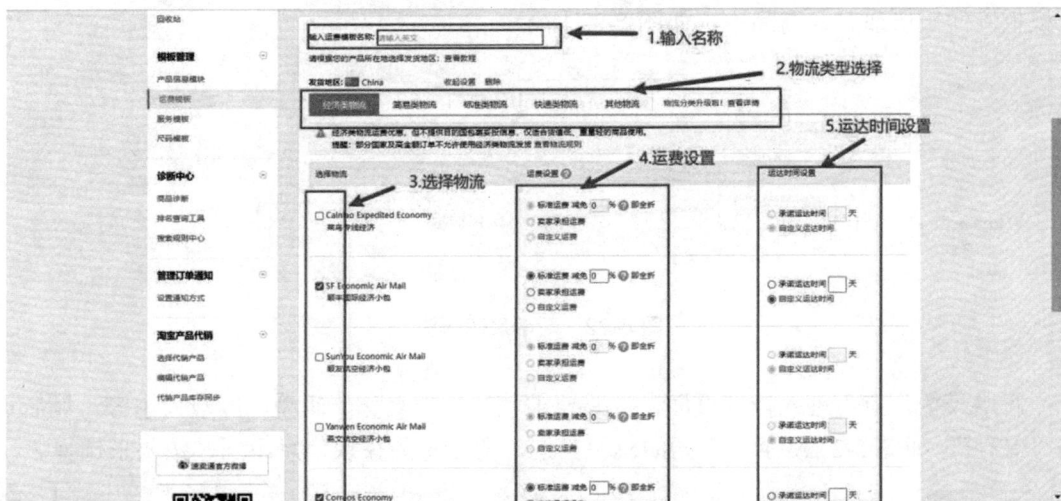

图 5-19　编辑新的运费模板

7）服务模板。服务模板中，设置的服务模板与商品关联，提供的服务会在商品详情页面展示，为买家选择商品和卖家提供参考。新增模板，进入详细页面后输入模板名称并选择服务，如图 5-20 所示。若想要改变服务则点击"编辑规则"进入修改，如图 5-21 所示。最后点击"保存"。

图 5-20　新增服务模块

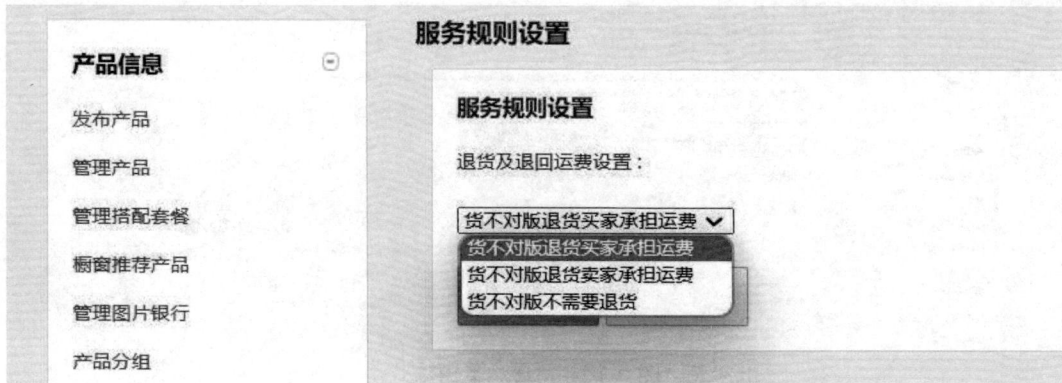

图 5-21　设置服务规则

8）尺码模板。点击"产品管理"—"尺码模板"进入页面，可以查看所有关于尺码的模板以便于快速带入商品中，如图 5-22 所示。

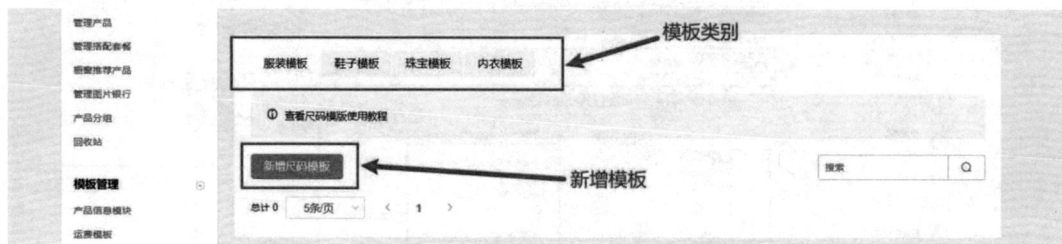

图 5-22　新增尺码模块

新增模板，点击进入详细页面，按照要求填写模板名称、码型、码数大小等，最后点击"保存"，如图 5-23 所示。不同的模块类别，所新建的模块信息不同，按要求选择。

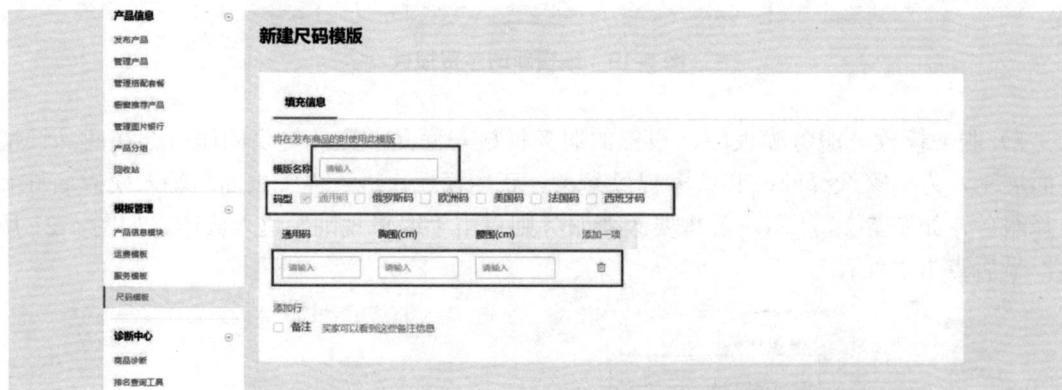

图 5-23　设置尺码模块

任务四　订单管理

4.1　查看订单

在"我的订单"页面可以查询到所有的订单，可以通过产品名称、订单号、下单时间等来搜索订单，在订单栏的最右边可对订单进行操作，如图 5-24 所示。

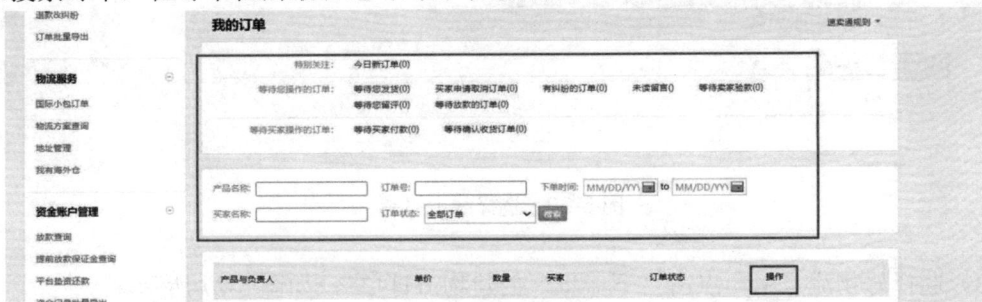

图 5-24　查看我的订单

就平台一般商品，自买家下订单起的 20 天内，买家未付款或者付款未到账的，订单将超时关闭。在闪购、限时抢购等特殊交易场景下，为维护卖家利益，买家未付款或付款未到账的订单会在平台认为的合理时限内（半小时起）关闭。自买家付款成功之时起到卖家发货前买家可申请取消订单。买家申请取消订单后，卖家可以与买家进行协商，如果卖家同意取消订单，则订单关闭，货款全额退还给买家；如果卖家不同意取消订单并已完成发货，则订单继续。如果卖家不做任何操作直至发货超时，则订单关闭，货款全额退还给买家；如果卖家对订单部分发货，并且在发货期内没有完成全部发货，则订单关闭货款全额退还给买家。

4.2　订单发货

1）页面跳转至订单详细页面后，点击"发货"选项，如图 5-25 所示。

图 5-25　订单发货

2）进入后，点击"线上发货"，如图 5-26 所示。

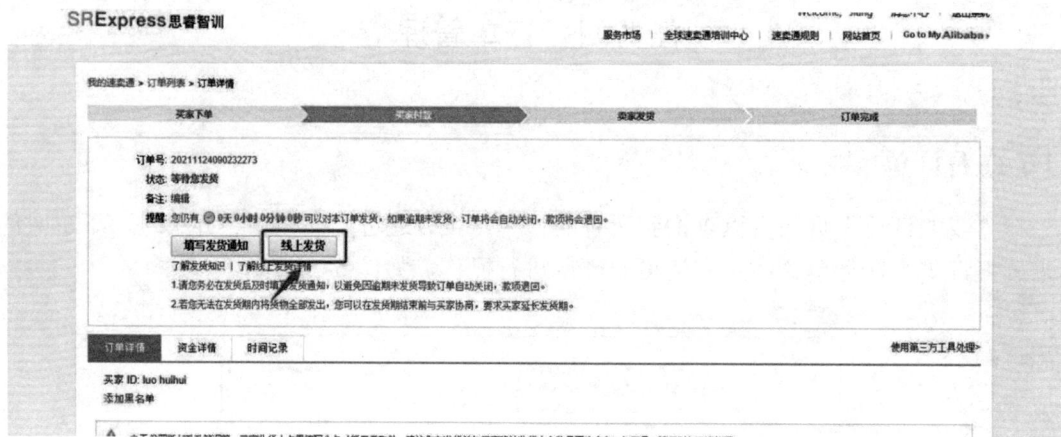

图 5-26　选择线上发货

3）选择好物流方案，点击"下一步，创建物流订单"，如图 5-27 所示。

图 5-27　创建物流订单

　　注意保护平台用户的隐私安全，卖家未经买家本人和平台的书面、明确许可（许可应由卖家举证），不得将信息对外披露、传递。上述"对外"包括但不限于对非必要的内部员工，对外部第三方的公司或个人，对不特定的主体等；"披露、传递"包括但不限于线上或线下、公开或定向、明示或暗示、明文或加密等任何方式。例如，卖家在站内公开渠道未经允许披露他人信息，卖家在站外向第三方网站未经允许披露他人信息，卖家向未经允许的第三方公司、非以履约完成与买家交易的目的披露他人信息的，或卖家未经允许向非买家本人披露买家订单信息等。

4）进入创建物流订单页面，首先确认商品信息，如图 5-28 所示。

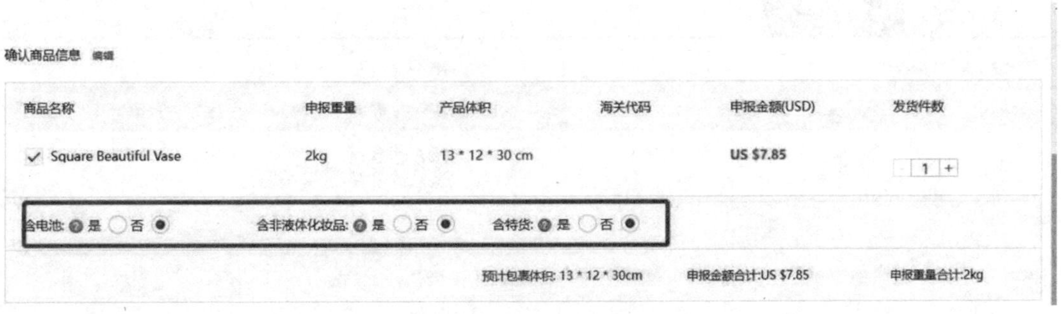

图 5-28　确认商品信息

5）在确认发货信息处，点击"编辑"，如图 5-29 所示，在弹出的窗口里填写发件信息。

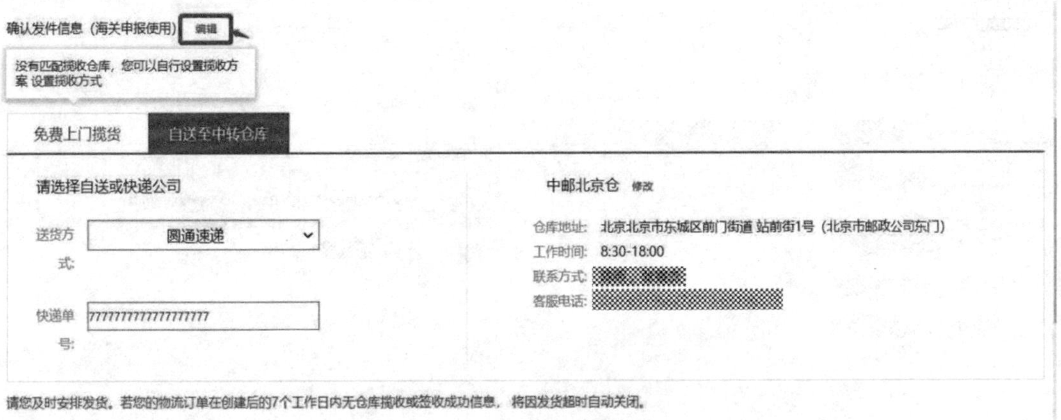

图 5-29　编辑物流信息

根据买家下单时间，卖家严格按照承诺的价格、时效物流服务和商品品质进行发货，是卖家的基本义务。"成交不卖"是指买家在订单付款后，卖家逾期未按订单发货的行为。上述逾期是指未在卖家发货超时时限之前上传运单号。

成交不卖行为根据严重程度，分为一般违规、严重违规和特别严重违规。

成交不卖严重违规行为包括但不限于以下情形，情节特别严重的构成成交不卖特别严重违规：①成交不卖订单量较大或成交不卖订单占全店近 7 天或 30 天订单比例较大；②为引流等不正当目的恶意成交不卖等；③多次发生成交不卖一般违规行为。

6）在确认发货信息处，点击"设置揽收方式"，如图 5-30 所示，在弹出的窗口里填写各项揽收货物信息，如图 5-31 所示。

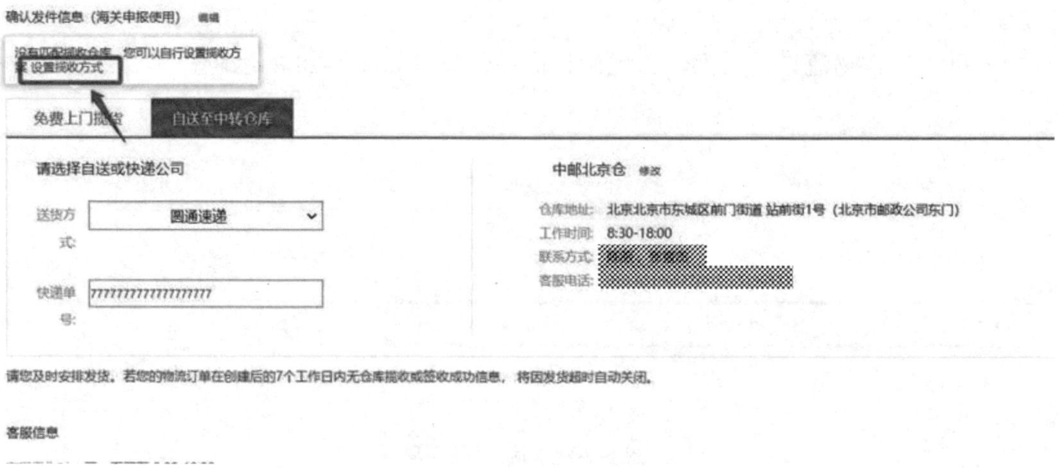

图 5-30　设置揽收方式

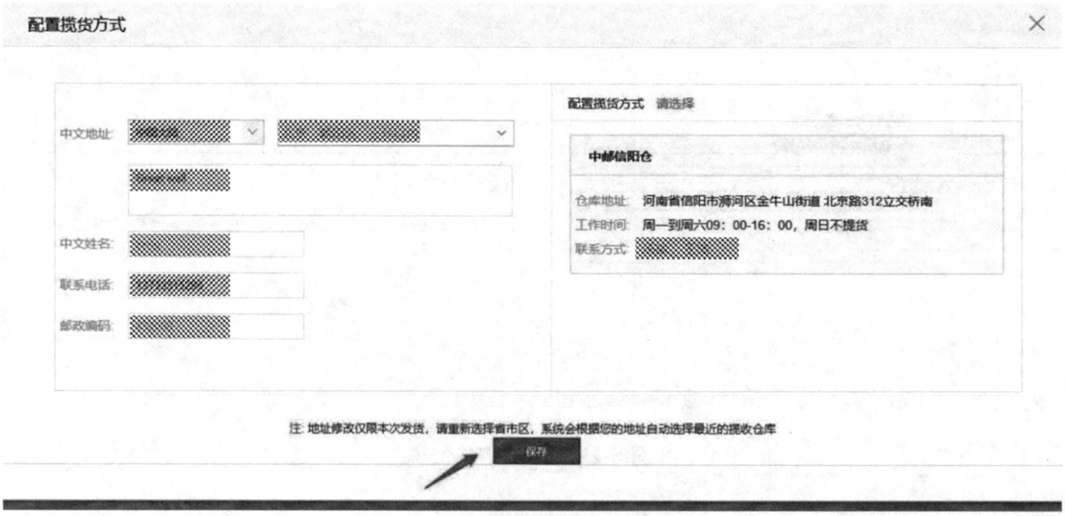

图 5-31　填写揽收信息

7）同意《使用者协议》，点击"提交发货"，成功创建物流订单。

自买家付款成功之时起至备货期间内，如果卖家无法及时发货，可以与买家协商由买家提交延长卖家备货期的申请，卖家需在协商期限内发货；如果卖家在备货期内没有完成全部发货，则订单发货超时关闭，货款全额退还给买家；如果卖家在备货期内完成全部发货，但订单在规定时间内无有效的物流上网信息，则订单上网超时关闭，货款全额退还给买家。

自卖家声明全部发货后，如卖家承诺的运达时间小于 10 天（自然日，如无特殊说明，下同）则在卖家发货后买家就可以申请退款，如卖家承诺的运达时间大于等于 10 天则在卖家发货后的 10 天后买家可以申请退款。

8）点击"物流订单详情"，完成后续操作，如图 5-32 所示。

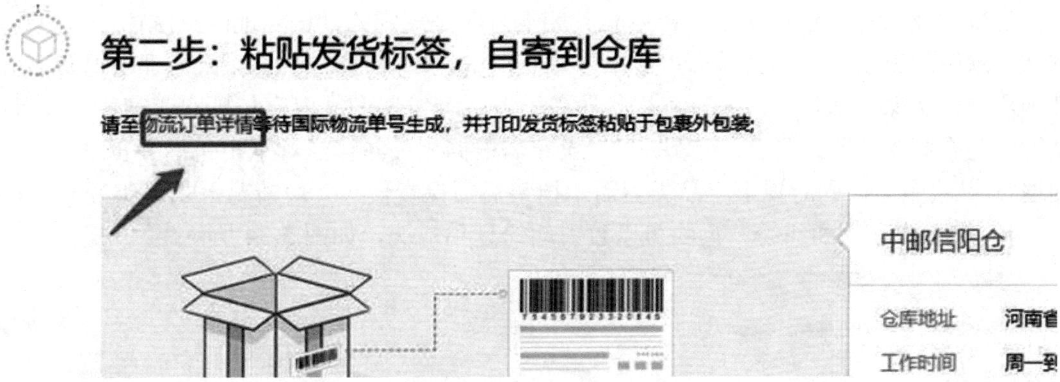

图 5-32　查看物流订单详情

9）页面跳转后，首先点击"打印发货标签"。再点击"填写发货通知"，并填写各项信息，如图 5-33 所示，点击"提交"。现在订单已经进入"卖家发货状态"，至此已经完成订单的发货工作。

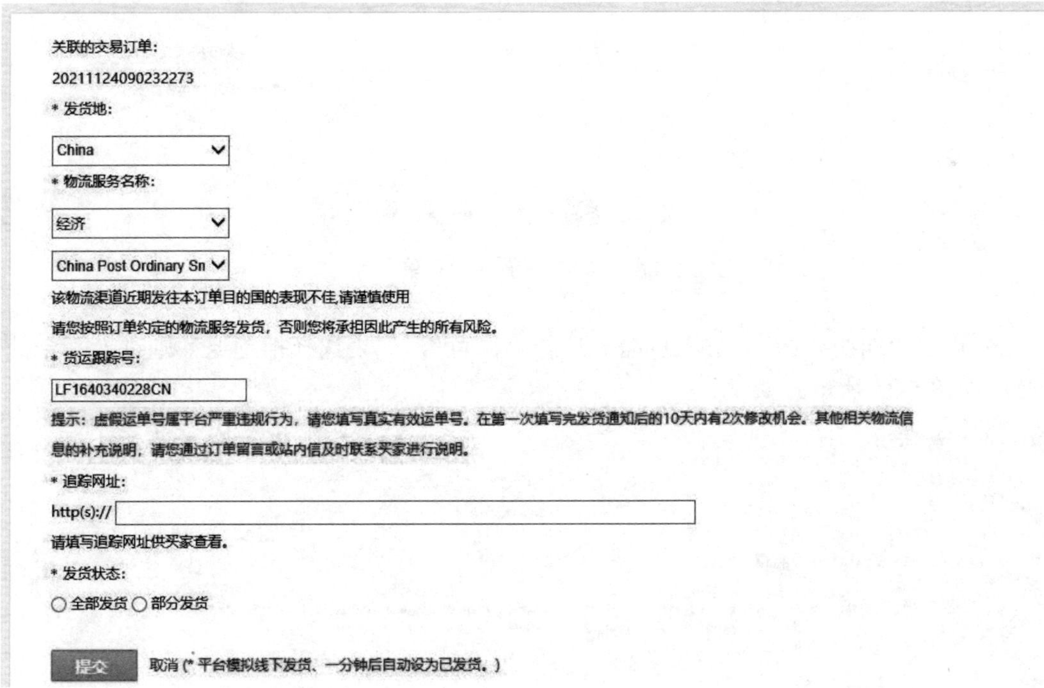

图 5-33　填写发货通知

4.3　纠纷订单解决

卖家发货并填写发货通知后，买家如果没有收到货物或者对收到的货物不满意，最早可以在卖家全部发货 10 天后申请退款（若卖家设置的限时达时间小于 10 天或者是俄罗斯精品馆订单、本地仓服务订单，则买家最早可以在卖家全部发货后立即申请退款），买家提交退款申请时会在系统中生成争议流程。

当地国家有相关法律法规对售后服务期限有明确规定的，按当地国家法律法规执行。例如，欧盟国家用户，卖家需承担 2 年售后质保责任，同时需提供 14 天无理由退货服务；韩国用户，卖家需承担 7 天无理由退货服务，若买家发现产品内容与标明或宣传，或者产品性能与合同条款不一致（统称缺陷），卖家需根据相关法律法规承担包括到货 3 个月内的退货/退款服务，同时视乎产品类型需承担售后质保责任（一般情况下是 1 年）。

1）进入"退款和纠纷"页面可以查看纠纷订单情况，如图 5-34 所示。

图 5-34　查看纠纷订单

2）点击"纠纷详情"，进入页面后选择"同意"，如果选择拒绝退款则进入平台处理纠纷，如图 5-35 所示。

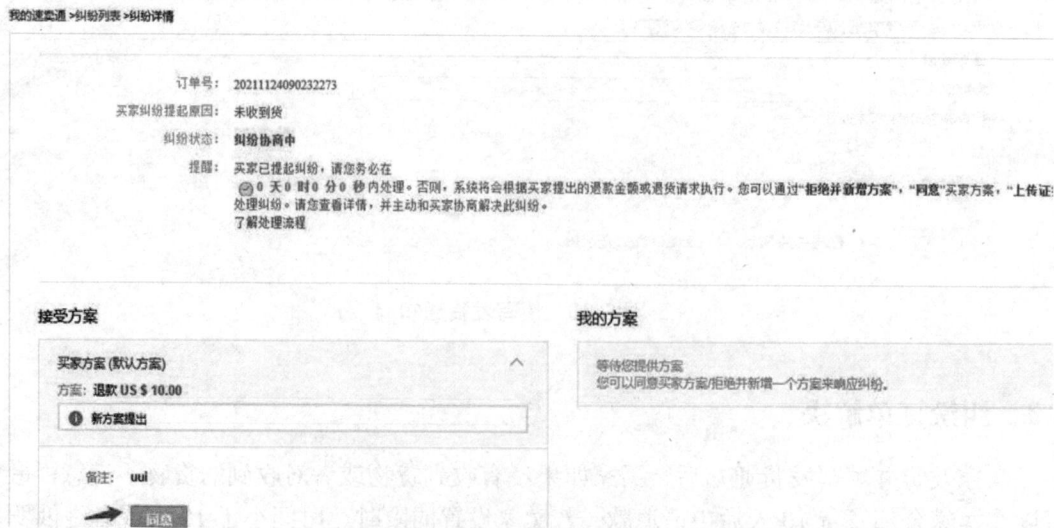

图 5-35　查看纠纷详情

3）完成纠纷处理后，订单会被关闭进入"已结束"状态，如图 5-36 所示。

产品与负责人	单价	数量	买家	订单状态	操作
订单号: 20211124090232273 下单时间: Wed, 24 Nov 2021 09:02:32 GMT			luo huihui 0 未读留言 | Contact		金额: $ 17.85
Square Beautiful Vase 商品编码: (Jiang lihui)	$ 10	1	已结束的订单	已结束的订单 订单详情 手机订单	举报恶意买家

图 5-36　完成纠纷处理

【实训拓展操作】

1．在全球速卖通跨境电商平台发布以下产品（表 5-1）。

表 5-1　产品信息

产品基本信息	产品标题：2023 Spring/Fall Fashion casual jeans Men's Cotton Slim Stretch pants retro men's jeans jeans for men
	品牌：Fashionable
	材质：涤纶
	长度：长裤
价格与库存	最小计量单元：件/个（piece/pieces）
	销售方式：按件出售
	尺寸：通用—单一码
	颜色：黑色 black
	零售价：35 美元
	库存数量：1 000
	商品编码：p-0001
详细描述	PC 详描编辑：Brand：Fashionable；Material：Polyester；Length：Pants
包装与物流	发货期：7 天
	物流重量：0.50 kg/件
	物流尺寸：32 cm×20 cm×5 cm
	运费模板：新手运费模板
	服务模板：退款不退货
产品图片	

2．根据以下产品尺码信息（表 5-2），在全球速卖通跨境电商平台完成商品尺码模板的创建与设置。

表 5-2　产品尺码信息

码型	欧洲码、美国码、中国码			
欧洲码	美国码	中国码	脚长/cm	脚宽/cm
35.5	5	220	22.1	11.05
36	5.5	225	22.6	11.3
36.5	6	230	23	11.5
37	6.5	235	23.4	11.7
38	7	235	23.8	11.9
38.5	7.5	240	24.2	12.1
39	8	245	24.7	12.35
40	8.5	250	25.1	12.55

3．网上查找两种连衣裙图片，根据以下产品信息（表 5-3），在全球速卖通跨境电商平台进行产品批量上传。

表 5-3　产品信息

商品标题	连衣裙 01	连衣裙 02
最小计量单位	件/个（piece/pieces）	件/个（piece/pieces）
销售方式	按最小计量单位出售	按最小计量单位出售
材质	真丝	真丝
发货期	7 天	1 天
物流重量	2 kg	2 kg
长	25 cm	25 cm
宽	5 cm	5 cm
高	4 cm	4 cm
零售价	22 美元	22 美元
库存	1 000 件	1 000 件

项目6 全球速卖通跨境电商平台操作（下）

【立德树人园地】

培养学生的团队合作意识，同时对学生开展法律意识教育，让学生了解跨境资金结算风险，树立资金安全、信息安全意识。

【实训任务引领】

国内某日用品品牌公司计划投放"Detergent"产品面向全球的英文展示广告，该广告投入日预算为600元，计划从今天开始投放一个月的时间，并且希望该广告在每天的18：00—23：00时段投放，请帮助其完成该广告的创建。

任务一 物流管理

1.1 创建物流订单

通过国际小包完成的订单将在该页面显示，可以通过交易订单号、国际物流单号、物流订单等搜索订单，也可对订单进行操作，如图6-1所示。

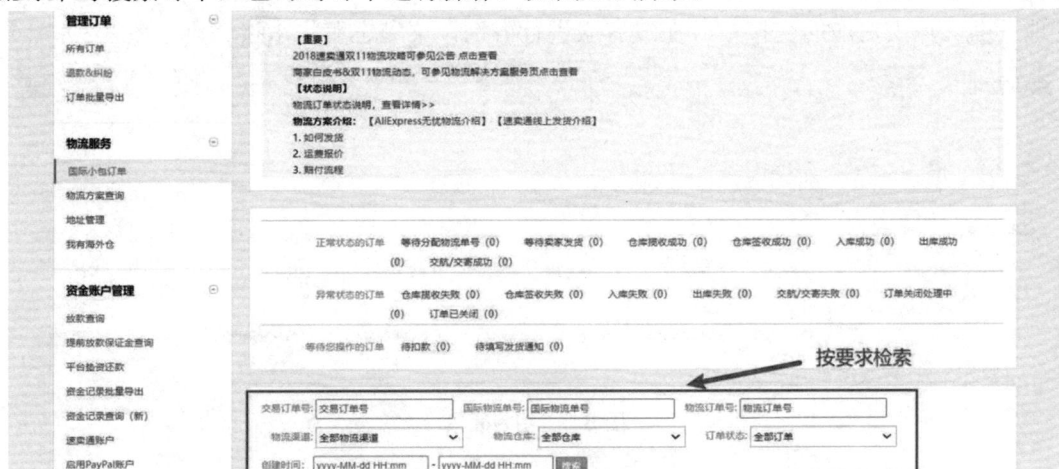

图6-1 查询国际小包订单

目前全球速卖通提供系统组大包和小包两种包装方式，发货方式商家可选择免费揽收、付费揽收、自寄和自送；根据平台对72H上网率（支付—上网）的要求，在实际工作环境中,全球速卖通平台强烈建议卖家使用系统组大包即"上网前置"功能发货(图 6-2)。

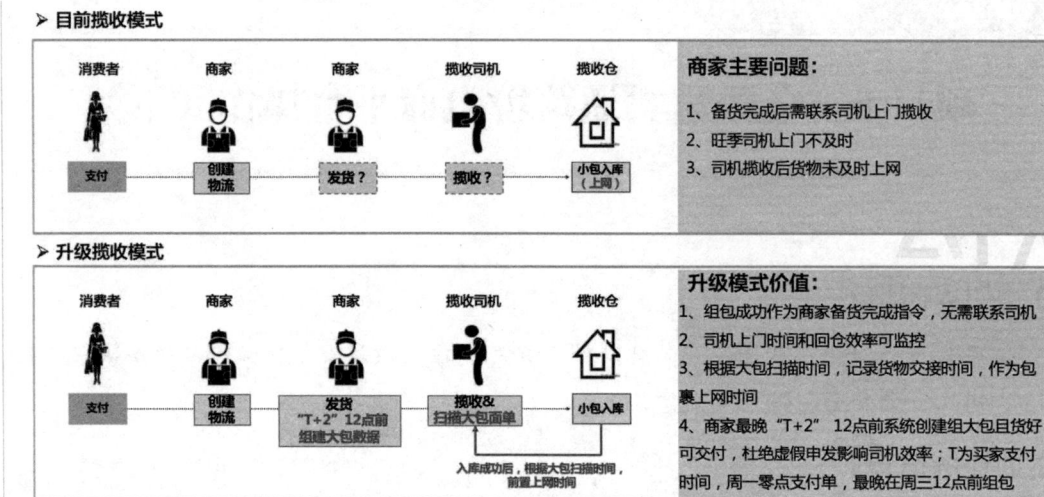

图 6-2 系统组大包和小包区别

系统组大包具备以下优势:

①提升物流确定性:司机上门时间和回仓效率可监控。根据大包的揽收成功时间和小包入库时间,商家可掌握包裹更准确的追踪信息。

②发货时效提升:上网可前置到司机上门揽收的时候。

③丢失免举证:揽收后丢包,由平台要求物流提供凭证,无须商家举证。

创建物流订单后,商家在系统中(全球速卖通后台—物流中心—组包管理)将同一个揽收仓库(如燕文义乌仓、递四方深圳仓等)的小包(状态需为待组包交接)数据组成一个大包,并将这些小包放在同一个大包里贴上大包面单交给司机。司机揽收时务必扫描大包面单,记录上网时间。商家针对交接的大包有咨询、查件、投诉等问题,可以通过组包管理页面,点击对应的交接单号在线客服进行咨询,菜鸟客服将承接咨询(图 6-3)。

图 6-3 组包管理

1.2 物流方案查询

所有订单的物流方案在如图 6-4 所示的页面。

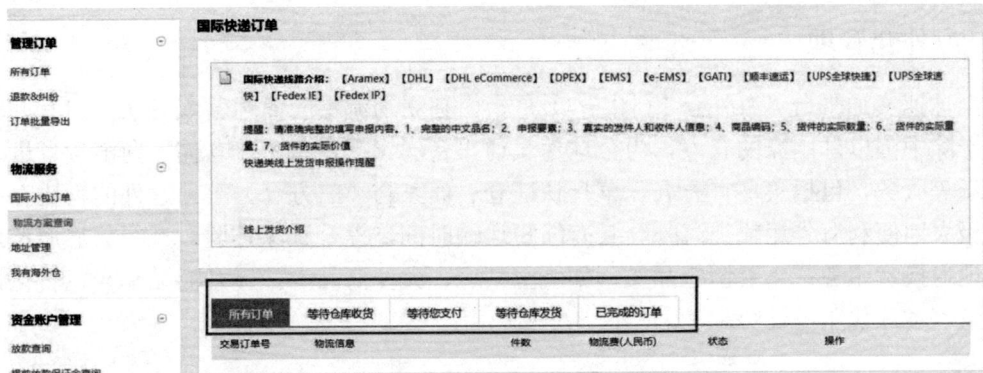

图 6-4　查询物流方案

1.3　地址管理

在"地址管理"页面可以编辑管理所有的地址信息，包括发货地址和退货地址，在该页面中最多保存 20 个地址信息（图 6-5）。

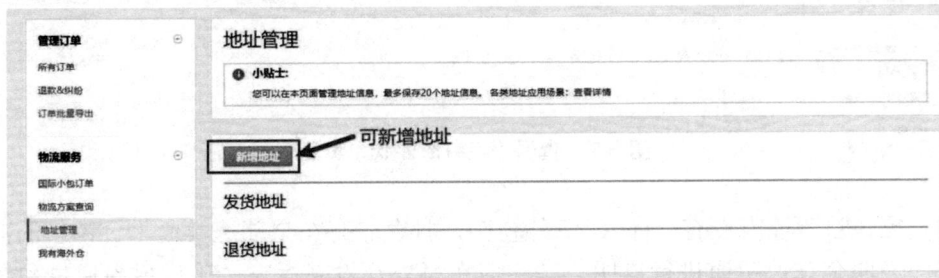

图 6-5　查看地址管理

点击"新增地址"进入页面，按照要求填写地址的相关信息，最后点击"提交"即可，如图 6-6 所示。

图 6-6　添加地址

1.4 海外仓管理

全球速卖通平台"海外仓"（图6-7）是指由独立物流供应商运营或者卖家自有并运营的位于除中国以外国家的仓库，为全球速卖通平台卖家提供备货、仓储、向消费者进行尾程派送等服务，包括菜鸟官方仓、菜鸟认证仓、商家仓（三方仓）等。海外的物流存储仓能够极大地便利海外运输。海外仓具有缩短运输时间，提升买家体验；升级售后服务，提供本地退换货服务；拓展销售品类，如航空禁运、大件商品等；提升商品曝光、转化，扩大销量等本地化服务优势。

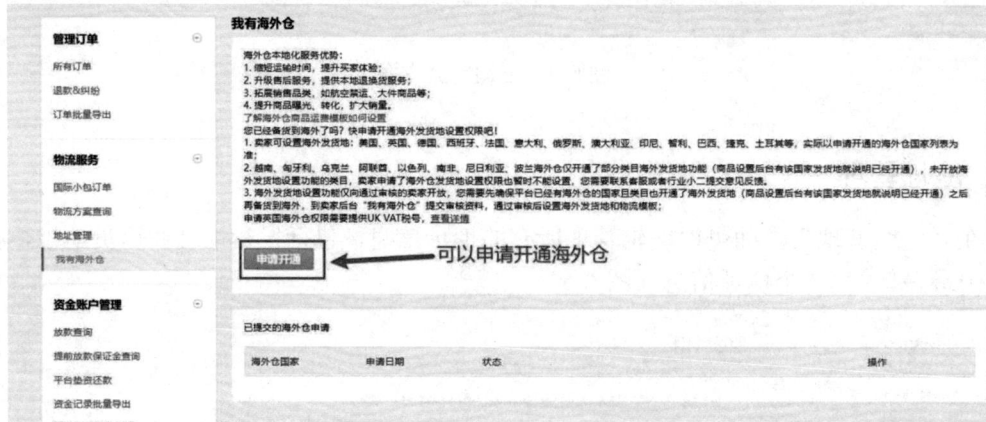

图6-7 查看"我有海外仓"页面

如卖家在欧盟境内设有仓库（"海外仓"），且存储有在全球速卖通平台销售的商品，则卖家应当向全球速卖通进行申明。卖家应在海外仓设立后三个工作日内通过系统（平台后台—海外仓）向全球速卖通进行申明；如果卖家违反前述海外仓申明义务，则构成违规，全球速卖通有权采取违规处理措施、限制卖家将部分或全部商品销往特定国家。

（1）开通海外仓

点击"申请开通"进入页面，申请发货地址权限，填写相关信息，如图6-8所示。

图6-8 申请发货地址权限

（2）仓库类型选择第三方

需要选择物流合作商，填写客户代码，上传合同照片、后台截图，如图 6-9 所示。

* 仓库类型：◉第三方　　○自营

* 合作物流商：☐出口易　☐递四方　☐万邑通　☐斑马物联网　☐亚马逊FBA　☐飞鸟　☐出口啦　☐华翰　☐其他 _____

* 客户代码：_____　物流商给客户用的代码

* 合同照片：[选择文件]　与第三方物流商签订的合同图片，最多上传10张。图片大小不超过2M，支持jpg，png或jpeg格式

* 后台截图：[选择文件]　使用第三方物流系统的后台截图(库存查询、订单管理页面)，最多上传5张。图片大小不超过2M，支持jpg，png或jpeg格式

图 6-9　选择第三方仓库

（3）仓库类型选择自营需要填写海外仓地址、发货证明、海外通关证明、仓库照片（图 6-10）。

* 仓库类型：○第三方　　◉自营

* 海外仓地址：_____

* 发货证明：[选择文件]　如发货底单、发货拍照等，最多上传5张。图片大小不超过2M，支持jpg，png或jpeg格式

* 海外通关证明：[选择文件]　如缴税证明等，最多上传5张。图片大小不超过2M，支持jpg，png或jpeg格式

* 仓库照片：[选择文件]　将您的报名ID写在小纸条上（或打印）并放在当地最近的报纸上拍照，照片背景可看到门牌号，最多上传5张。图片大小不超过2M，支持jpg，png或jpeg格式

[申请]

图 6-10　选择自营仓库

最后申请成功，如图 6-11 所示。

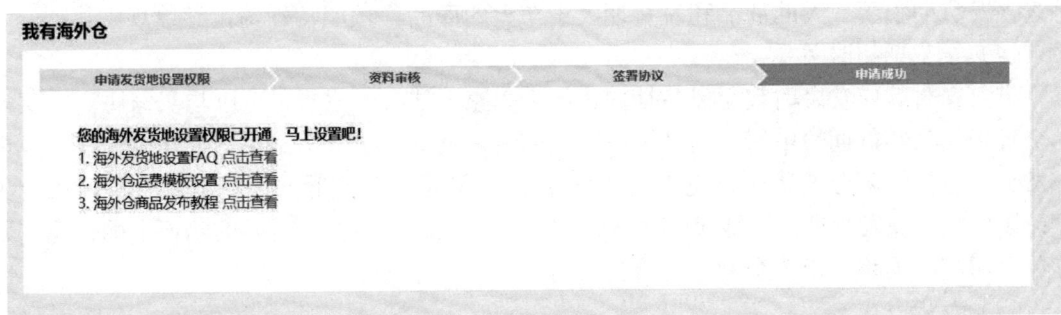

图 6-11　海外仓申请成功

1.5 发货时效规范

（1）设置发货期

商家发布商品时可设置商品发货期，发货时间从买家下单付款成功且支付信息审核完成（出现发货按钮）后开始计时。针对一般类目，商家可设置 1～7 天发货期（周末、节假日顺延；周末、节假日以中国大陆标准计）；针对存在定制属性的部分特殊类目，发货期可设置大于 7 天（具体以系统为准）。

例如，假如设置发货期为 3 天，如订单在北京时间星期四 17：00 支付审核通过（出现发货按钮），则必须在 3 日内填写发货信息（周末、节假日顺延），即北京时间星期二 17：00 前填写发货信息。

（2）发货时间要求

1）商家应在买家付款成功后尽快填写发货通知并安排发货。原则上平台要求卖家在买家付款后 72 小时内有上网信息（具体指物流商提供的首条信息，线上发货一般是仓库揽收/签收成功；线下发货一般为收寄成功信息或物流商揽收成功信息）；发货时效越快可享受平台越多权益，若商品未在 72 小时内上网，在同等竞争情况下权益减弱（不包括发货期设置>7 天的订单）。

2）特定节假日等情形，发货时间以全球速卖通公告通知为准。

3）针对发货期设置>7 天的订单，卖家可在规定设置发货期内尽快发货。

（3）发货前买家取消订单

自买家付款成功之时起到卖家发货前买家可申请取消订单：

1）正常订单，买家申请取消订单后，则订单关闭货款全额退还给买家；若订单为优选仓和海外官方仓订单，且商家加入"自动确认取消"服务（含发货期大于 7 天），则仍保持随时可取消能力。

2）特殊约定订单，买家申请取消订单后，卖家需在 48 小时内与买家进行协商，如果卖家同意取消订单，则订单关闭，货款全额退还给买家；如果卖家不同意取消订单并已完成发货，则订单继续；如果卖家在 48 小时内不做任何响应或未完成全部发货，则订单关闭，货款全额退还给买家。

3）特殊约定订单包括但不限于：订单中含发货期配置大于 7 天的商品（如订单中同时包含发货期小于 7 天的商品和发货期大于 7 天的商品，按照特殊约定订单规则执行）。

（4）发货期超时关单

自买家付款成功之时起至发货期内，如果卖家无法及时发货，可以与买家协商由买家提交延长卖家发货期的申请，卖家需在协商期限内发货；如果卖家在发货期内没有完成全部发货（包括仅部分发货而未完成全部发货），则订单发货超时关闭，货款全额退还给买家；如果卖家在发货期内完成全部发货，但订单在规定时间内无有效的物流上网信息，则订单上网超时关闭，货款全额退还给买家。

（5）发货方式

基于全球速卖通平台的物流政策，卖家可自主选择发货采用的物流服务，包括但不限于菜鸟平台的线上物流服务商、菜鸟无忧物流或其他的线下物流方式。但向部分国家发货平台有特殊规定的，卖家应按照该规定进行。无论卖家选择线上还是线下的物流服务，卖家均应向买家准确、全面地披露物流服务的相关信息，包括但不限于卖家向买家收取的物流服务费，卖家指定的线下物流服务提供商向买家额外收取的物流费用（如物流服务费、关税、VAT 等）等。如果卖家未按前述规定向买家准确披露物流服务的相关信息且买家提起纠纷，那么买家有权撤销交易，且卖家应承担未如实告知部分的全部费用。

如买家自行选择物流方式的，卖家发货所选用的物流方式必须是买家所选择的相关物流方式。未经买家同意，卖家不得无故更改物流方式。

任务二　开展营销活动

2.1　平台活动

有效的平台活动可以促进产品宣传和销售。可以按照类目筛选活动并且参加活动。

点击"营销活动"—"平台营销"，在下方"正在招商的活动"下设置选择条件。从符合条件的活动中选择，点击"立即报名"，如图 6-12 所示。

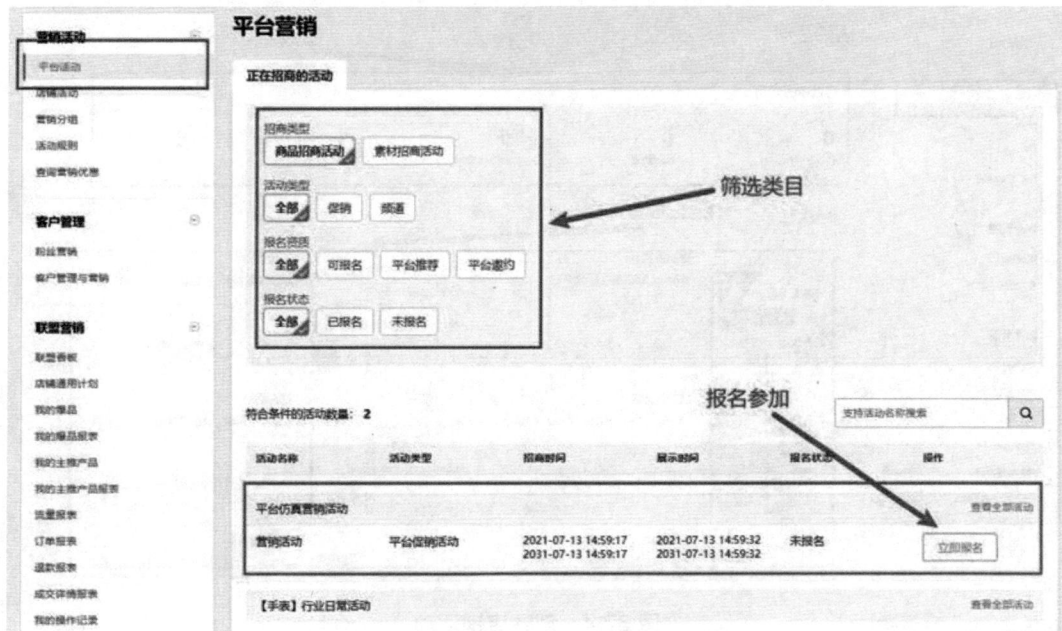

图 6-12　报名参加正在招商的活动

点击进去后，可以查看平台活动的详细信息和申请要求，点击"立即报名活动"后可以设置具体内容。进入"选择商品与设置折扣"页面后，添加参与本次活动的商品。勾选需要的商品并点击"提交"，如图 6-13 所示。

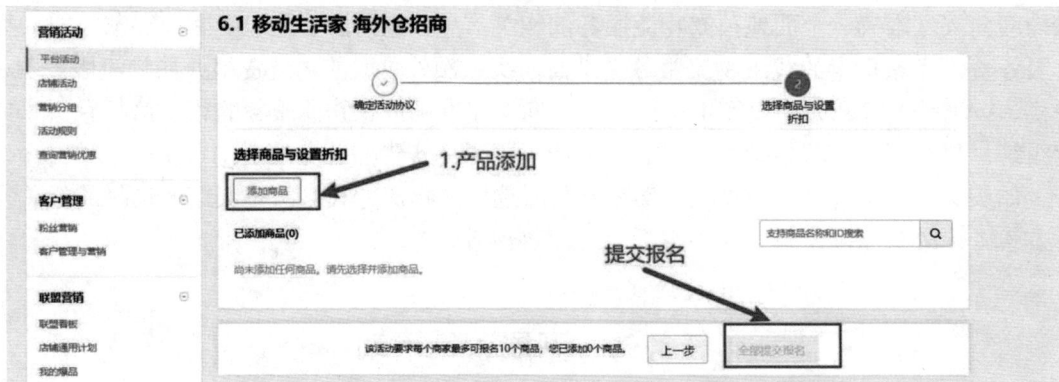

图 6-13　添加参与本次活动的商品

2.2　店铺活动

点击"营销活动"—"店铺活动"进入页面，在该页面可以看到店铺中生效的活动并且可以创建活动，如图 6-14 所示。

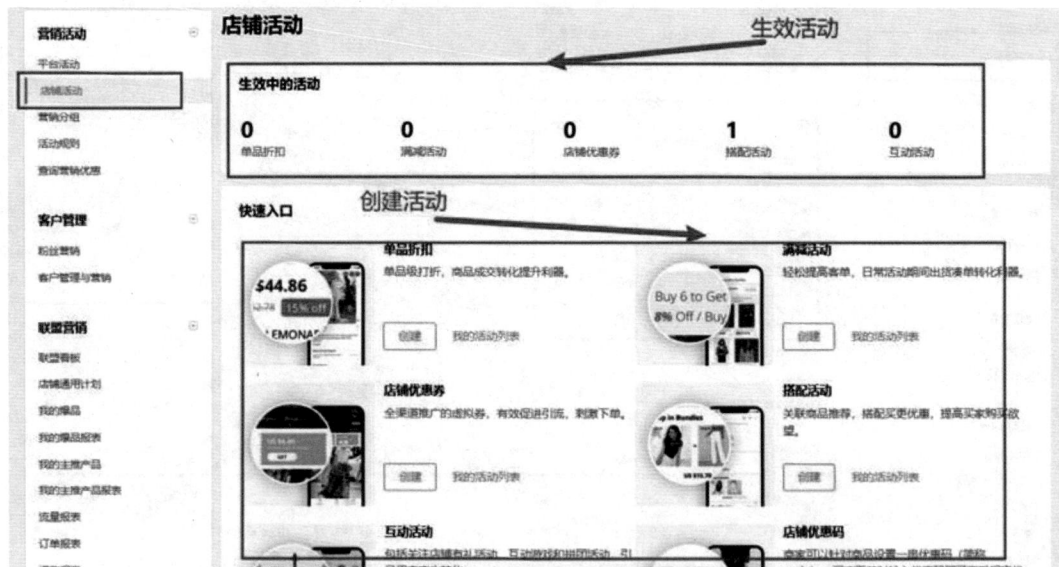

图 6-14　创建店铺活动

在"快速入口"下方可以看到多种活动选项。这里以"单品折扣"为例，在该活动下点击"创建"，可设置活动的具体内容，在新的页面中可设置"活动名称""活动起止时间"，填写完相关信息后，点击"提交"进行保存，如图 6-15 所示。为了维护平台健康有序的市场秩序，严禁设置严重恶意超低价。严重恶意超低价指卖家以较大偏离正常销售价格的低价发布大量商品。

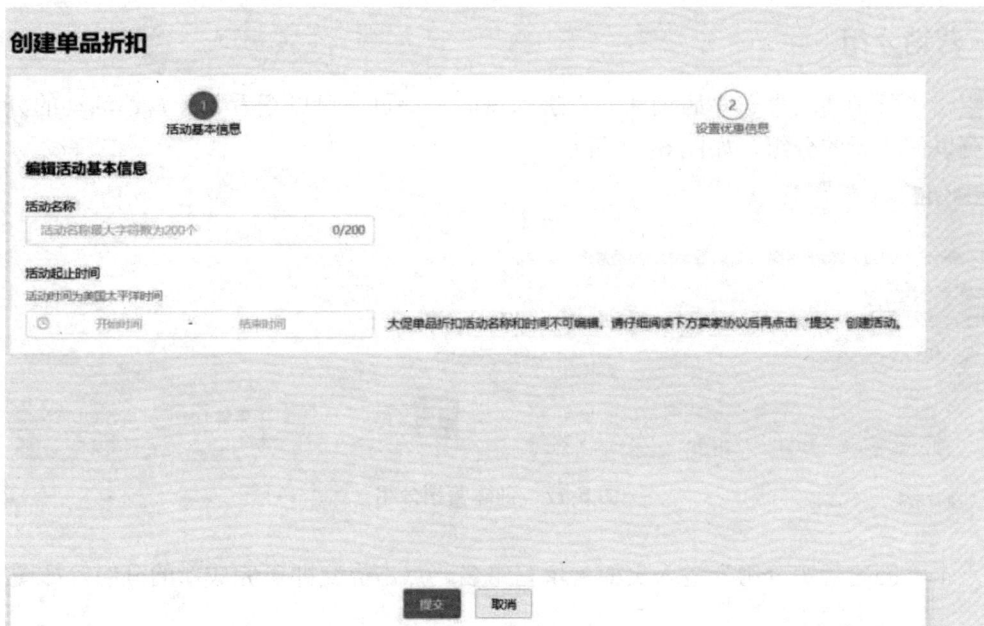

图 6-15　创建单品折扣

接着进入"设置优惠信息"页面，在该页面中添加参与本次活动的商品，勾选该商品，最后点击"保存并返回"，如图 6-16 所示。

图 6-16　创建活动

2.3 营销分组

点击"营销活动"—"店铺活动"进入页面，该页面可以查看关于营销活动的分组，并且可以创建新的分组，如图 6-17 所示。

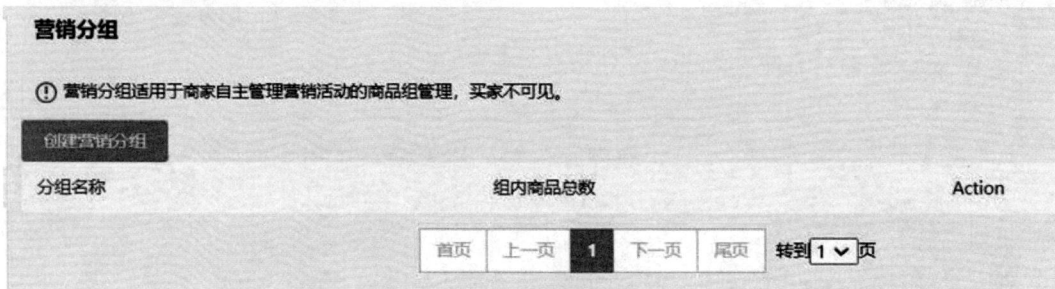

图 6-17 创建营销分组

点击"创建营销分组"进入页面，填写组名，点击提交即可完成新的分组，如图 6-18 所示。

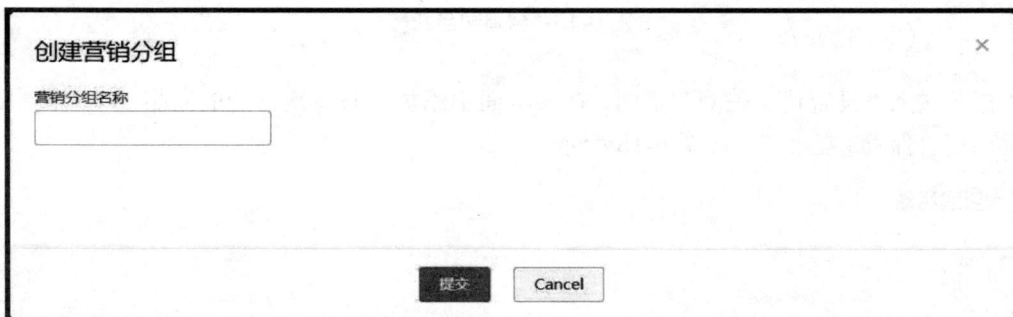

图 6-18 创建营销分组名称

创建完成后如图 6-19 所示，可以管理组内产品。

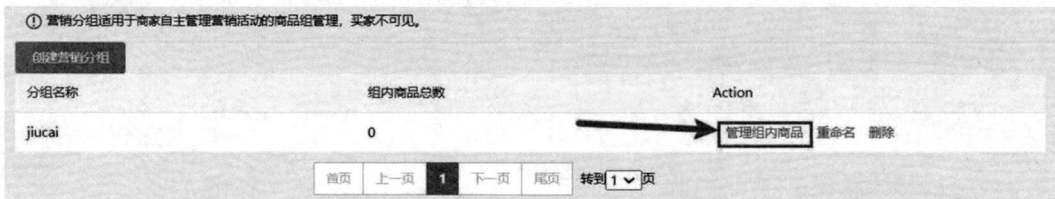

图 6-19 管理组内商品

2.4 活动规则

点击"营销活动"—"活动规则"进入页面，在该页面中可以查看到所有活动规则，如图 6-20 所示。

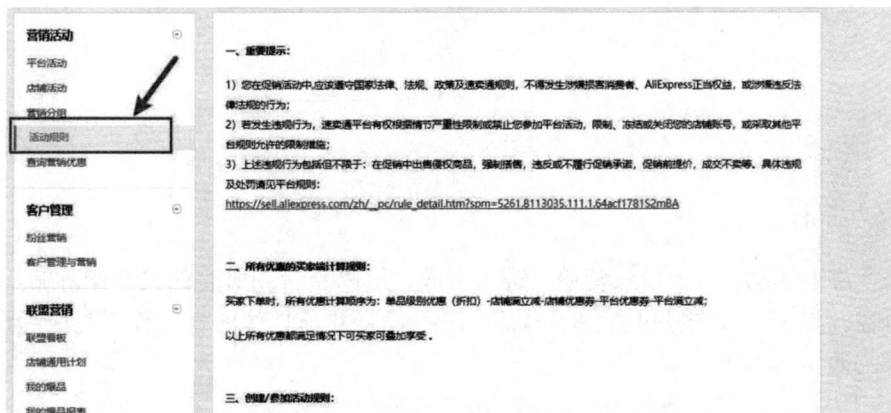

图 6-20　查看活动规则

卖家在全球速卖通平台的交易情况需满足以下条件，才有权申请加入平台组织的促销活动。

1）有交易记录的卖家及商品，需满足如下条件：①店铺好评率≥92%；②店铺里商品的 DSR 描述分≥4.5 分；③店铺货不对版纠纷率≤8%；④店铺里商品的 72 小时上网率>80%；⑤商家不存在诚信经营方面的问题，不存在欺诈消费者或其他任何损害消费者权益的行为，不存在以作弊、欺诈等方式获取平台保护政策或其他权益的行为，或任何扰乱全球速卖通平台经营秩序的行为；⑥全球速卖通平台对特定促销活动设定的其他条件。

上述的店铺"好评率"、"货不对板纠纷率"、商品的"DSR 描述分"、"7 天上网率"的要求非固定值，平台有权依据不同类目、特定活动或遇到不可抗力事件影响，适当进行调整。

2）无交易记录的卖家：由全球速卖通平台根据实际活动需求和商品特征制定具体卖家准入标准。

卖家在促销活动中，应该遵守国家法律、法规、政策及全球速卖通规则，不得发生涉嫌损害消费者、全球速卖通及任何第三方正当权益，或从事任何涉嫌违反相关法律法规的行为，无法参与平台营销活动，类型包含但不限于：知识产权严重侵权 2 次及以上；知识产权禁限售违规 18 分及以上；交易违规合计扣 24 分及以上；因存在其他违法或违规行为，经平台合理决定店铺不得参与平台营销活动的，包括但不限于本店铺或其关联店铺因违法或严重违规行为被平台处以关店或冻结处罚。

2.5　查询营销优惠

点击"营销活动"—"查询营销优惠"进入页面，在该页面可以通过订单号查询到营销的优惠，如图 6-21 所示。

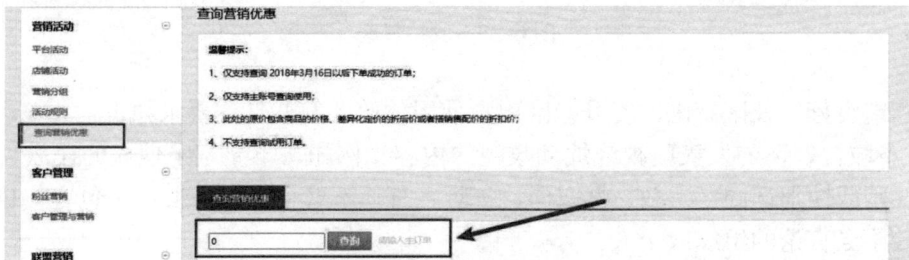

图 6-21　查询营销优惠

任务三　客户管理

3.1　粉丝营销

点击"营销活动"—"粉丝营销"进入页面，可以查看到所有的关于图片帖、短视频、评论等内容。点击"发图片帖/短视频帖"，进入设置帖子具体内容，设置完成后选择"发布"即可，如图 6-22 所示。

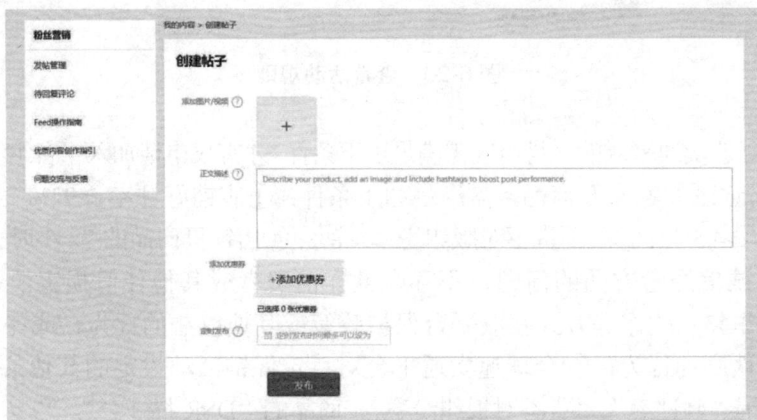

图 6-22　创建帖子

点击"粉丝营销—发帖管理"，可对发布的帖子进行置顶和删除等操作，如图 6-23 所示。点击"粉丝营销"—"待回复评论"进入页面，回复评论。

图 6-23　发帖管理

为营造良好的社区氛围，提升社区用户使用体验，发帖具体要求如下：

1）不歧视。请勿发表歧视或煽动歧视的内容。例如，不要基于他人的民族、种族、国籍、性别或性别认同、宗教、性取向、年龄、身体不健全表示憎恨或不包容，也不要宣扬有该等不当言论的组织或个人。

2）不骚扰他人。请勿发布中伤、诽谤、骚扰、威胁、侮辱、淫秽、色情、猥亵、人身攻击等内容。例如，不要以侮辱性言论伤害他人，不要刻意捏造不实信息损害他人名誉，不要使用污言秽语或亵渎性语言，不要以转发、评论、@他人、求关注等方式对他人反复发送重复、近似、诉求相同的信息。

3）不发布不实信息。请勿发布不实、虚假、夸大宣传、误导他人的内容。例如，不得使用不实身份，不要捏造细节扭曲事件，不要在描述中对事实夸大其词，误导他人，避免使用绝对化用语进行不实宣传。

4）不发布不良信息。请勿发布有违公序良俗、宣传不健康思想/生活方式、引发公众不适等内容。例如，不要发布出现容易引起观众不适行为的内容，不要发布暴饮暴食、血腥/暴力、危险动作、儿童不良行为等内容。

3.2　客户管理与营销

点击"营销活动"—"客户营销"，可以对客服发送邮件，也可以发送定向优惠券，如图 6-24 所示。

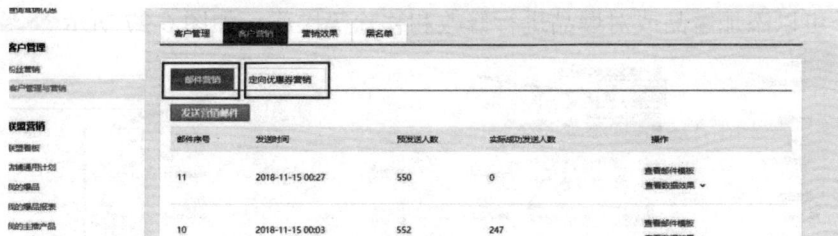

图 6-24　客户管理页面

3.3　联盟看板

点击"营销活动"—"联盟看板"进入页面。可以看到联盟数据概览，包括店铺浏览量、店铺访客数等，如图 6-25 所示。

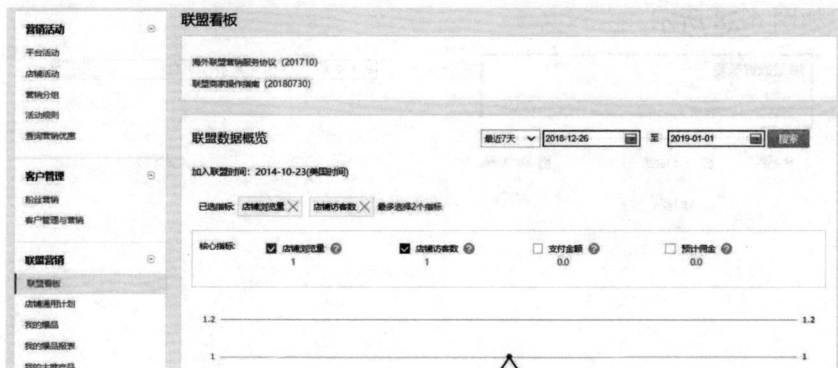

图 6-25　查看联盟数据

3.4　店铺通用计划

点击"营销活动"—"店铺通用计划"进入页面，查看类目并且可以添加类目设置。

点击"添加类目设置"进入填写佣金比例点击"保存"即可，如图 6-26 所示。

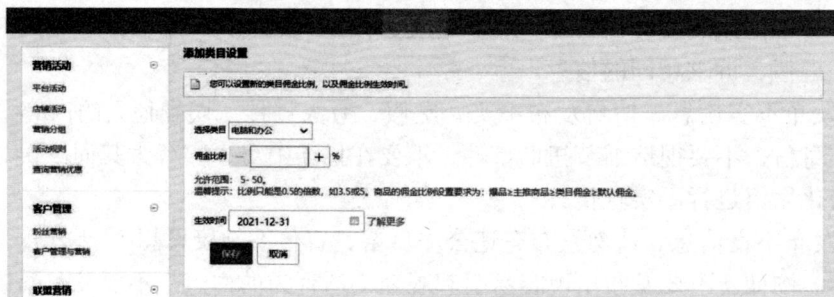

图 6-26　添加类目设置

3.5　我的爆品

点击"营销活动"—"我的爆品"进入页面，在该页面可以查看到各类爆品以及快失效的爆品，可以添加爆品或对爆品进行修改和移除等操作，如图 6-27 所示。

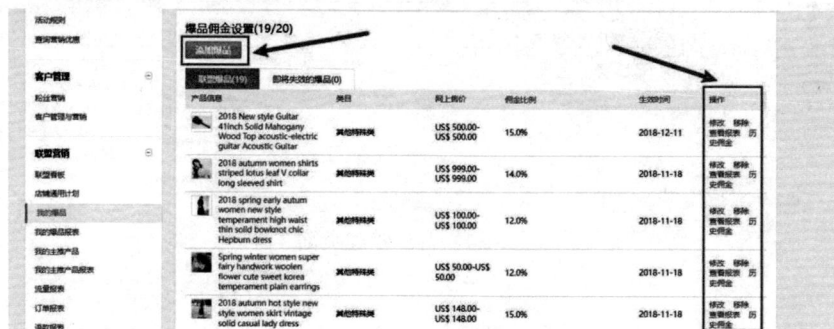

图 6-27　查看"我的爆品"

点击"营销活动"—"爆品数据概览"进入页面，在该页面，以图表的形式展示了爆品的数据，如图 6-28 所示。

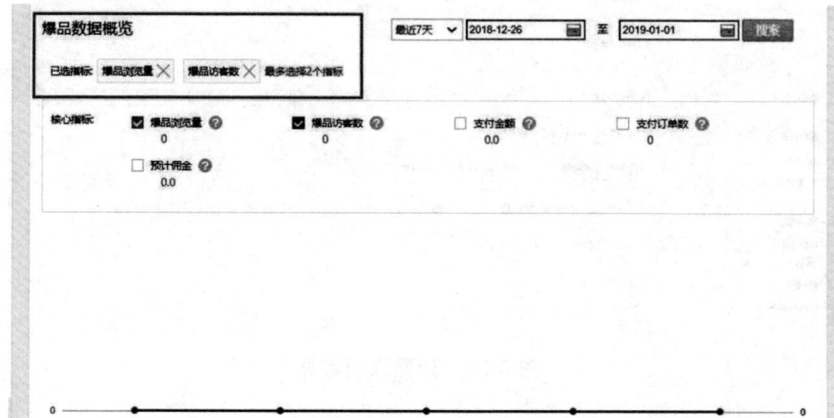

图 6-28　查看"爆品数据概览"

任务四　生意参谋

　　选择"生意参谋"，进入首页，这里包括流量、品类、市场三大模块，每一模块对应着不同的功能，在首页可以查看店铺的实时概况、店铺层级、整体看板、流量看板和转化看板，如图 6-29 所示。

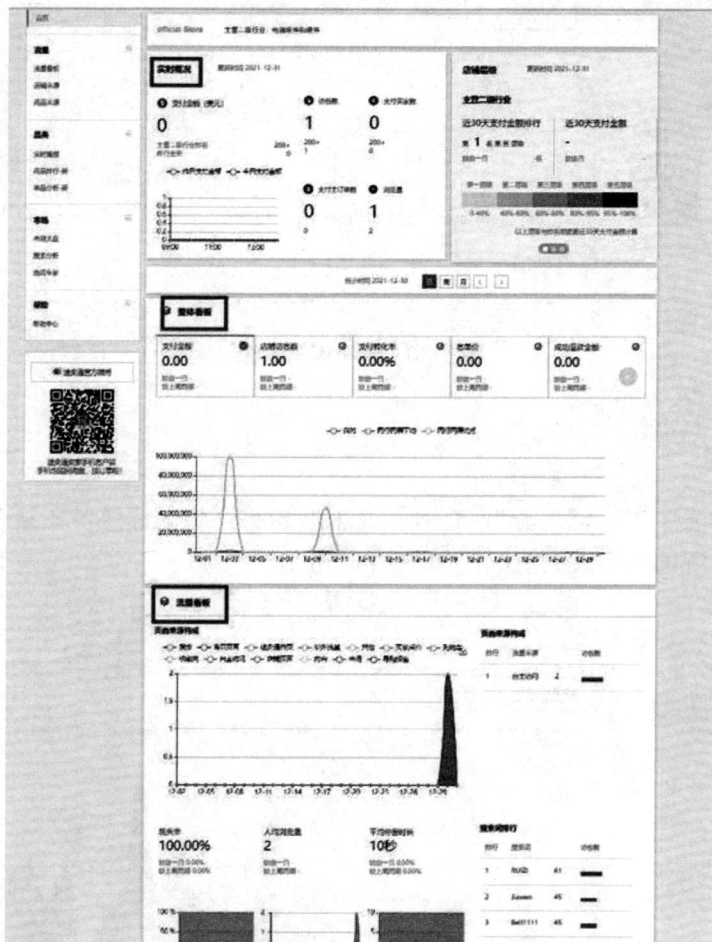

图 6-29　生意参谋页面

4.1　流量看板

　　点击左侧列表中的"流量看板"，可以查看流量总览，点击右上角可以查看不同周期（如日、周、年）内的店铺流量情况，如图 6-30 所示。

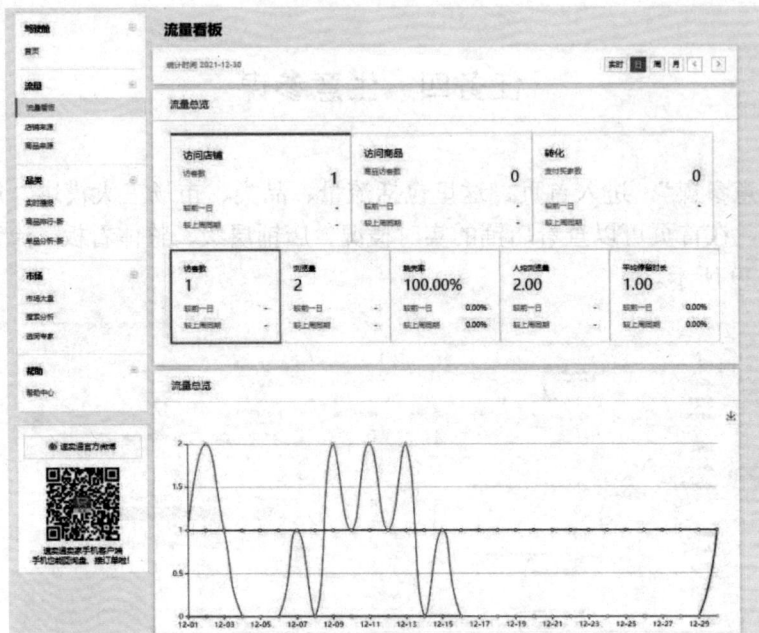

图 6-30　查看流量看板

4.2　店铺来源

点击左侧列表中"店铺来源",查看页面来源趋势;将鼠标停留在某个日期上,可以查看当天店铺来源的整体数据情况,如图 6-31 所示。

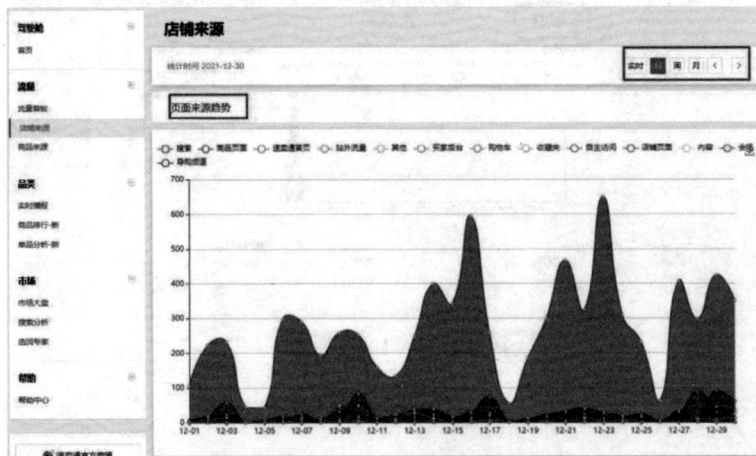

图 6-31　查看店铺来源

4.3　商品来源

点击左侧列表中"商品来源",查看本店商品排行榜,可以输入商品 ID 进行搜索,如图 6-32 所示。

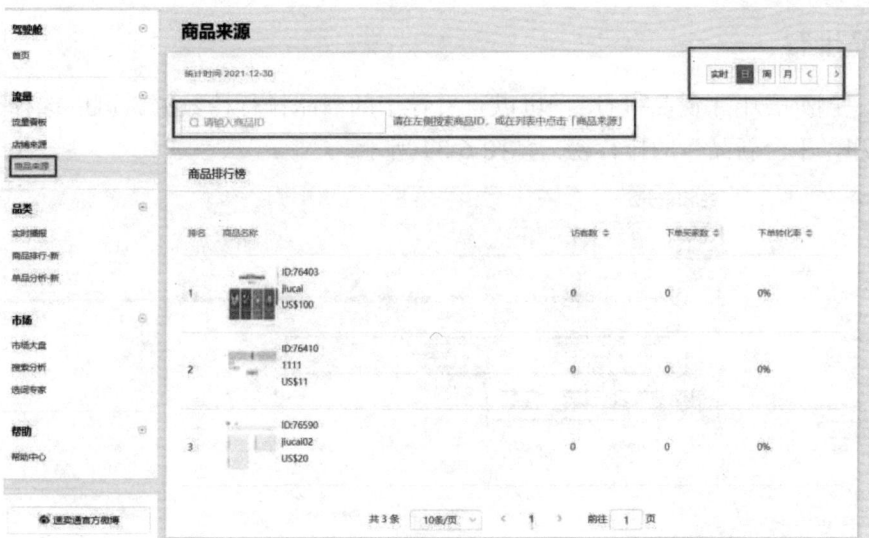

图 6-32　查看商品来源

4.4　实时播报

点击左侧列表中"实时播报"，查看实施概况，点击"支付金额"等数据，可以查看数据的曲线对比图，如图 6-33 所示。

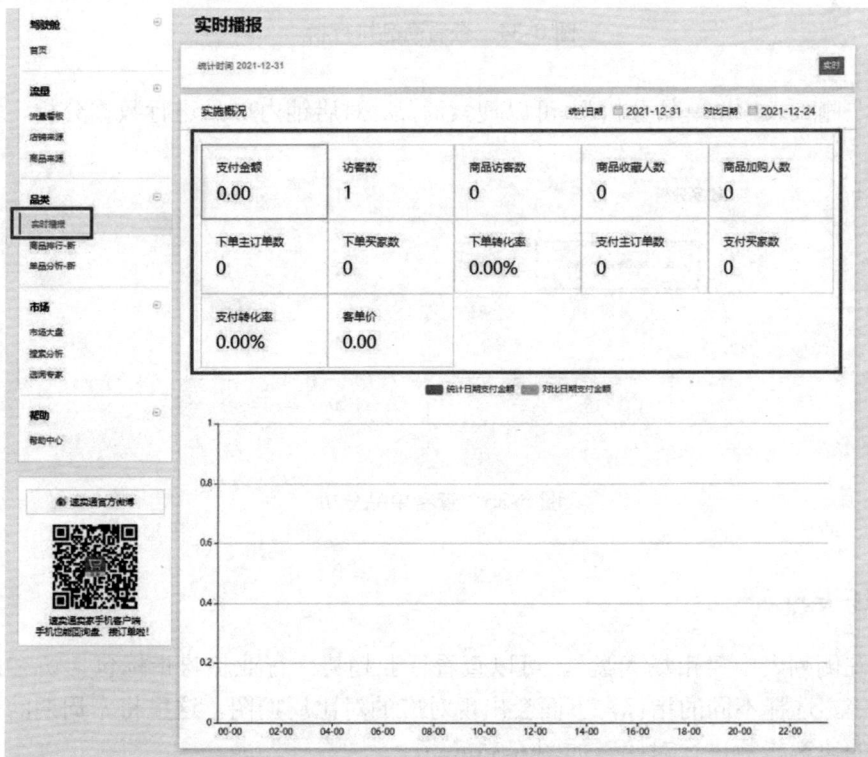

图 6-33　查看实时播报

4.5 商品排行

点击左侧列表中"商品排行",可以查看详细的商品排行榜数据。可以选择查看"全部商品"和"平台新品"的排行榜,如图 6-34 所示。

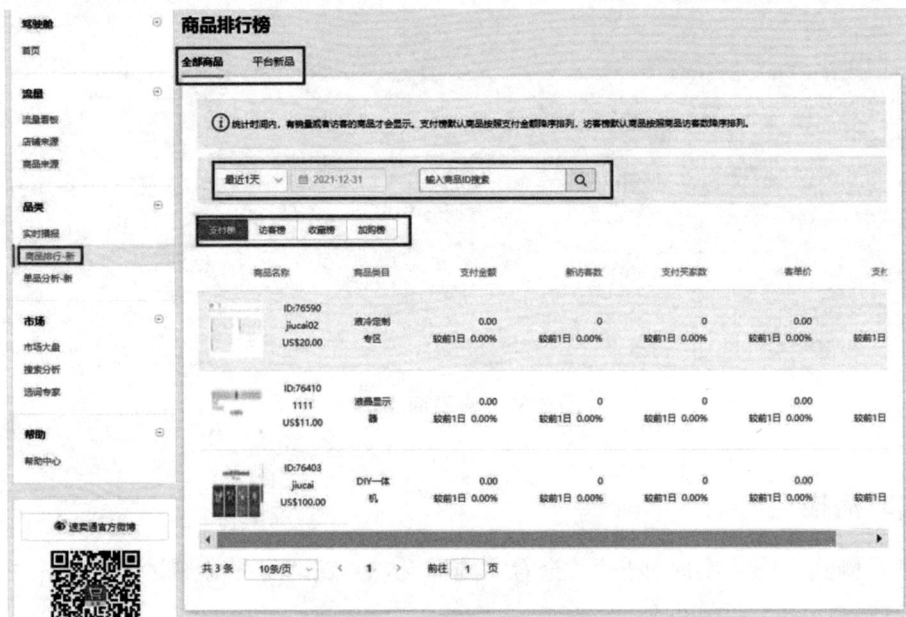

图 6-34 查看商品排行榜

点击左侧列表中"单品分析",可以搜索商品,对店铺内单品进行数据分析,如图 6-35 所示。

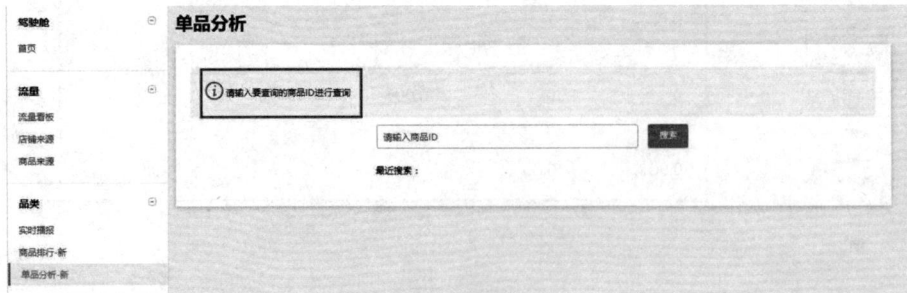

图 6-35 查看单品分析

4.6 市场大盘

点击左侧列表中"市场大盘",可以查看行业趋势。行业趋势指标包括访客指数、浏览商品数等,选择不同的指标,下面会出现对应的对比周期图,这里将本周期的访客指数与上周期的访客指数进行对比,如图 6-36 所示。

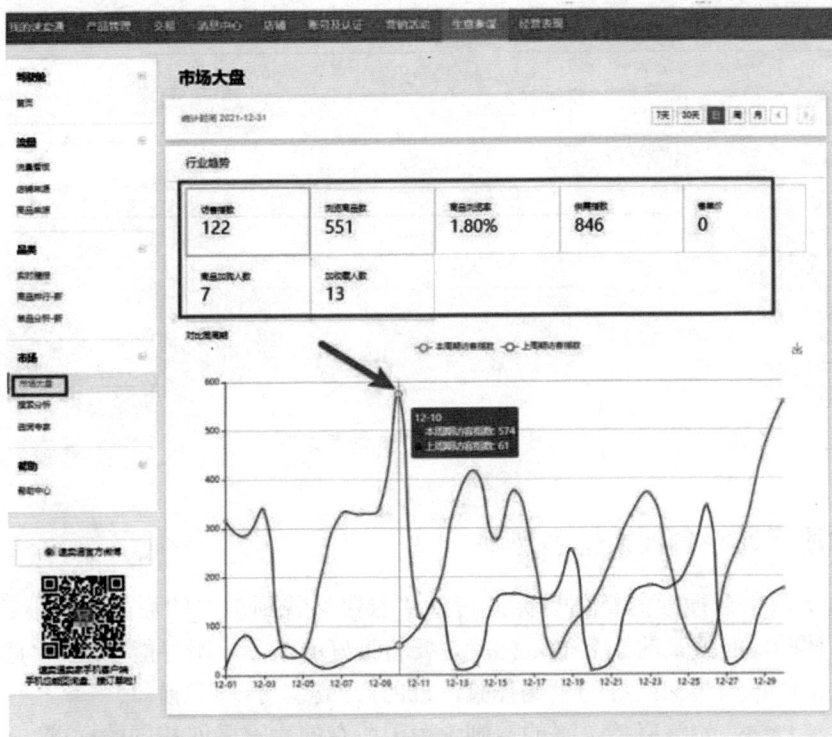

图 6-36　查看市场大盘

4.7　搜索分析

点击左侧列表中的"搜索分析"，可以查看市场热搜词和飙升词的使用情况，如图 6-37 所示。

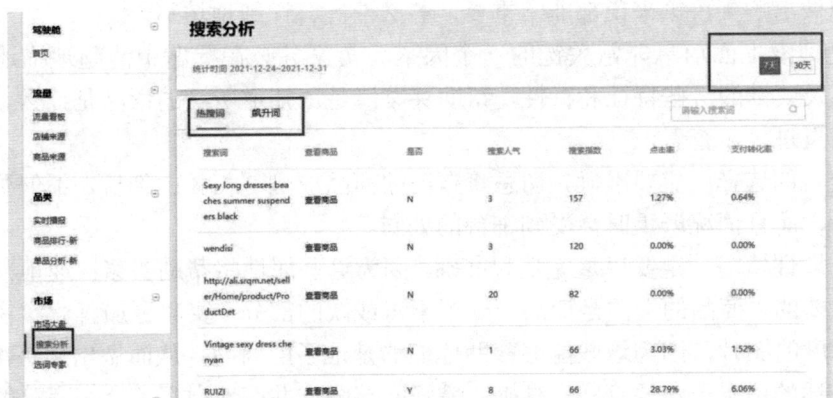

图 6-37　查看"搜索分析"

点击左侧列表中的"选词专家"，可以查看"热搜词""飙升词""零少词"的数据情况，从而进行关键词分析，如图 6-38 所示。

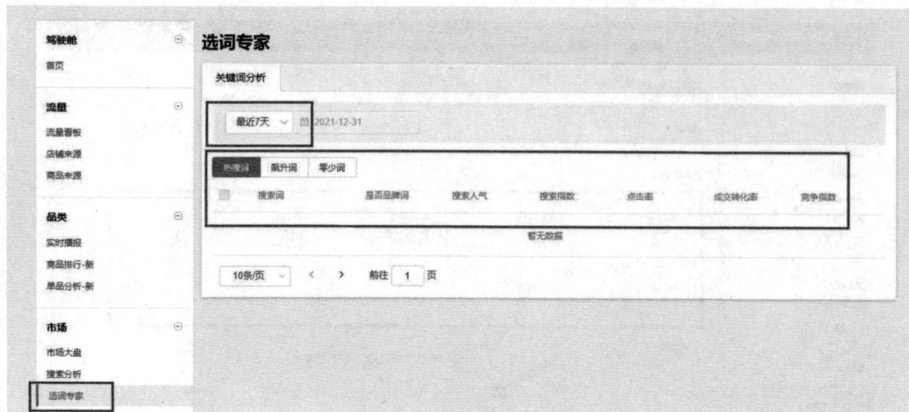

图 6-38　查看"选词专家"

4.8　全球速卖通平台搜索排名规则

全球速卖通平台搜索的整体目标是帮助买家快速找到想要的商品并且能够有比较好的采购交易体验，而搜索的排名的目标就是要将最好的商品、服务能力最好的卖家优先推荐给买家，谁能带给买家最好的采购体验，谁的商品就会排序靠前。

在排序过程中，始终坚持公平的原则，对于所有的卖家采取相同的标准，给予表现好的卖家更多的曝光机会，降低表现差的卖家的曝光机会甚至使其没有曝光机会。

（1）商品的信息描述质量

1）商品信息的如实描述：这是最基本的要求，销售的是什么样的商品，在商品描述的时候一定要真实、准确地告诉买家，帮助买家快速地做出购买决策。由虚假描述引起的纠纷会严重影响卖家的排名情况甚至受到平台网规的处罚。

2）商品描述信息尽量准确完整：商品的标题、发布类目、属性、图片、详细描述对于买家快速做出购买决策来说都非常重要，务必准确、详细地填写。

标题是搜索上面信息非常关键的一个因素，卖家务必在标题中清楚地描述商品的名称、型号以及关键的一些特征和特性，帮助买家清楚地知道所卖的商品是什么，从而吸引其进入详情页进一步查看。

发布类目的选择一定要准确，切忌将自己的商品放到不相关的类目，不但买家搜到的概率比较小，而且情况严重时会受到平台的处罚。

商品的属性填写一定要尽量完整和准确，因为这些属性将帮助买家快速地判断商品是不是他们想要的。商品的主图是商品的一个不可或缺的部分，买家更加喜欢实物拍摄的高质量、多角度的图片，因为这些能够帮助他们清楚地了解商品，从而做出购买决策。

详细描述的信息一定要真实、准确，最好能够图文并茂地向买家介绍商品的功能、亮点、质量、优势，帮助买家快速地了解商品。商品图片实物拍摄，美观、整洁、大方的页面排版设计，会吸引买家的眼球，提升商品成交的机会。

3）配以高质量的图片展示：提倡卖家对自己所销售的商品进行实物拍摄，在进行展示的时候，能够进行多角度、重点细节的展示，图片清晰美观，这些将有利于让买家快速了解商品，做出购买的决策。

禁止盗用其他卖家的图片，因为这样做不但会让买家怀疑卖家的诚信，而且将会受到平台严厉的处罚。

（2）商品与买家搜索需求的相关性

相关性是搜索引擎技术里面一套非常复杂的算法，简单地说就是判断商品在买家输入的关键词搜索与类目浏览时，与买家实际需求的相关程度，越相关的商品，排名越靠前。

在判断相关性的时候，最主要的是考虑商品的标题，其次会考虑发布类目的选择、商品属性的填写以及商品详细描述的内容。

1）标题的描写是重中之重，真实准确地概括描述商品，符合海外买家的语法习惯，没有错别字及语法错误，不要千篇一律的描述，买家也有审美疲劳。

2）标题中切记避免关键词堆砌，如"MP3，MP3 player，music MP3 player"这样的标题关键词堆砌不能提升排名，反而会被搜索降权处罚。

3）标题中切忌虚假描述，比如卖家销售的商品是 MP3，但为了获取更多的曝光，在标题中填写类似"MP4/MP5"字样的描述，平台有算法可以监测此类的作弊商品，同时虚假的描述也会影响商品的转化情况。

4）商品发布类目的选择一定要准确，正确的类目选择有助于买家通过类目浏览或者类目筛选快速定位到商品，错误地放置类目会影响曝光机会并且可能受到平台的处罚。

5）商品属性的填写完整准确，真实准确的详细描述有助于买家通过关键词搜索、属性的筛选快速地定位到商品。

（3）商品的交易转化能力

平台看重商品的交易转化能力，一件符合海外买家需求、价格/运费设置合理且售后服务有保障的商品是买家想要的。平台会综合观察一个商品曝光的次数以及最终促成了多少成交量来衡量一个商品的交易转化能力，转化高代表买家需求高，有市场竞争优势，从而会排序靠前，转化低的商品会排序靠后甚至没有曝光的机会，逐步被市场淘汰。

一个商品累积的成交和好评，有助于帮助买家快速地做出购买决策，会排序靠前。如果一个商品买家的评价不好，会严重地影响商品的排名。

（4）卖家的服务能力

除商品本身的质量外，卖家的服务能力是最直接影响买家采购体验的因素，在搜索排名上面，平台看重卖家的服务能力，能提供优质服务的卖家排名将靠前，服务能力差、买家投诉严重的卖家会受到排名严重靠后甚至不参与排名的处罚，同时也可能会受到平台网规的相关处罚。重点观察卖家在以下几个方面服务的表现：

1）卖家的服务响应能力：包含在阿里旺旺（TradeManager）以及 Contact Now 邮件的响应能力上面，合理地保持旺旺在线，及时地答复买家的询问将有助于提升卖家在服务响应能力上的评分。

2）订单的执行情况：

卖家发布商品进行销售，承诺了发货时间，就应该兑现对于买家的承诺。买家付款后，期望卖家能够及时地发货。无货空挂、拍而不卖的行为将对买家的体验造成严重的影响，也会严重地影响卖家所有商品的排名情况，情节严重的卖家所有商品将不参与排序，当然，在这个过程中平台会排除非卖家责任的订单取消情况。此外，如果为了规避拍而不卖而进行虚假发货的行为，被视为欺诈行为，将受到更加严厉的处罚。

3）订单的纠纷、退款情况：卖家在发布商品进行销售时，应该如实描述，向买家真实准确地介绍自己的商品，保证商品的质量，避免买家收到货以后产生纠纷、退款等情况。如遇到买家不满意的情况，应该提前积极主动地与买家沟通、协商，避免发生纠纷，特别是要避免纠纷上升到需要平台介入进行处理的情况。平台对于纠纷少的卖家会进行鼓励，纠纷严重的卖家将会受到搜索排名严重靠后甚至不参与排名的处罚，当然，平台也会排除非卖家责任引起的纠纷、退款情况。

4）卖家的 DSR 评分情况：卖家的 DSR 评分直接代表着交易结束后买家对商品、卖家服务能力的评价，是买家满意与否的最直接的体现。平台会优先推荐 DSR 评分高的商品和卖家，给予更多曝光机会和推广资源，对于 DSR 评分低的卖家进行大幅排名靠后处理甚至不参与排名的处罚。

在订单的执行、纠纷退款等几个维度上，平台会同时观察单个商品和卖家整体的表现情况，个别商品表现差，影响个别商品的排名，卖家整体表现差，将影响该卖家销售的所有商品的排名。关于卖家服务能力表现，卖家可时常关注卖家后台每日服务等级的表现。

（5）搜索作弊的情况

对于搜索作弊骗取曝光机会、排名靠前情况，平台在后续将逐步完善并加大清理、打击力度，还卖家一个公平竞争的环境，保障买家的搜索体验。

对于搜索作弊的行为，平台会进行日常的监控和处理，及时清理作弊的商品，处理手段包含商品的排名靠后、商品不参与排名或者隐藏该商品，对于作弊行为严重或者屡犯的卖家，会进行店铺一段时间内整体排名靠后或者不参与排名的处罚，特别严重者，甚至会关闭账号，进行清退。

1）商品乱放：订单链接、运费补差价链接、赠品、订金、新品预告等商品作为特殊商品存在于网站上面，但没有按规定放置到指定的特殊发布类目中。

2）重复铺货骗曝光：卖家将同一件商品恶意发布为多个商品进行销售。

3）重复开小账号抢曝光：卖家恶意注册多个账号发布相同商品进行销售。

4）商品标题、关键词滥用：在商品的标题、关键词、简要描述、详细描述等处设置与商品本身不相关的品牌名称和描述用语，吸引更多买家注意或误导买家浏览自己的商品。

5）商品发布类目乱发：将商品发布在不合适的类目中或设置错误的属性会影响网站产品类目列表以及属性筛选的准确性，进而影响买家的搜索采购体验。

6）商品超低价骗曝光：卖家发布偏离商品正常价值较大的商品，在默认和价格排序时，吸引买家注意，骗取曝光。

7）商品价格与运费倒挂：卖家以超低价格发布商品，同时调高运费价格，吸引买家注意，骗取曝光。

8）发布广告商品：以宣传店铺或者其他商品为目的，发布带有广告性质的商品，吸引买家访问，但不进行真实的销售。

9）商品销量炒作：以提升商品的累积销量为目的，利用先卖低值商品，后转卖高货值商品以及虚假交易的方式提升商品的累积销量，误导买家。

10）卖家信用炒作：信用评价并非基于真实的交易体验，而主要是为了提高会员的信誉做出评价或接收评价的行为。

【实训拓展操作】

1. 在全球速卖通跨境电商平台任意选择一种商品，按照下面提示发布清单帖进行粉丝营销操作。

清单帖是为了满足卖家需要批量推荐非上新产品而产生的功能，可以做成"主题清单帖"的形式。进入之后点击发帖管理菜单下的清单帖（图 6-39）。依次操作设置主标题、副标题、添加商品、主题标签、主题标签可自定义或者选择平台推荐的标签，添加商品后可以支持对单个商品填写商品卖点。

图 6-39　清单帖

2. 根据以下产品尺码信息，在全球速卖通跨境电商平台—运费模板中进行自定义按重量计费的操作。

操作内容	操作提示
（1）商品重量是 3 kg，超出了运费模板这条线路的续重范围怎么计算运费？运费模板设置如图 6-40 所示： **图 6-40　运费模板设置**	如果商品重量超过了续重范围最大值；3 kg>2 kg，则这条线路送达对应国家，在 3 kg 以上商品，超出续重最大值则该线路无法展示

操作内容	操作提示
（2）设置多个续重范围，如商品重量是在第二个续重范围（如 6kg），怎么计算运费？ 运费模板设置如图 6-41 所示： **运费计算方式**　自定义运费 **自定义计费方式**　按照重量计费 首重 KG 1　　首重运费 $ 5 **范围1** 续重范围　1 KG　3 KG 每增加　1 KG　续加运费 $ 3　删除 **范围2** 续重范围　3 KG　10 KG 每增加　1 KG　续加运费 $ 4　删除 + 增加续重范围 图 6-41　多个续重范围运费模板设置	首重+续重 1+续重 2 5usd+（3−1）/1×3usd+（6−3）/1×4usd 注：续重必须向上取整数，例如重量是 6.6 kg 5usd+（3−1）/1×3usd+（6.6−3）/1 得 3.6,需要取 4×4usd

3. 生意参谋是阿里巴巴重兵打造的首个商家统一数据平台，面向全体商家提供一站式、个性化、可定制的商务决策体验，集成了海量数据及店铺经营思路，不仅可以更好地为商家提供流量、商品、交易等店铺经营全链路的数据披露、分析、解读、预测等功能，还能更好地指导商家的数据化运营。请进入全球速卖通平台的生意参谋（图 6-42），查看单品分析，记录转化关键词分析、分国家差异的类目价格分布关键词、价格优化、SKU 管理等数据。

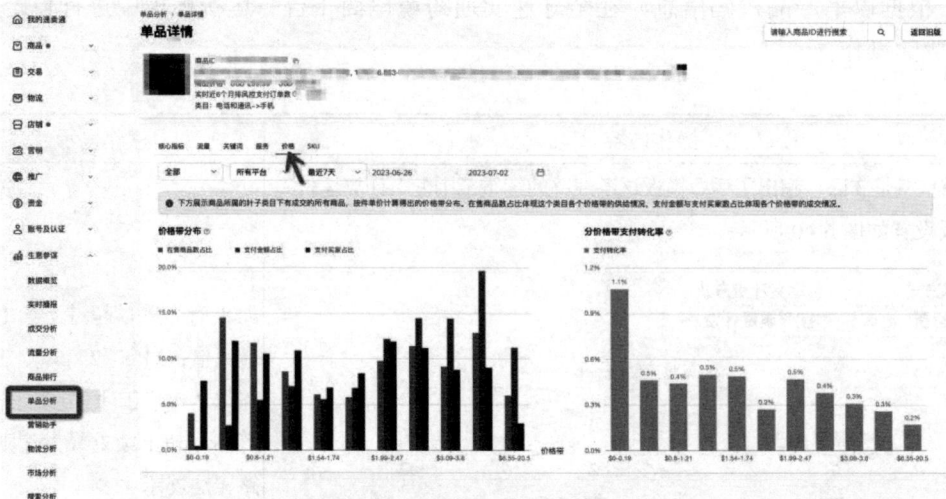

图 6-42　生意参谋界面

项目 7　阿里巴巴国际站操作（上）

【立德树人园地】

通过完成实训，培养学生辨析能力、沟通能力、逻辑思维能力；实训环节采用项目小组团队合作模式，培养学生集体主义和团队协作精神，以及学生的创新意识；提高运用法治思维和方式解决争端的意识和能力。

【实训任务引领】

在国际站运营中，店铺装修是每位运营人员的一项基础技能。请开通自己的国际站店铺，完成以下操作：为店铺装修添加"主营认证产品"模块，并为其添加至少 4 款产品（任意产品）以供展示；为店铺装修添加"爆品专区"模块，并为其添加 1 款产品（任意产品）以供展示。

任务一　了解阿里巴巴国际站

阿里巴巴国际站（以下简称国际站）成立于 1999 年，是阿里巴巴集团的第一个业务板块，国际站秉承"世界更小，生意更大"的理念，致力于发展成为"全国中小企业的网上贸易市场"，帮助中小企业成为跨国公司，打造更公平、绿色、可持续的贸易规则。现阶段，国际站已发展成为推动外贸数字化的主力平台，是全球最大的 B2B 跨境电商平台，阿里巴巴国际站物流已覆盖全球 200 多个国家和地区的超过 2 600 万活跃企业买家。

国际站以创新技术为内核，高效链接生意全链路，用数字能力普惠广大外贸中小企业，加速全球贸易行业数字化转型升级。国际站以帮助中小企业拓展国际贸易的出口营销推广服务为使命，基于全球领先的企业间电子商务网站国际站贸易平台，通过向海外买家展示、推广供应商的企业和产品，进而获得贸易商机和订单，是出口企业拓展国际贸易的首选网络平台之一。国际站为企业提供一站式的店铺装修、产品展示、营销推广、生意洽谈及店铺管理等全系列线上服务和工具，帮助企业降低成本、高效率地开拓外贸大市场。2023 年 9 月 14 日，国际站宣布将全面开启国际化运营。

任务二 体验国际站开通流程

2.1 提交认证信息

1）登录国际站，点击首页右上角"My Alibaba"进入卖家后台，如图 7-1 所示。

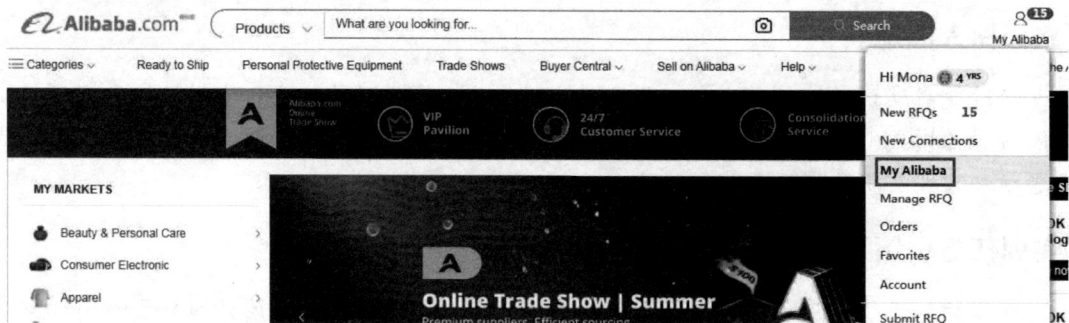

图 7-1 登录国际站

2）进入卖家页面后，点击右上角"体验国际站开通流程"，如图 7-2 所示。

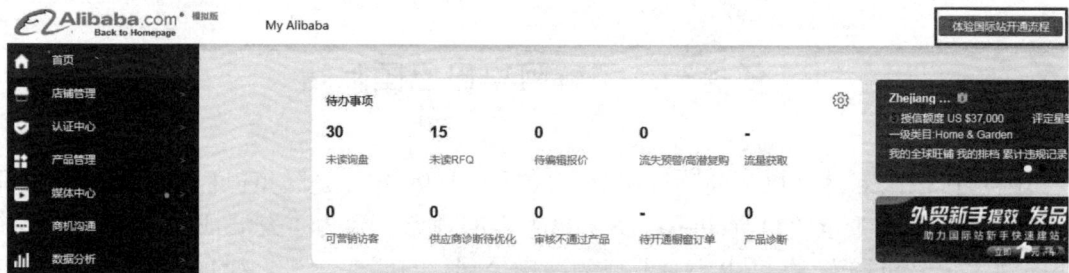

图 7-2 体验国际站开通流程

3）在跳转页面点击"提交认证信息"按钮，进入页面完善相关信息，如图 7-3、图 7-4 所示，点击"提交"按钮。

图 7-3 进入"提交认证信息"界面

图 7-4 填写认证信息

2.2 提交公司信息

认证信息提交完成后，在页面点击"提交公司信息"按钮，如图 7-5 所示。进入管理公司信息页面，进入后填写公司信息，如图 7-6、图 7-7 所示。使用英文完善信息后点击确认按钮。

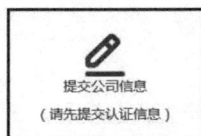

图 7-5 进入公司信息填写界面

图 7-6 填写公司信息（1）

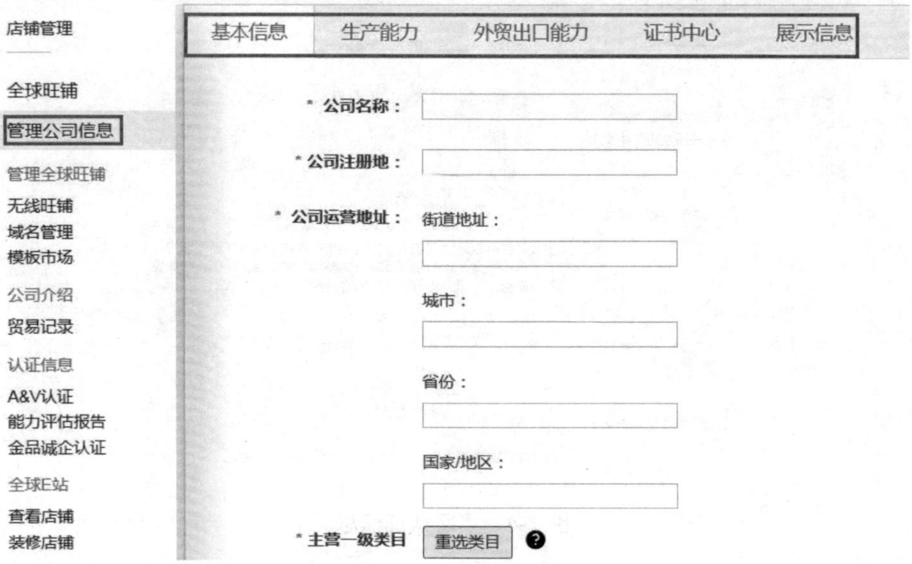

图 7-7　填写公司信息（2）

2.3　发布产品信息

1）提交完成公司信息后，点击发布产品信息按钮，如图 7-8 所示。

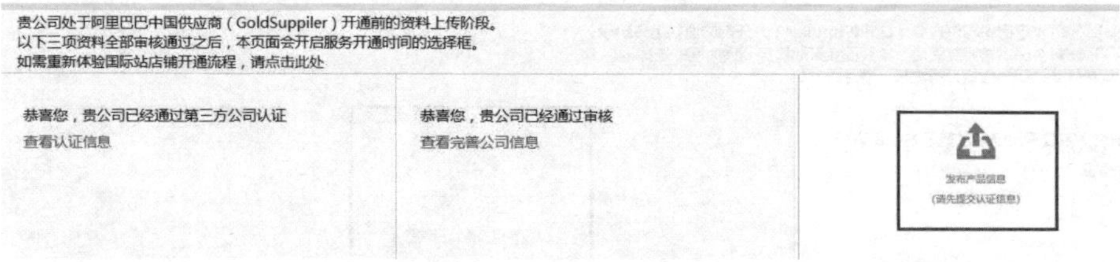

图 7-8　发布产品信息

2）进入选择产品类目页面，点击搜索类目，如图 7-9 所示。

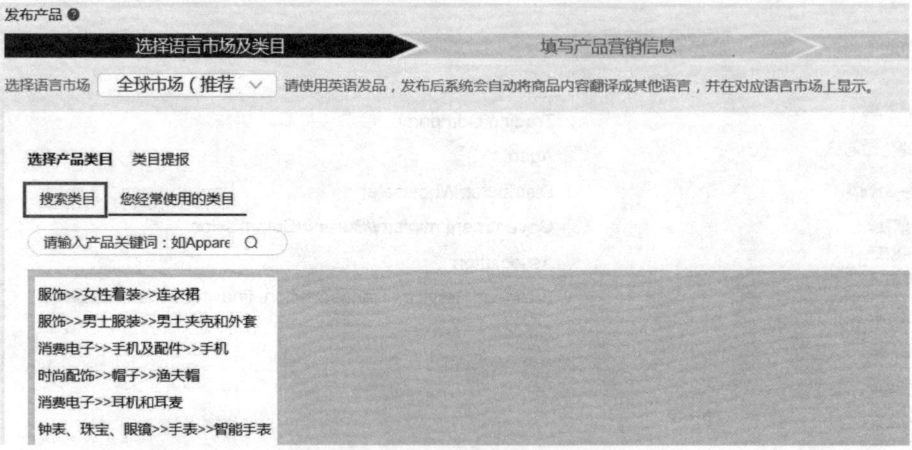

图 7-9　搜索类目

3）在下方的输入框内输入产品关键词或者选择产品的类目直到最小类目，如图 7-10 所示。

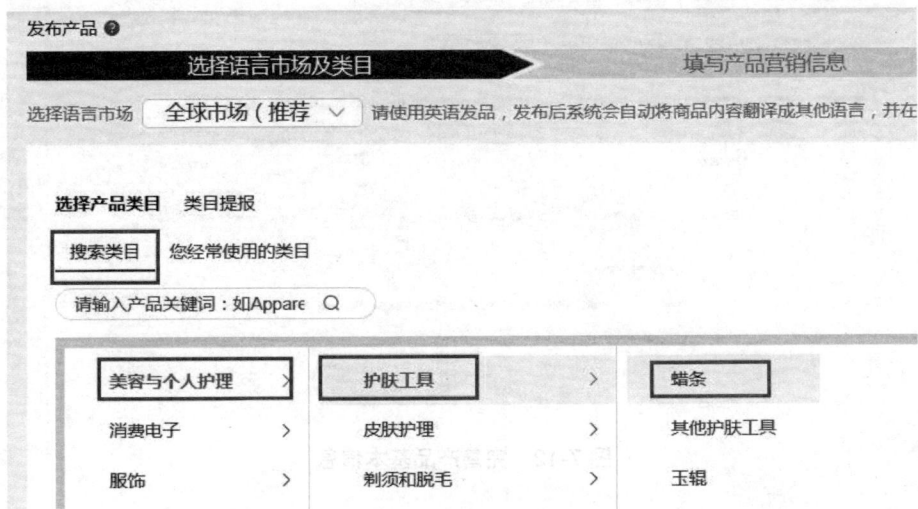

图 7-10 选择最小类目

4）下拉页面，产品类型选择"Customization"，点击"我已阅读如下规则，现在发布产品"按钮，如图 7-11 所示。

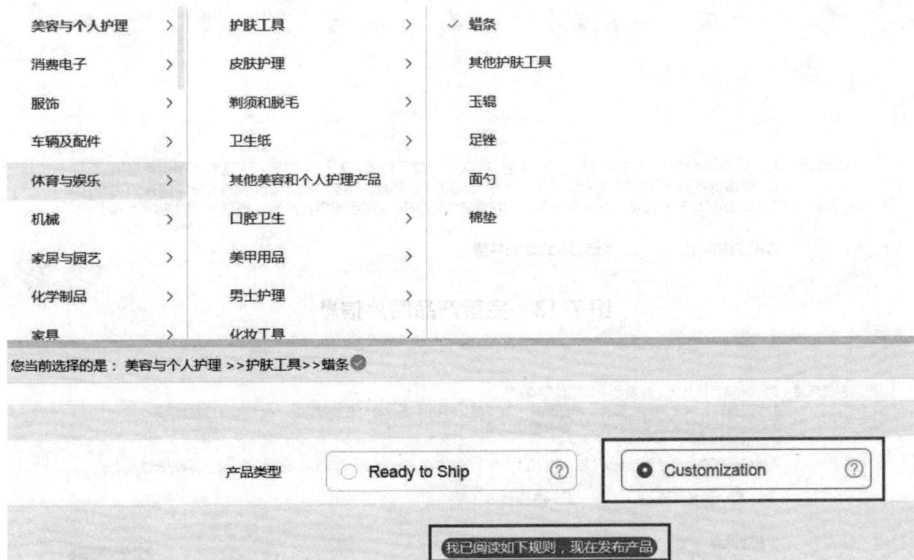

图 7-11 发布产品

5）进入发布产品页面，完善产品名称、产品关键词、产品属性、产品图片、产品详情描述、交易信息、物流信息。最后勾选"商品发布协议"，点击"提交"按钮，如图 7-12～图 7-18 所示。

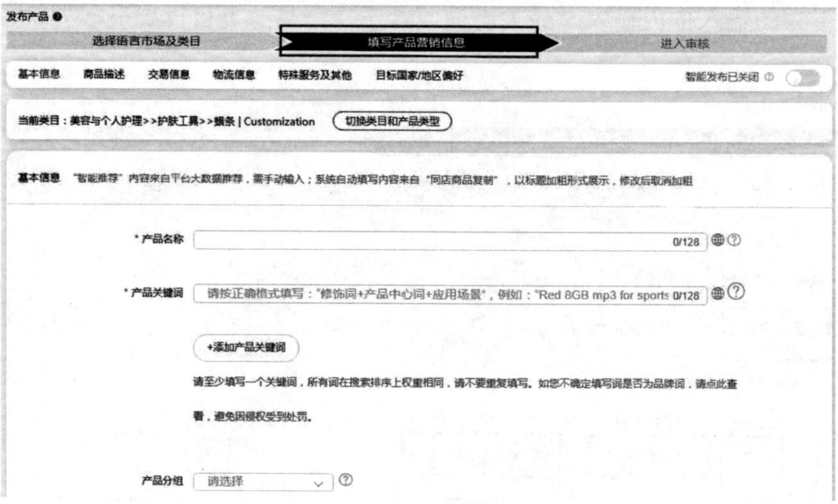

图 7-12 完善产品基本信息

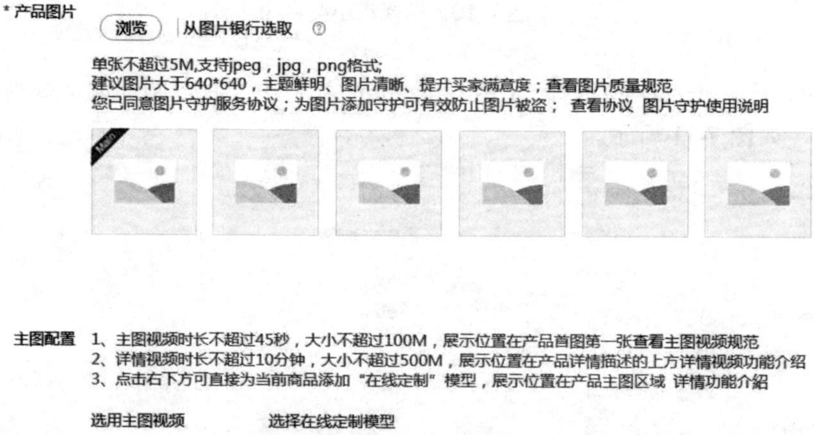

图 7-13 完善产品图片信息

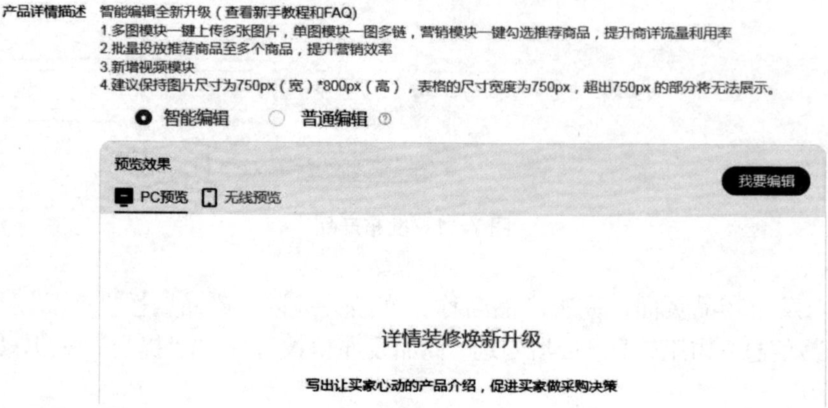

图 7-14 完善产品详情描述

交易信息 完善交易信息，方便买家做出采购决定。

价格设置	● 根据数量设置FOB阶梯价	○ 单一FOB区间价格

＊ 计量单位　Acre/Acres　　　　　　∨

＊ 阶梯价	最小起订量(计量单位)	FOB价格(计量单位)	预览(计量单位)
	≥ _____	US $ _____	内容为空提示
	新增价格区间（可设置不超过 4 个区间价格）		

＊ 支付方式
- [ ] L/C　　[ ] D/A　　[ ] D/P　　[ ] T/T
- [ ] Western Union　　[ ] MoneyGram

_____　　＋添加

图 7-15　完善产品交易信息

物流信息

＊发货期	数量(计量单位)	预计时间(天)	预览(计量单位:计量单位)
	≤ _____	_____	请根据不同起订量设置合理发货期（发货期如何计算。）注意：发货期将作为订单约定进入信保保障流程，请务必设置合理发货时间，避免因订单未能按期发货，导致的纠纷退款和由此引起的平台处罚，账户清退等（相关处罚规则）。
	增加数量区间（可设置不超过 3 个区间）		

＊ 物流模式　[ ] 快递　　[ ] 海运　　[ ] 陆运　　[ ] 空运

海运港口　请输入内容

供货能力　请输入内容　　　请选择　∨　per　请选择　∨
　　　　　添加补充信息

包装方式　请输入内容
　　　　　　　　　　　　　　　　　　　　　0/1500

包装图片　从图片银行选取

　　　　　支持jpg、png。文件大小：小于2MB

图 7-16　完善产品物流信息

特殊服务及其它 系统自动填写内容来自"同店商品复制"，以标题加粗形式展示，修改后取消加粗

样品服务设置	○ 支持样品服务　　● 不支持
	支持在线拿样，有助承接买家需求并提升交易概率；设置样品后，您需要设置对应的运费模板
商品溯源	○ 支持溯源(推荐)　　● 不支持
	请确保该商品为下游电商平台同款，且支持买家通过下游平台的商品编码检索（前台场景搭建中）
支持定制	○ 支持定制（推荐）　　● 不支持
	设置与表达定制能力，有助承接需要订制的买家需求与提升沟通效率
私域品服务	○ 私域产品　　● 不支持

图 7-17　完善特殊服务及其他信息

图 7-18　完善目标国家/地区偏好

2.4　国际站规则考试

1）完成商品发布后点击"参加考试"按钮，如图 7-19 所示。在弹出页面点击"去考试"按钮。跳转到国际站新会员考试页面后，点击"开始考试"按钮。

图 7-19　进入国际站规则考试

2）进入考试页面后完成 10 道单选题，完成后点击"提交"按钮，如图 7-20 所示。

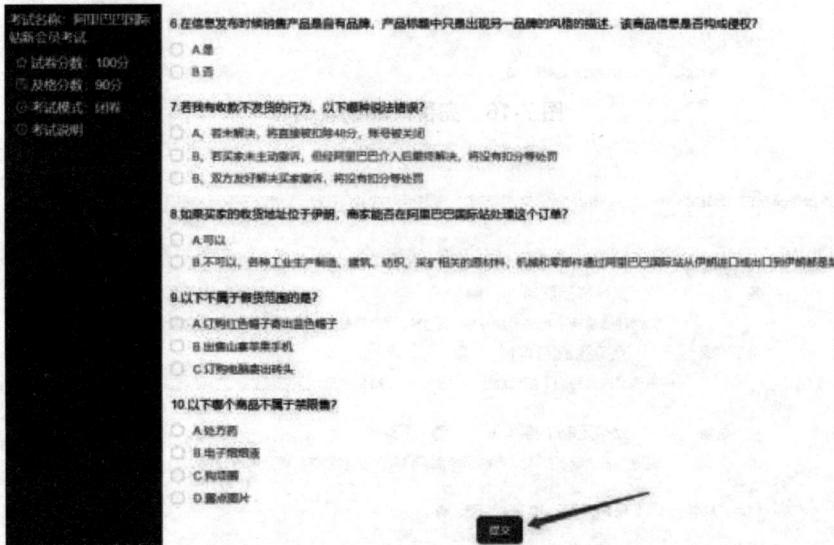

图 7-20　提交国际站规则考试

3）考试通过后会出现弹窗，在页面内存在提示"恭喜您已通过考试现在可以设置店铺开通时间"点击"确认"按钮。

4）页面跳转后，点击带有"选择日期"字样的日期选择框所示，选择日期后，点击下一步。出现通知弹窗，在页面内存在通知"您已经成功开通国际站"，点击"进入我的国际站首页"按钮，如图 7-21 所示。

图 7-21　提交国际站规则考试

任务三　设置账号中心

3.1　个人信息

（1）管理个人信息

在账号中心页面点击个人信息中的"管理个人信息"按钮，进入页面点击下方的编辑按钮，可以修改除账号以外所有的个人信息，完成后点击"提交"按钮，如图 7-22 所示。

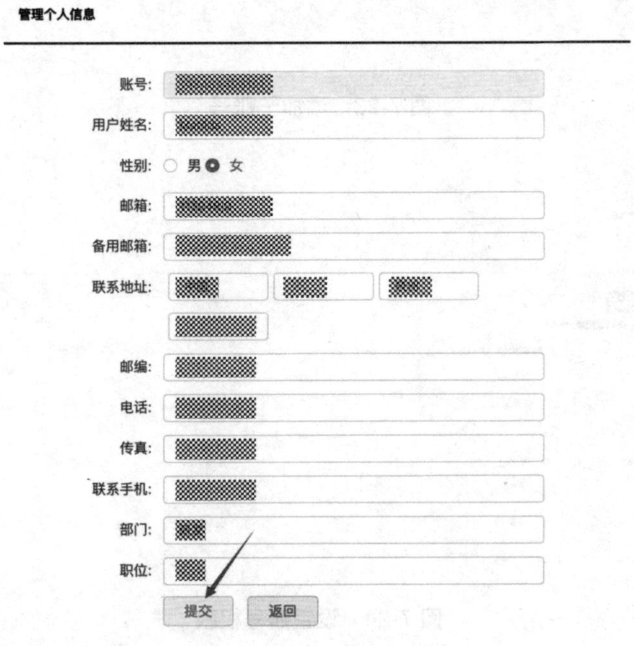

图 7-22　个人信息管理

（2）头像上传

在账号中心页面点击个人信息中的"头像上传"按钮。进入页面后点击加号，选择电脑中的需要新上传的图片头像，点击"确认"按钮。在头像上传页面中看到图片出现预览，点击"修改头像"按钮，提示操作成功回到账号中心页面。

3.2 账号设置

（1）添加子账号

在账号中心页面点击账号设置中的"添加子账号"按钮。在添加子账号页面选择账号类型，完善相关信息后点击"添加"按钮，如图 7-23 所示。提示成功后可以在页面中看到添加成功的子账号，点击设置权限按钮可以给该子账号设置权限，如图 7-24 所示。在弹窗中勾选页面内需要分配的权限，点击确认按钮之后提示成功，如图 7-25 所示。

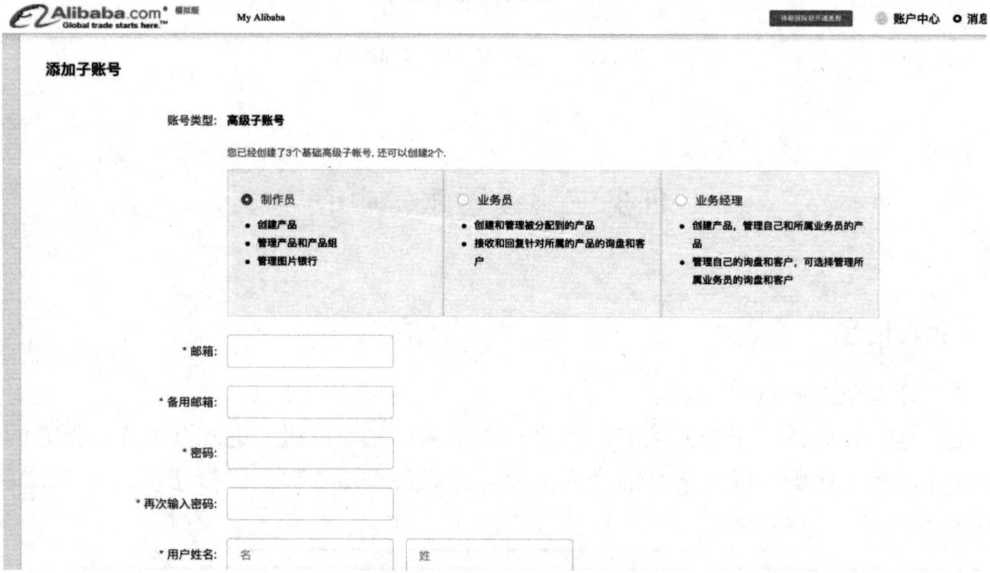

图 7-23　添加子账号

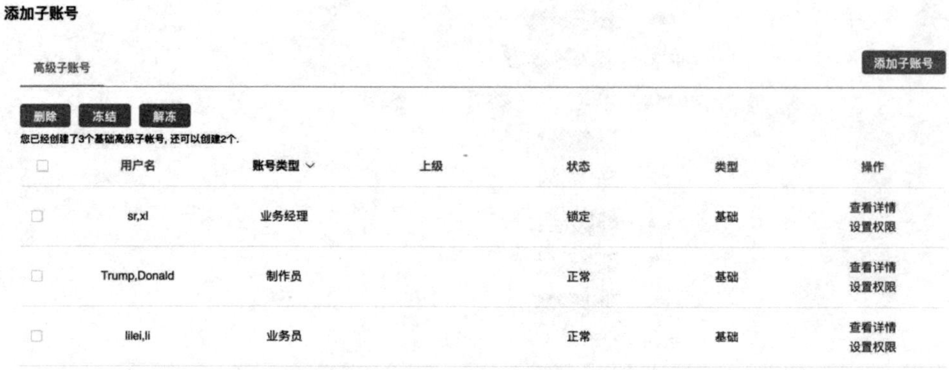

图 7-24　设置账号权限

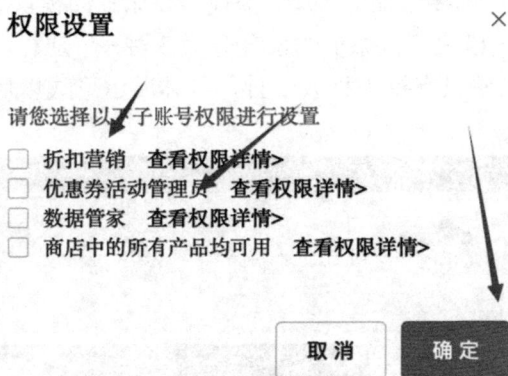

图 7-25　子账号权限分配

（2）管理子账号

在账号中心页面点击账号设置中的"管理子账号"按钮。进入页面后可以点已有子账号数据中的"查看详情"和"设置权限"按钮；也可以勾选已有子账号数据进行删除、冻结、解冻操作；还可以点击蓝色的添加子账号按钮。

任务四　店铺管理

4.1　全球旺铺

1）在卖家后台点击店铺管理中的"全球旺铺"，进入装修页面。进入店铺装修的页面，从左至右分别为模块栏、展示区、编辑栏，如图 7-26 所示。

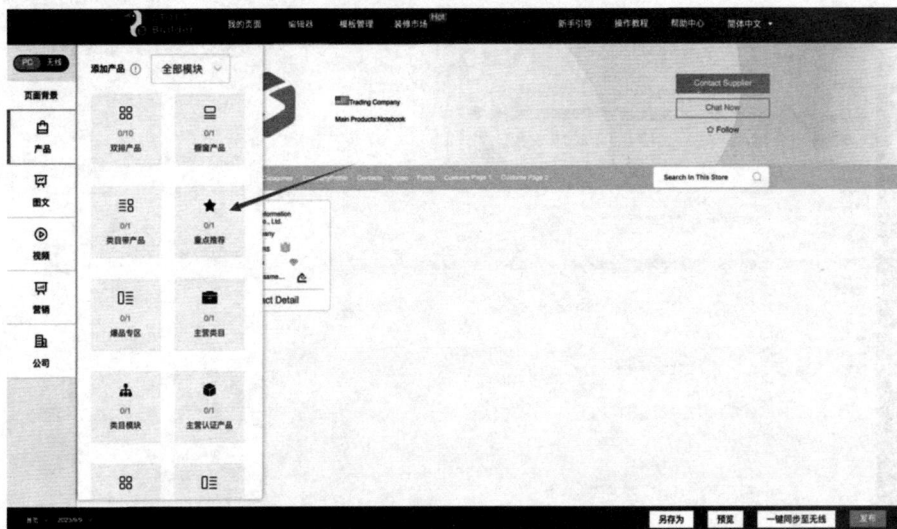

图 7-26　全球旺铺店铺装修页面

2）在左侧模块栏选择需要添加的类型，拖拽需要添加的模块组件至中间展示区的"+"号位置，释放鼠标即可。模块可被添加的位置分为 3 种——通栏、宽栏、窄栏，某些模块3 种位置都支持添加，某些只支持 1 种或 2 种，具体展示形式以后台实际为准，如图 7-27所示。

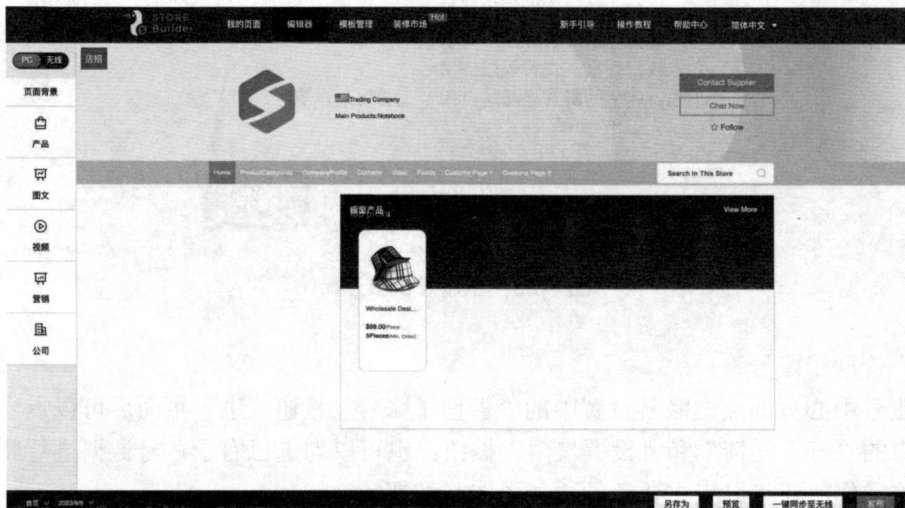

图 7-27　模块栏添加类型

3）点击展示区的模块，在右侧弹出的编辑栏中设置该模块的内容，完成内容编辑后，点击"保存"。装修完成后，可点击预览/发布查看到页面前台效果。

4.2　管理公司信息

在卖家后台选择店铺管理中的"管理公司信息"，点击按钮进入页面，如图 7-28 所示。进入管理公司信息页面后可以修改完善基本信息、生产能力、外贸出口能力、证书中心、展示信息等。

图 7-28　管理公司信息

任务五　设置认证中心

1）进入卖家后台首页，点击"证书管理"按钮。进入证书管理页面后，点击证书上传。

2）进入证书上传页面后，选择需要上传的证书类型，按照提示填写相关信息，带红色星号的为必填项。

3）信息填写完成后，点击页面下方"确定"按钮。

4）证书上传完成后，可在证书列表中查看详情或删除。

任务六　产品管理

6.1　管理产品

（1）管理产品

在卖家后台点击"产品管理"—"管理产品"，如图 7-29 所示。

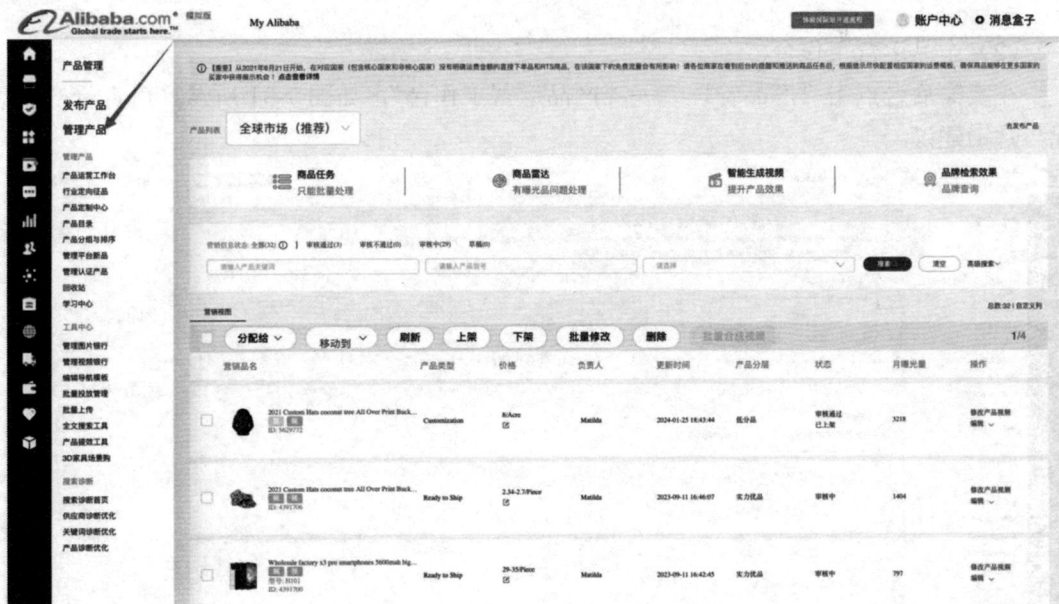

图 7-29　产品管理页面

可根据产品营销信息状态与出口信息状态分类查看产品，可通过关键词、型号、分组搜索产品，可进行分配、移动、刷新、上下架、删除等操作，如图 7-30 所示。

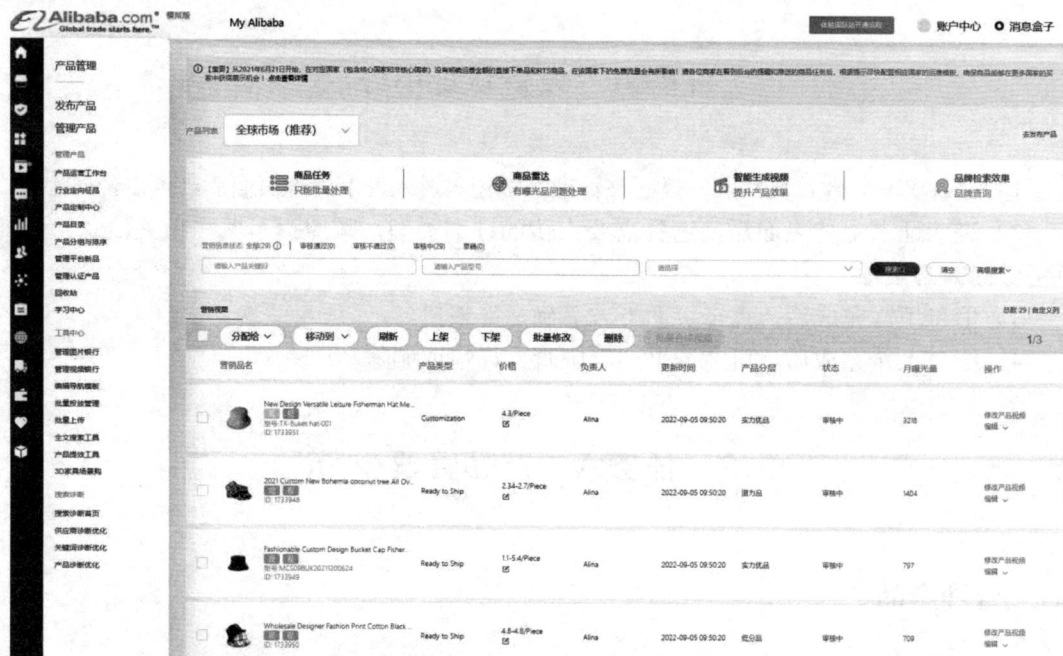

图 7-30　产品营销信息状态与出口信息状态

（2）产品运营工作台

在卖家后台点击"产品管理"—"产品运营工作台"，如图 7-31 所示，可查看产品情况与营销建议。

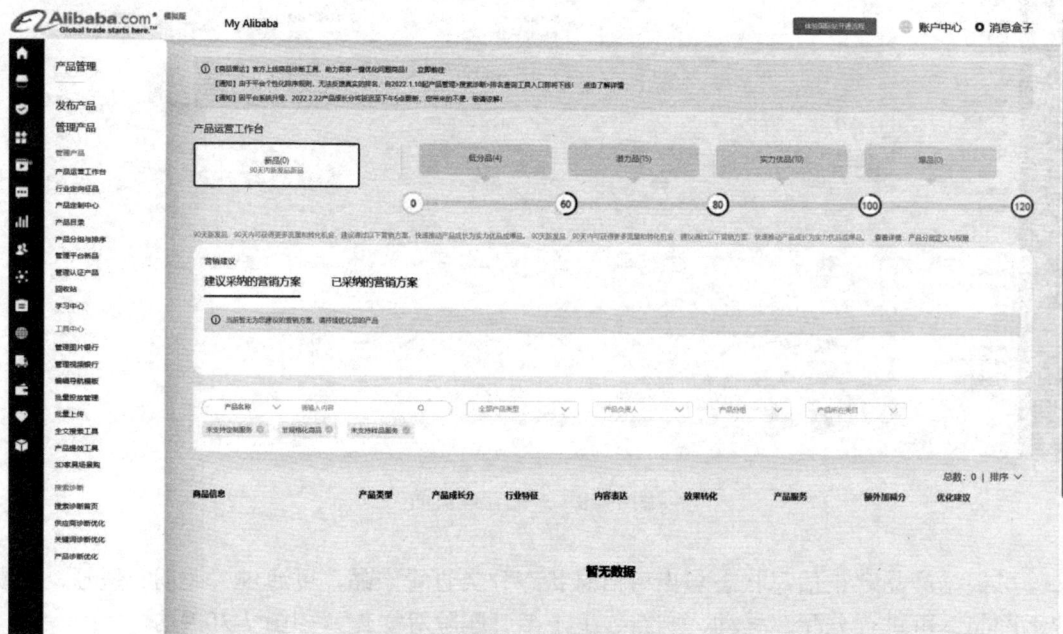

图 7-31　产品运营工作台

（3）产品分组与排序

在卖家后台点击"产品管理"—"产品分组与排序"。点击添加一级分组。输入需要添加的分组，完成后点击确定。

点击添加子分组，可在该分组下添加子分组，如图 7-32 所示。点击产品管理与排序，勾选产品，点击调整分组。选择需要将调整的产品分组，点击确定。

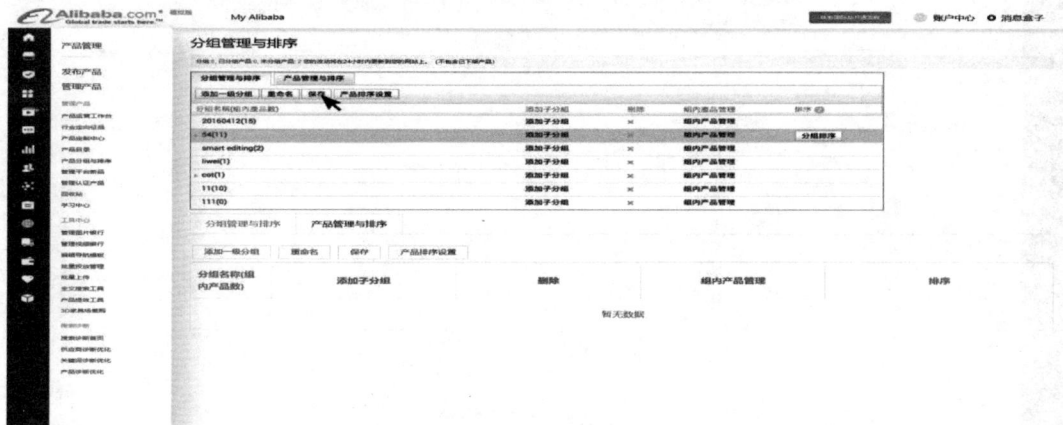

图 7-32　产品分组与排序

（4）管理橱窗产品

在卖家后台点击"产品管理"—"管理橱窗产品"，如图 7-33 所示。可查看橱窗产品效果。可查看服务中的橱窗，根据负责人与内容进行搜索，可点击添加产品或清除无效产品。

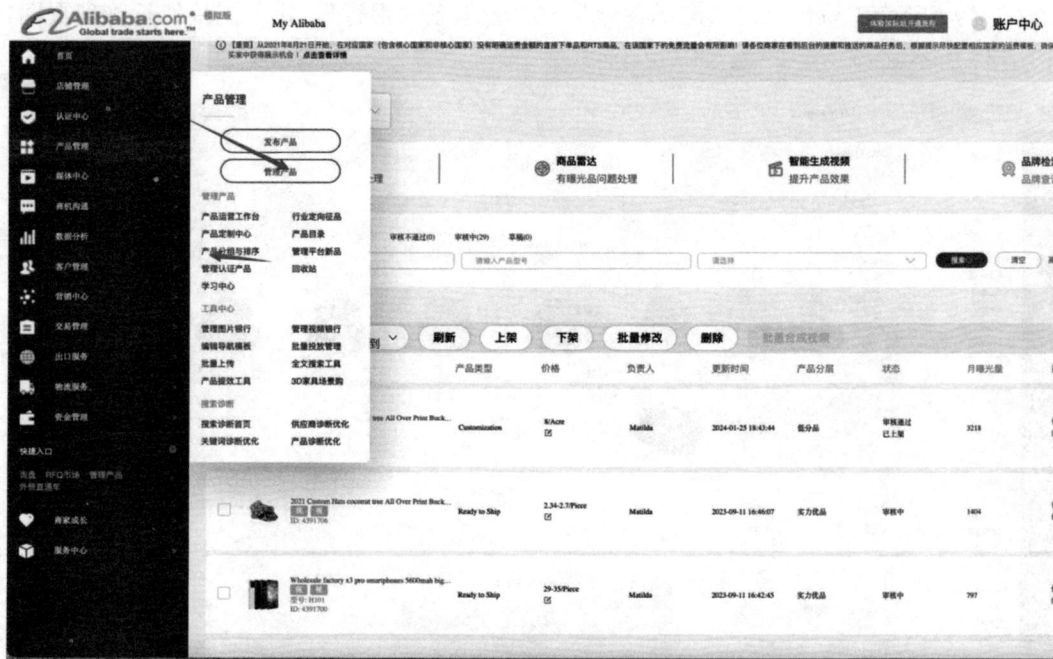

图 7-33　管理橱窗产品

（5）回收站

在卖家后台点击"产品管理"—"回收站"，如图 7-34 所示。对已删除的产品可进行彻底删除或恢复，可彻底清空回收站。

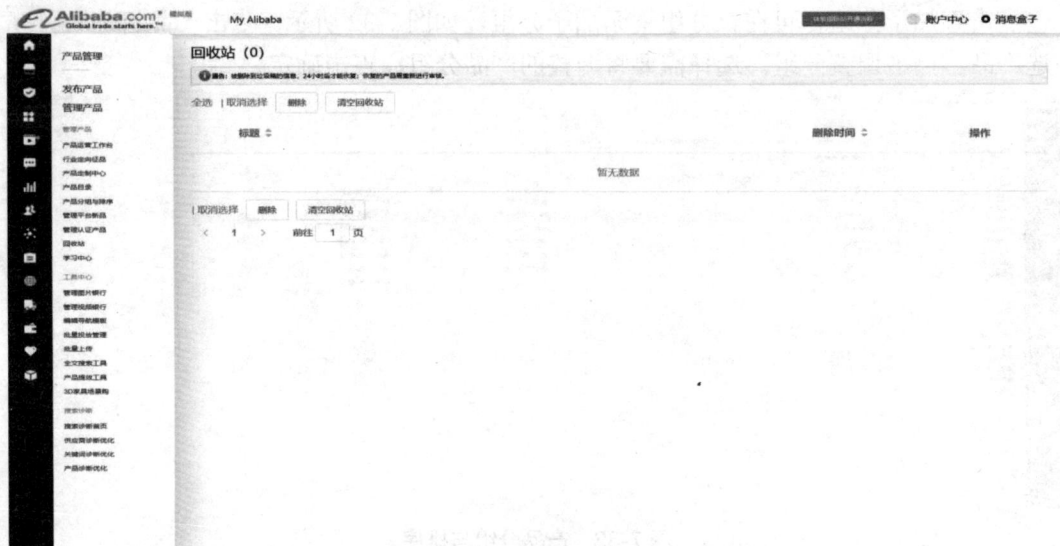

图 7-34　回收站

6.2　管理产品工具中心

（1）管理图片银行

在 My Alibaba 后台点击"产品管理"—"管理图片银行"，进入图片银行管理页面，如图 7-35 所示。

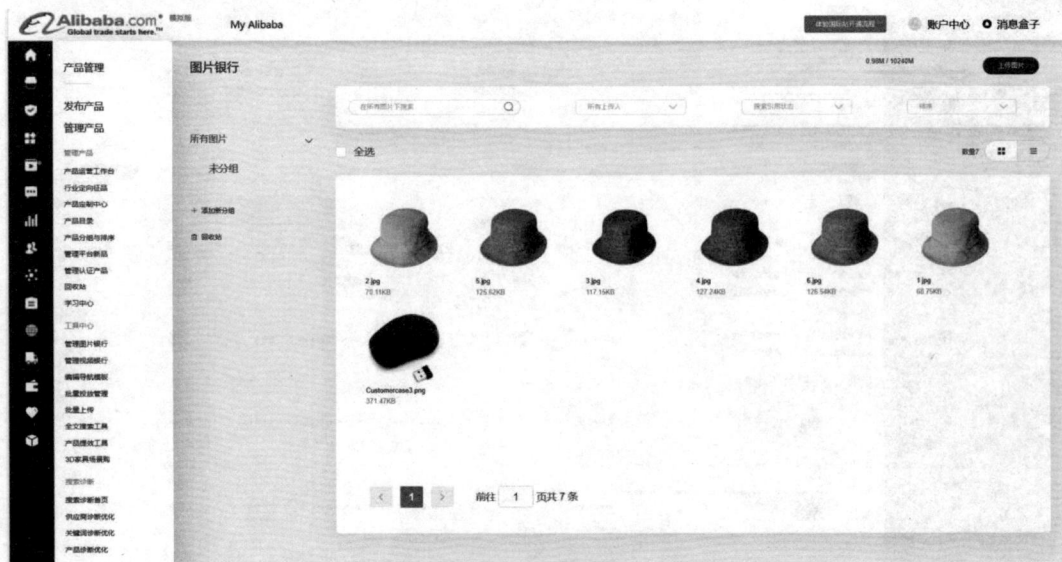

图 7-35　管理图片银行

进入图片银行管理页面后，可按上传人、搜索引用状态对图片进行筛选、搜索，可对图片进行排序。图片上传，单张不超过 3MB，可选择分组与添加水印，可选择水印的样式与位置，图片上传至图片银行后，可以在管理页面进行编辑，如调整分组、重命名、复制链接、查看详情、删除至回收站等。

（2）管理视频银行

在卖家后台点击"产品管理"—"管理视频银行"，进入视频银行管理界面，如图 7-36所示。

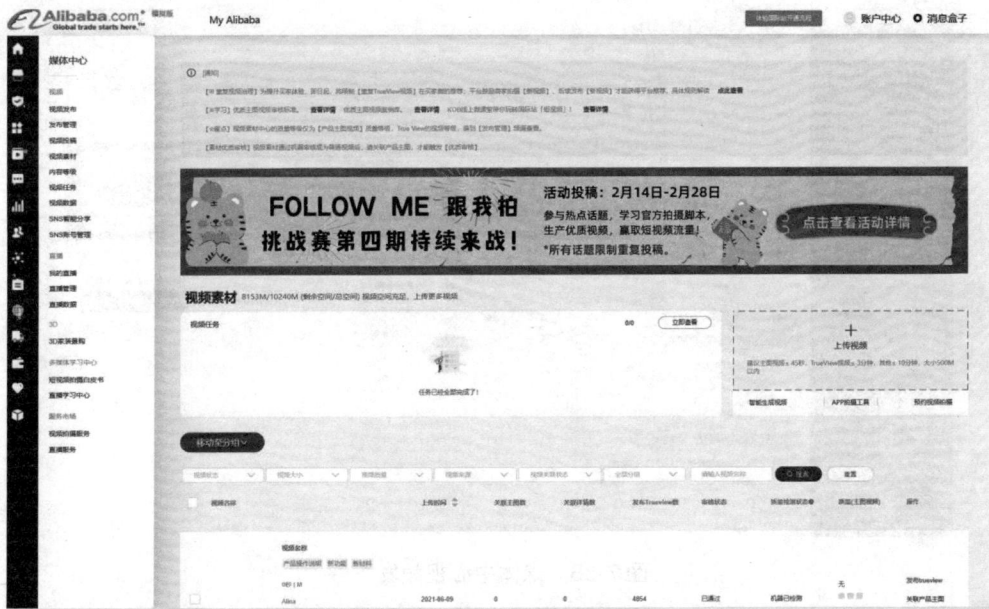

图 7-36　管理视频银行

视频管理页面可对视频进行管理，可通过输入视频名称进行搜索。

在视频银行管理页面，点击上传视频，在视频素材中心完成上传视频、填写视频名称、设置封面、选择视频内容标签等操作，如图 7-37 所示。

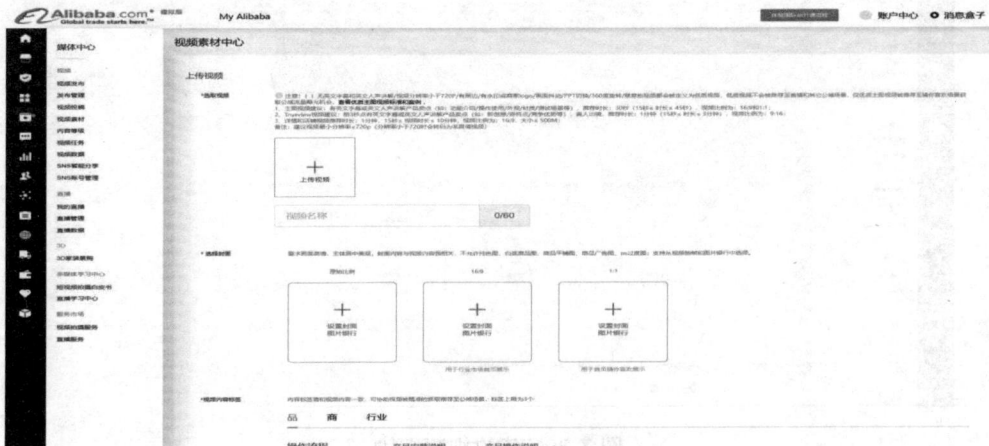

图 7-37　上传视频

任务七　设置媒体中心

7.1　视频发布

1）在卖家后台点击"媒体中心"—"视频发布"，如图 7-38 所示。

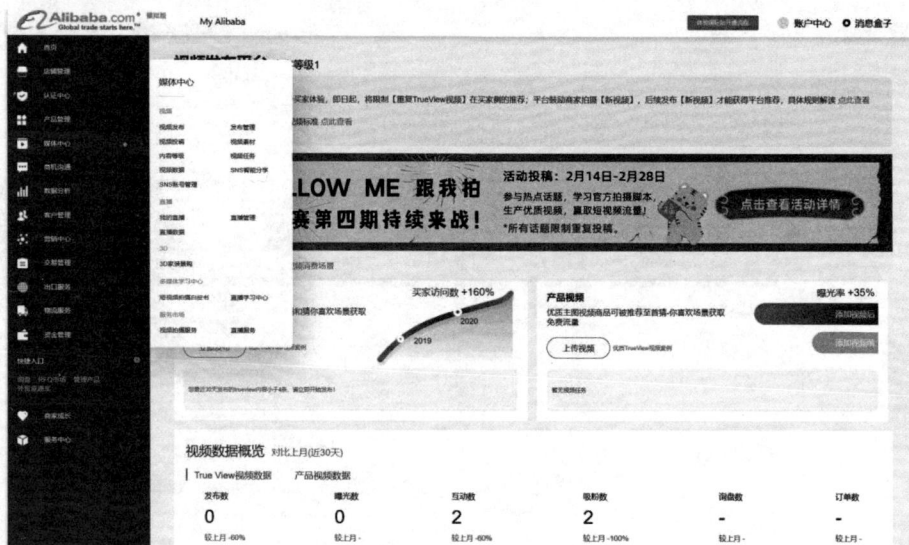

图 7-38　媒体中心视频发布

2）在视频素材中心完成上传视频、填写视频名称、设置封面、选择视频内容标签等操作，完成后点击提交，如图 7-39 所示。

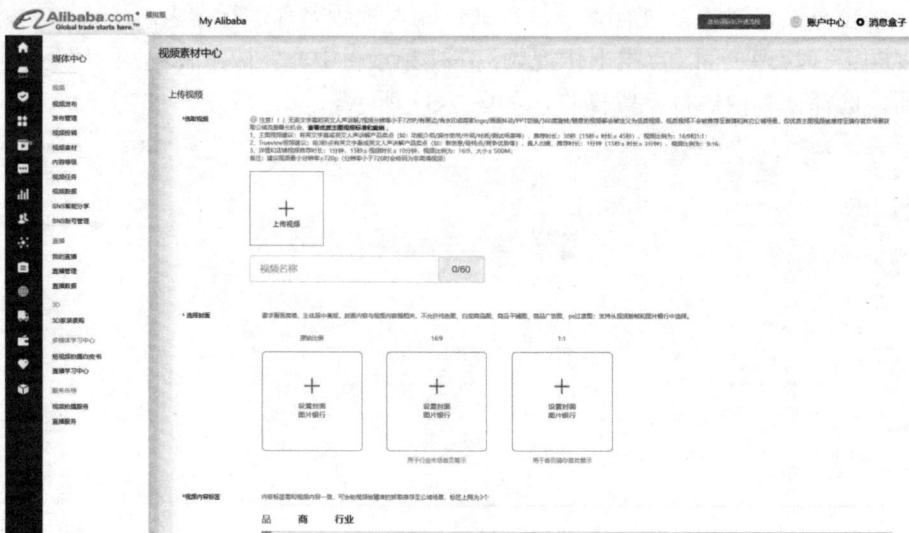

图 7-39　完成视频上传

7.2　视频素材

1）在卖家后台点击"媒体中心"—"视频素材"，如图 7-40 所示。

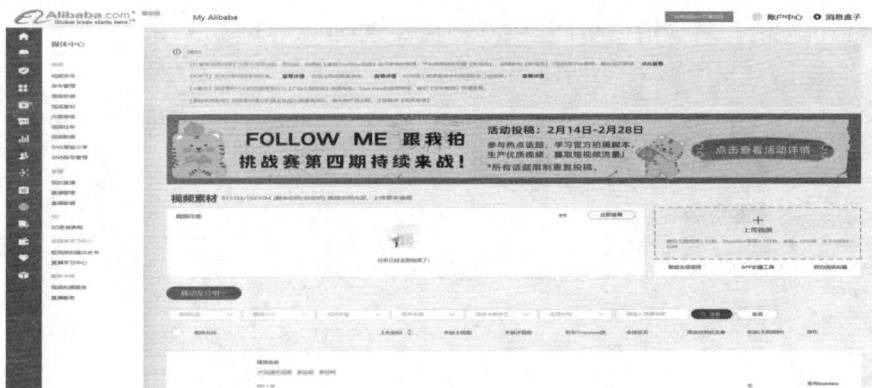

图 7-40　视频素材

2）点击上传视频，则跳转至视频发布，可参考视频发布中的步骤。

3）视频素材页面可对已上传的视频进行管理，可查看视频优化建议、关联产品详情、发布 trueview。

4）点击关联产品详情后面的箭头，可对视频进行删除或修改。

任务八　商机沟通

8.1　询盘

1）在卖家后台首页，点击"商机沟通"—"询盘"，如图 7-41 所示。

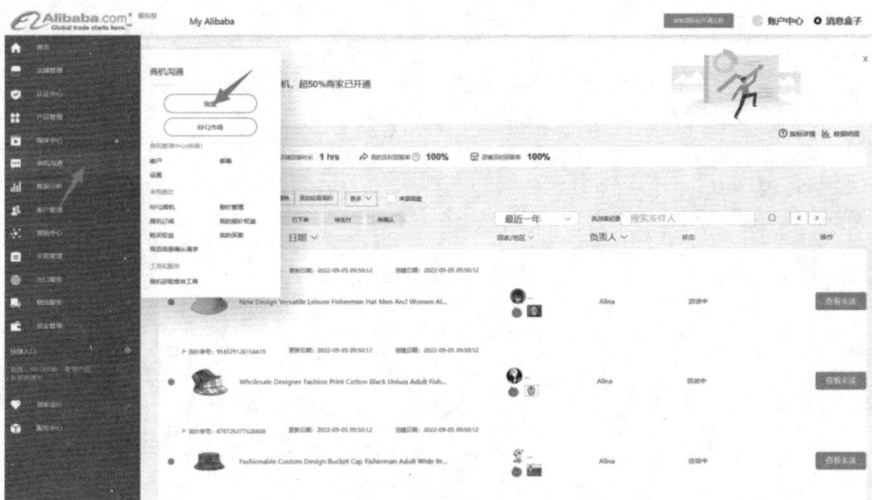

图 7-41　商机沟通询盘

2）进入询盘页面，可查看接待数据与询盘列表。在询盘页面，可进行分配、移动、删除、添加垃圾询价等操作。

3）可根据询盘状态、日期、收件人、旗标、国家、负责人来筛选询盘。

4）点击询盘的查看详情，可回复客户询盘，回复内容可包含图片，也能够查看客户详细信息，如图7-42、图7-43所示。

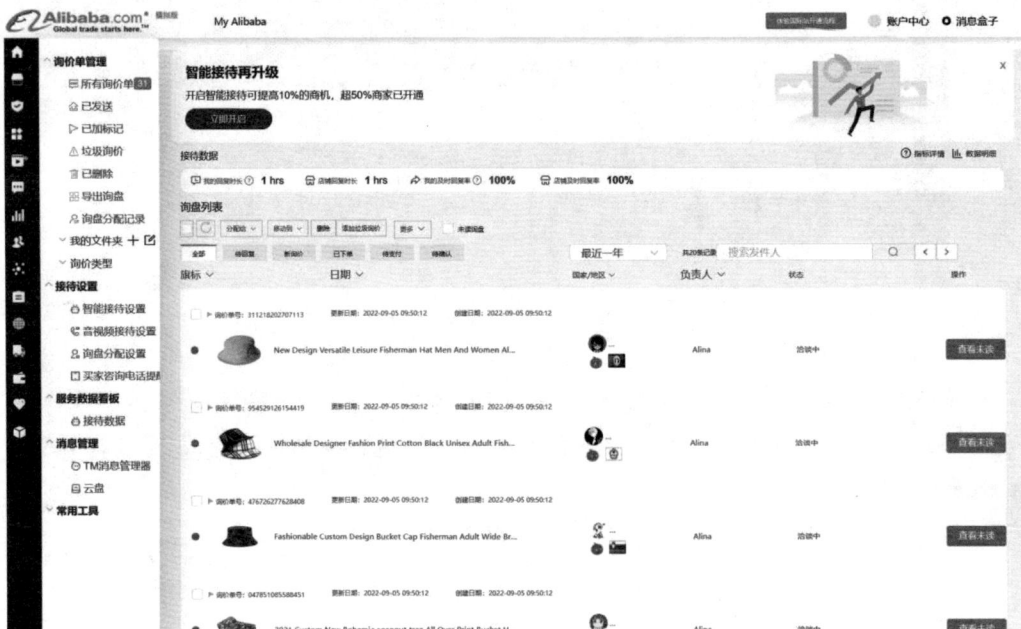

图 7-42　询盘详情

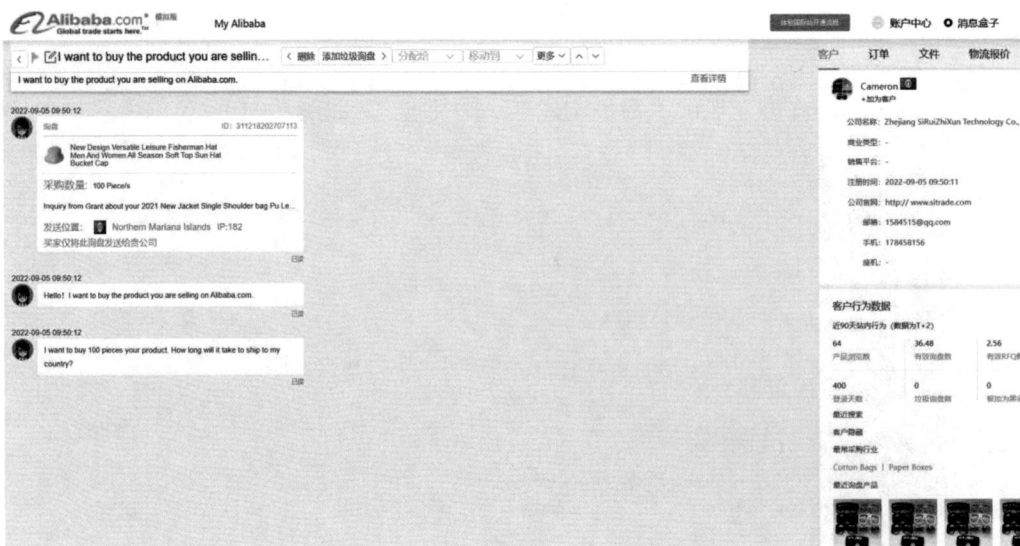

图 7-43　询盘回复

8.2 RFQ 市场

1）在卖家后台首页，点击"商机沟通"—"RFQ 市场"，如图 7-44 所示。

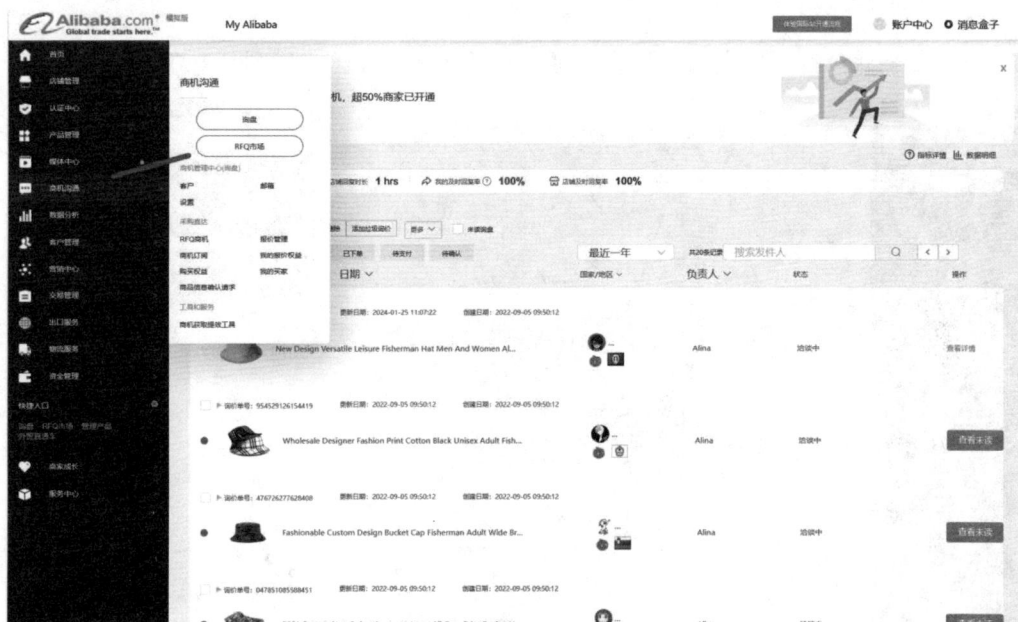

图 7-44 RFQ 市场

2）输入关键词搜索 RFQ，点击查看详细信息，如图 7-45 所示。

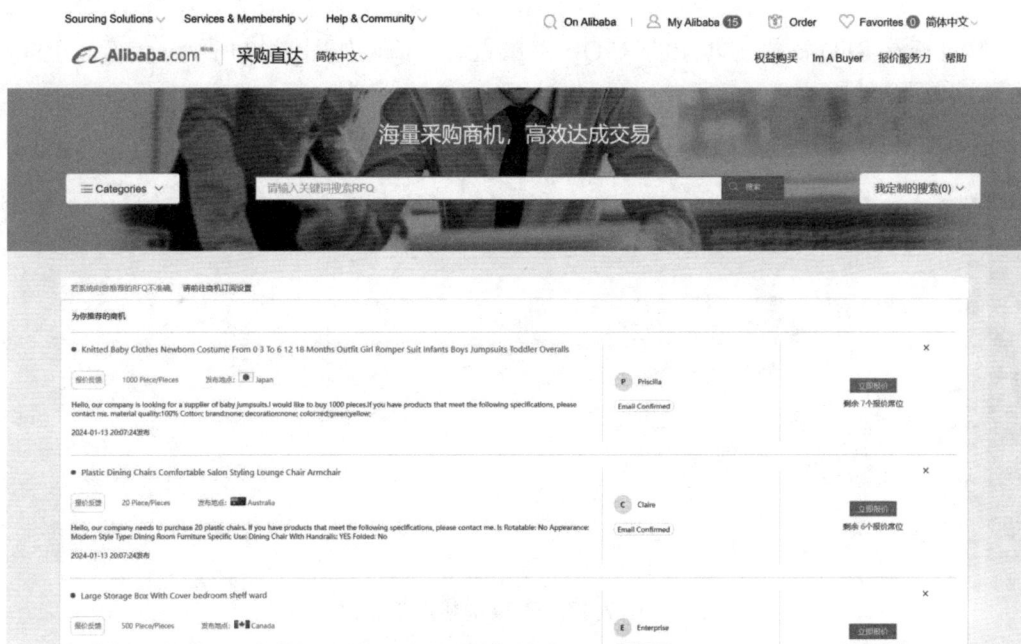

图 7-45 RFQ 市场详细信息

3）点击立即报价，填写报价表单，可输入产品信息，也可点击"从我发布的产品导入"，填写报价补充信息、增值服务。信息填写完成后，点击提交报价。

8.3 RFQ 商机

1）在卖家后台首页，点击"商机沟通"—"RFQ 商机"，如图 7-46 所示。

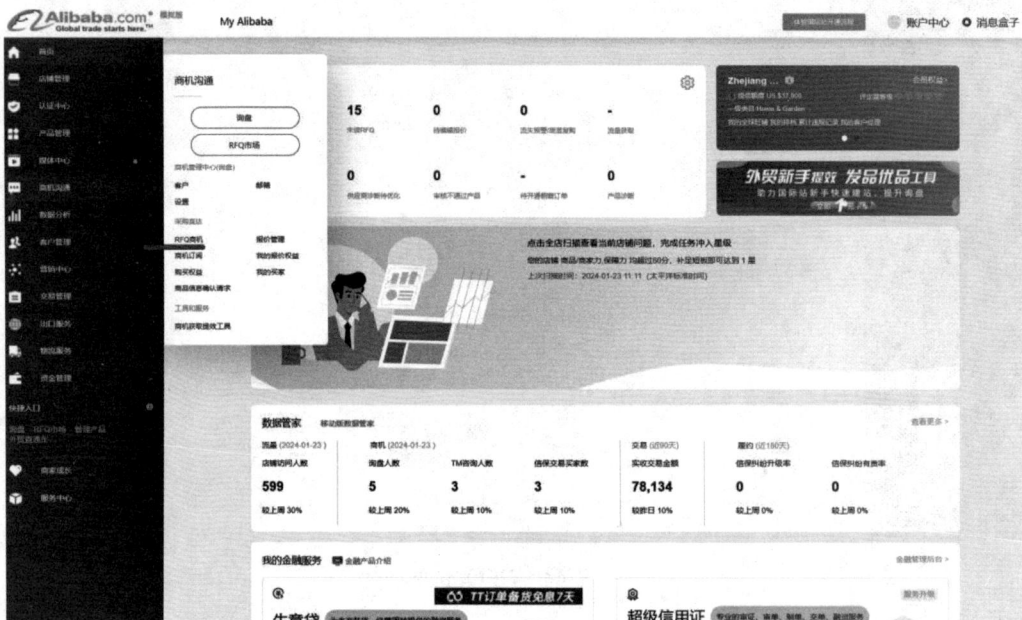

图 7-46　RFQ 商机

2）可查看 RFQ 商机与匹配的 RFQ，点击查看详情，如图 7-47 所示。可查看 RFQ 详细信息，进而报价。

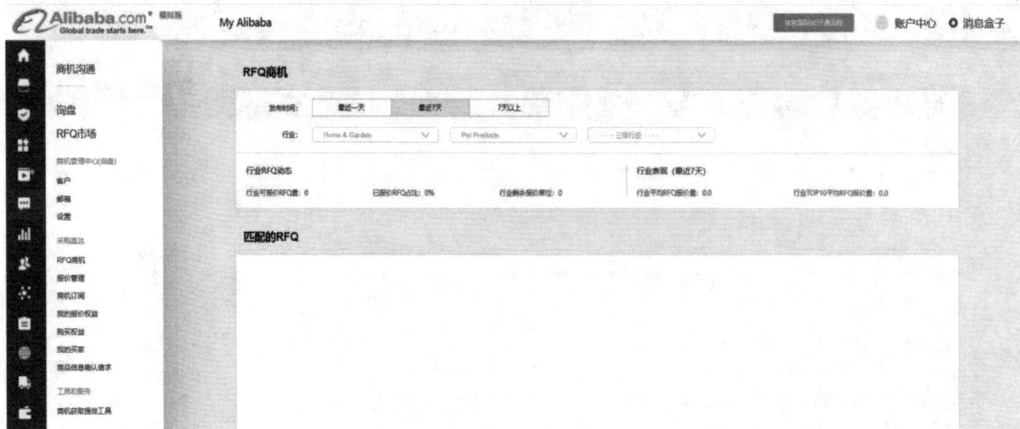

图 7-47　RFQ 商机详情

8.4　商机订阅

1）在卖家后台首页，点击"商机沟通"—"商机订阅"，如图 7-48 所示。

图 7-48　RFQ 商机订阅

2）点击添加类目，最多添加 5 个类目，选择需要订阅的类目，点击确认订阅。对于已订阅的类目，可点击修改或删除，删除类目功能需要最少订阅三个类目之后才可以使用，如图 7-49 所示。

图 7-49　添加/删除类目

3）输入关键词，点击添加订阅词，已订阅的关键词可点击后面的"×"删除。点击选择推送方式，如图 7-50 所示。

图 7-50　添加订阅词

8.5　报价管理

1）在卖家后台首页，点击"商机沟通"—"报价管理"，如图 7-51 所示。

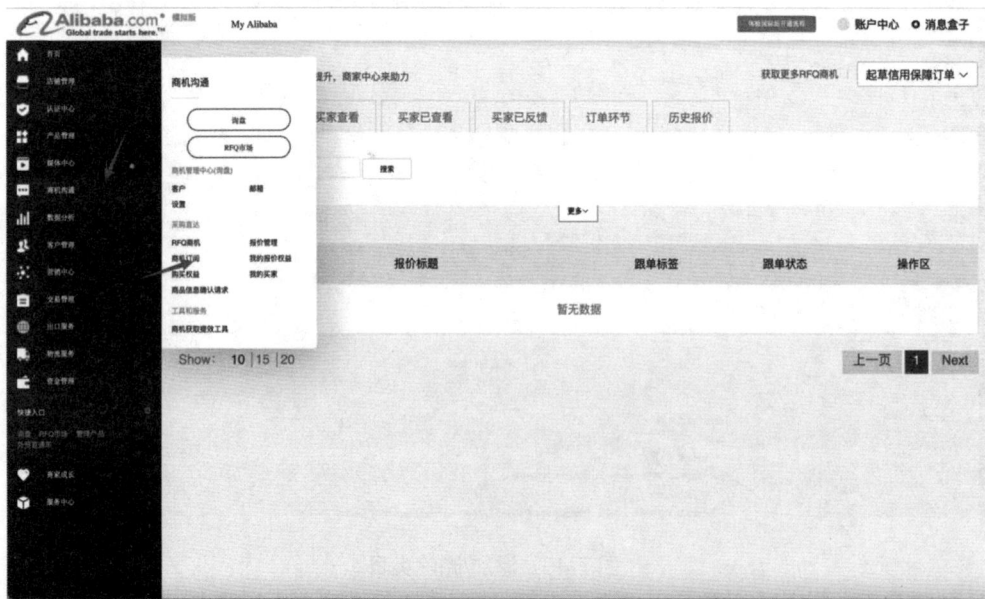

图 7-51　报价管理

2）可根据最近三个月报价、待买家查看、买家已查看、买家已反馈、订单环节、历史报价分类查看，可根据跟单状态、买家地区、账号、报价时间进行筛选，如图 7-52 所示。

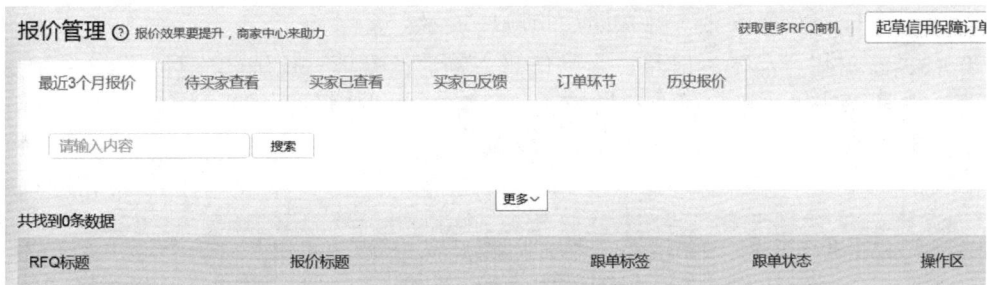

图 7-52　报价管理

【实训拓展操作】

1．某公司已完成了国际站账号的开设，现在需要填写店铺的开通认证信息和公司信息。该公司信息如下，没有的内容可以自拟。

（1）公司中文名称：浙江星星进出口有限公司

（2）公司英文名称：Zhejiang Star Import and Export Co.，LTD.

（3）公司经营模式：Trading Company

（4）公司类型：有限责任公司（自然人投资或控股）

（5）公司注册地：Jinhua，Zhejiang，China

（6）注册资本：RMB 500.00 万元

（7）主营一级类目：箱包

（8）主营业务：Handbags，Evening Bags，Kid Purses，Apparel，Women Slipper

（9）公司注册年份：2020 年

（10）公司核心优势描述：

Zhejiang Star Import and Export Co.，LTD is a manufacturer of handbags with well-equipped testing facilities and strong technical force.With a wide range，good quality，reasonable prices and stylish designs，our products are extensively used in fashion field and other industries.Our products are widely recognized and trusted by users and can meet continuously changing economic and social needs. We welcome new and old customers from all walks of life to contact us for future business relationships and mutual success！

2．为了方便对店铺众多的商品进行管理，在店铺运营的过程中可以设置产品分组，从而更高效、方便地管理产品。请给你创建的店铺添加一个"Mobile Phone"产品的一级分组，并将任一品牌手机产品移动到这个分组。

3．某外贸公司生产了一款新型水杯，能够支持客户对水杯定制的订单，假如你是该公司的外贸业务员，请根据以下要求和素材发布一款 Customization 产品。（素材如下表，其他信息可自拟）

要求如下：

（1）产品信息填写正确和完整：

a．根据产品素材正确选择商品类目（家居与园艺—饮具—水瓶）；

b．产品标题需自拟填写；

c. 产品主图不少于 6 张，并按照逻辑顺序展示；

d. 根据素材将产品基本信息、交易信息、物流信息填写正确和完整。

（2）产品详情描述采用普通编辑模式，包含产品图片描述、包装物流信息、公司信息和 FAQ，按照逻辑顺序展示，排版清晰有条理。

产品基本信息		
Title:	自拟（符合优质标题编写要求）	
Key Words:	Sport Bottle	Water Bottle	Foldable Silicone Bottle

产品属性			
Drinkware Type：	Water Bottles	Feature：	Sustainable
Applicable People：	Unisex	Place of Origin：	Guangdong，China
Thermal Insulation Performance：	None	Brand Name：	MKAS
Outdoor Activity：	Gym	Model Number：	YZ-PC-001
Boiling Water：	Applicable	Color：	Customized Color
Anti-corrosion Coating：	Not Equipped	Logo：	OEM Logo
Water Flowing Method：	Direct Drinking	Capacity：	600ml
Accessories：	Handgrip	Type：	Drinking Sport Bottle
Style：	sport	Packing：	OPP Bag
Material：	Plastic	MOQ：	1 000 pcs
Plastic Type：	PP	Certification：	CE/EU，FDA，LFGB，SGS
Size：	260mm×65mm	Color：	Customized Color
weight：	186g	Safety certification	FDA，ROHS，BPA Free，LFGB
Material：	food grade silicone+pp	Drinkware Type：	Water Bottles
Insulation performance	Not Support		

交易和物流信息	
FOB Reference Price:	US $ 2.25～3.25/Piece
MOQ:	1 000 Pieces
Packaging Details:	1 pcs/box Carton：40 cm×35 cm×35 cm，50 cm×35 cm×35 cm
Delivery Time:	≤1 000 Pieces 7 days
	≤3 000 Pieces 21 days
	≤5 000 Pieces 30 days
Loading port:	Shenzhen
Payment terms:	L/C、D/A、D/P、T/T、Western Union、MoneyGram
Supply Ability:	5 000 Pieces per Day

FAQ
1.What is your MOQ?
Our MOQ is 1 000 Pieces normally.But we accept lower quantity for trial orders.
2.Can I get samples？
Yes，of course，we will provide good quamlity samples to you according to your requires.
3.How long is the lead time of the samples？
After confirming the details，it will take 5～7 days to prepare.We can send the samples to your hotel if you are traveling.
4.What format of the file do you need if I want my own design？
For logos，pls send original AI file；For designs，pls send the files in 3D format.
5.How many colors are available？
This is always customized we can do spray painting and powder coating in any Pantone colors.
6.What is your payment term？
Our normal payment term is T/T 30% deposite after PI signed and 70% against the copy of B/L.

项目 8 阿里巴巴国际站操作（下）

【立德树人园地】

通过完成实训任务，培养学生严谨细致、逻辑清晰的计算思维；通过跨境电商通关便利性的对比，了解灰色通关的弊端，自觉规避非法通关，树立合法合理通关意识。

【实训任务引领】

动态客群是系统根据规则自动生成的客群，动态客群的客户系统将自动更新。最近 30 天的询盘客户中大多数对新款连衣裙感兴趣，IWCC 业务员给客户进行了报价，但是客户迟迟没有消息，为了进一步跟进近期询盘客户。现要求新建一个动态客群，规则要求：动态客群名称自拟，其余信息自行设置。

任务一 数据分析

1.1 数据概述

在卖家后台点击"数据分析"—"数据概览"，如图 8-1 所示。

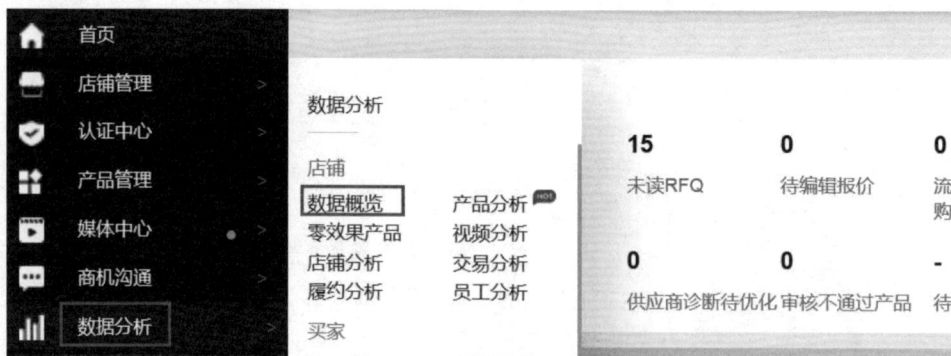

图 8-1 数据概览

可查看店铺基本信息，如经营数据、流量分析、产品分析、市场分析、成长指引等数据分析，可通过选择周筛选查看数据，如图 8-2 所示。

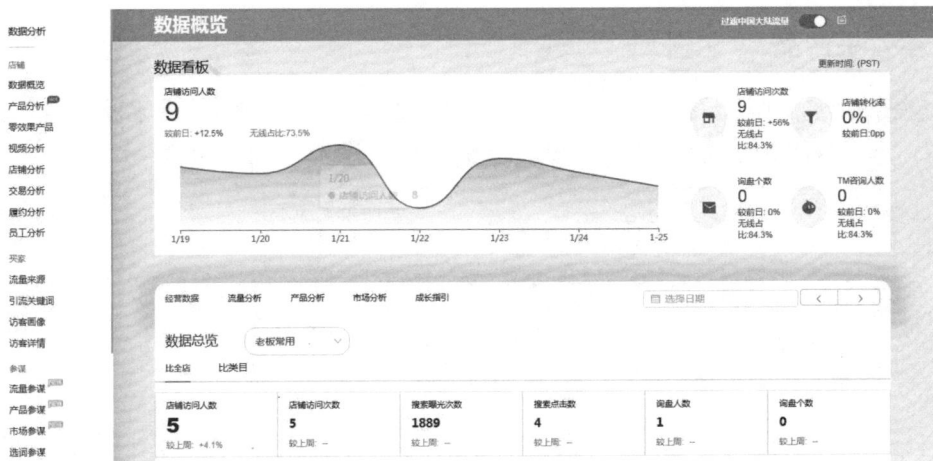

图 8-2 店铺基本信息

1.2 产品分析

在卖家后台点击"数据分析"—"产品分析"，如图 8-3 所示。

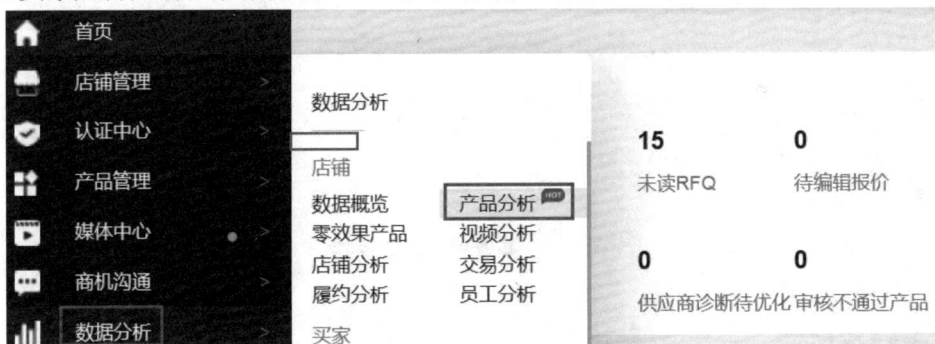

图 8-3 产品分析

可查看产品概览、产品分析与产品详情，如图 8-4 所示。

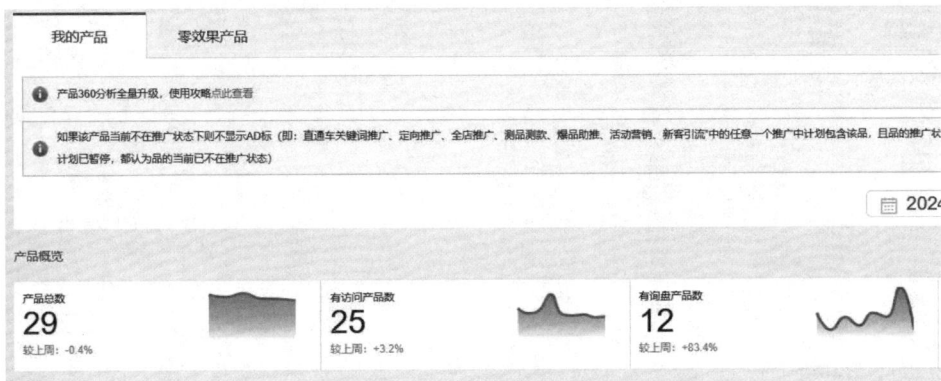

图 8-4 产品信息

1.3 零效果产品

在卖家后台点击"数据分析"—"零效果产品",可通过输入产品名称搜索,通过产品类型、产品分组、无效时长、负责人、更新日期来筛选,如图 8-5 所示。

图 8-5 零效果产品

点击编辑、下架、删除,可对产品进行编辑、下架、删除等操作,如图 8-6 所示。

产品		负责人	无效时长 ⇕	最近更新...	自动下线倒计时 ⇕	操作
	Wholesale factory x3 pro smartphones 5600mah big battery double SIM mobile phones 16+512... 型号: H101	Alina	18天	2024-01-7	162天	编辑 删除 下架
	7.1inch 3040x1440 MTK6799 10-Core Android S martphones 12GB+512GB 5G Cellphones 560...	Alina	46天	2023-12-10	134天	编辑 删除 下架

图 8-6 零效果产品的操作

1.4 店铺分析

在卖家后台点击"数据分析"—"店铺分析",可查看店铺效果与店铺访问详情,如图 8-7 所示。

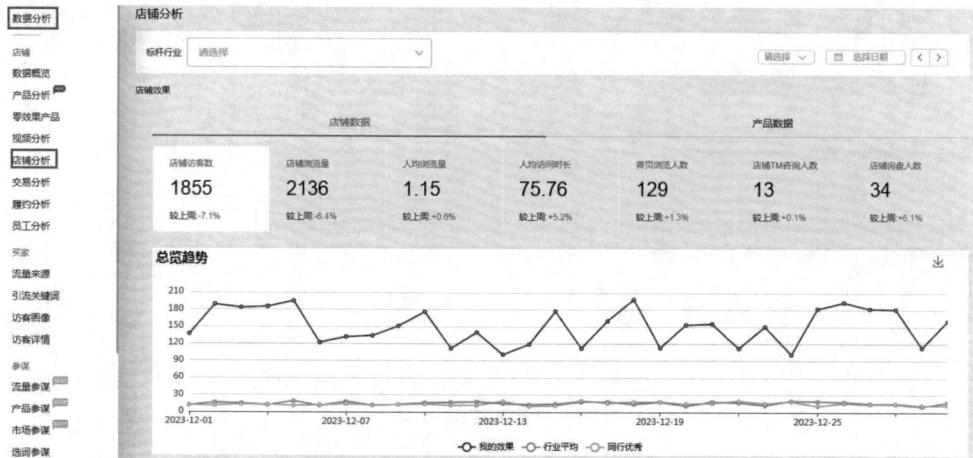

图 8-7 店铺分析

点击可查看各页面的趋势详情与数据分布，如图 8-8、图 8-9 所示。

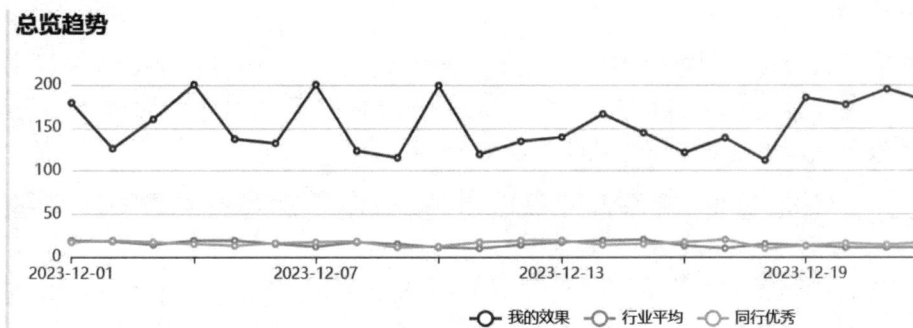

图 8-8　趋势详情与数据分布（1）

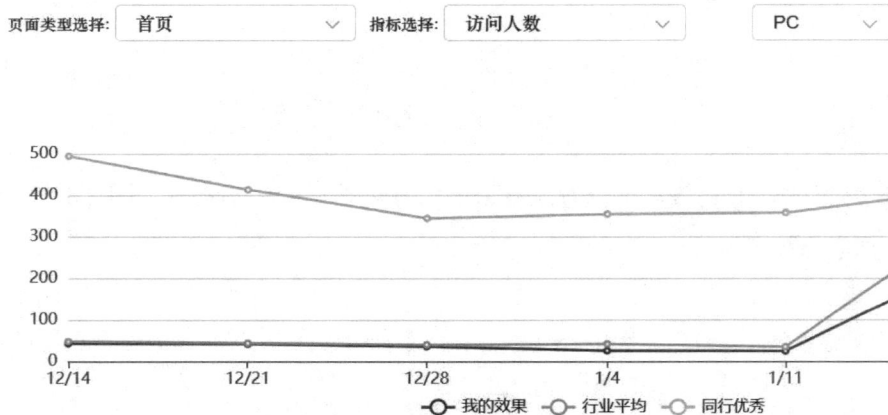

图 8-9　趋势详情与数据分布（2）

1.5　交易分析

在卖家后台点击"数据分析"—"交易分析"，可查看交易情况与总览趋势，如图 8-10 所示。

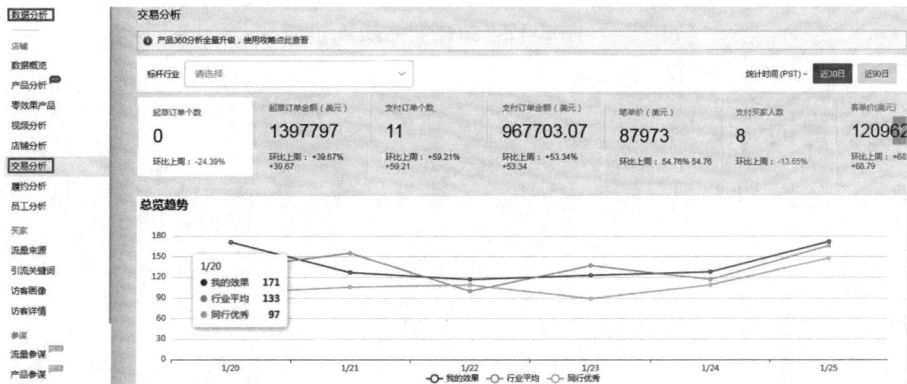

图 8-10　交易情况与总览趋势

1.6 流量来源

在卖家后台点击"数据分析"—"流量来源",进入页面可查看各流量来源的店铺访问人数、店内询盘人数、店内 TM 咨询人数、商机转化率等信息,可根据终端、日期筛选,可隐藏无效果项,可过滤中国大陆流量,如图 8-11 所示。

图 8-11 流量来源

点击图 8-11 中的趋势,可查看流量来源的各项数据变化趋势,如图 8-12 所示。

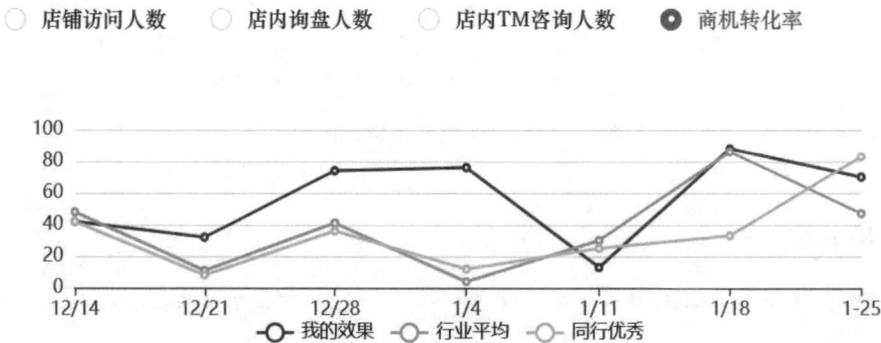

图 8-12 数据变化趋势

1.7 引流关键词

在卖家后台点击"数据分析"—"引流关键词",可查看关键词的流量情况,如图 8-13 所示。

图 8-13　引流关键词

在引流关键词页面，可通过输入关键词搜索，是否作外贸直通车推广、是否已设置为关键词、是否有效果进行筛选可批量加入直通车推广、导出数据，如图 8-14 所示。

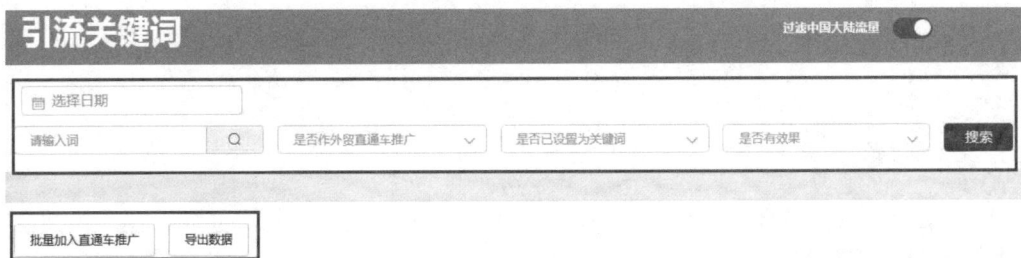

图 8-14　引流关键词搜索

点击批量加入直通车推广，选择要加入的计划，点击确定，如图 8-15 所示。

图 8-15　选择要加入的计划

1.8　访客详情

在卖家后台点击"数据分析"—"访客详情"，进入后可根据最近三个月报价、待买家查看、买家已查看、买家已反馈、订单环节、历史报价分类查看，可根据跟单状态、买家地区、账号、报价时间进行筛选，如图 8-16 所示。

图 8-16　访客详情

任务二　客户管理

2.1　客户概览

在卖家后台点击"客户管理"—"客户概览",如图 8-17 所示,可查看客户相关信息。

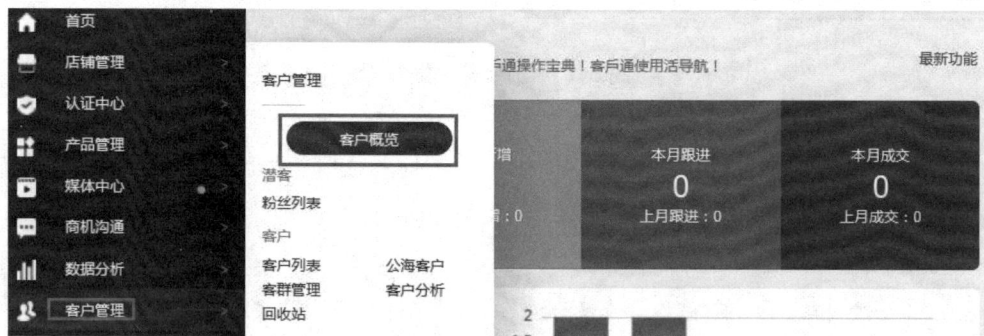

图 8-17　客户概览

2.2　客户列表

在卖家后台点击"客户管理"—"客户列表",如图 8-18 所示。

图 8-18　客户列表

　　点击勾选客户，可对客户进行更新阶段、更新采购意向、更新采购品类、更新跟进小记、移入公海、转移给他人、添加至客群等操作，如图 8-19 所示。

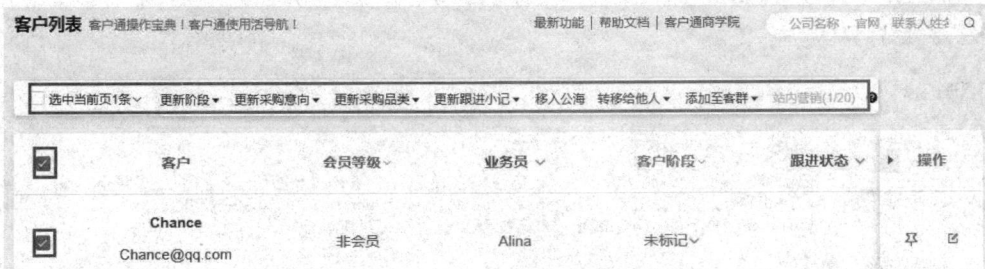

图 8-19　客户列表相关操作

　　点击操作下方编辑按钮，如图 8-20 所示，可编辑跟进信息，选择快捷标签，并记录客户最新进展，可进行移入公海、移入回收站、转移给他人等操作，编辑完成后点击"提交"，如图 8-21 所示。还可编辑更多信息，包括客户阶段、年采购额、采购意向、商业类型、采购品类，编辑完成后点击"提交"。

图 8-20　客户信息编辑

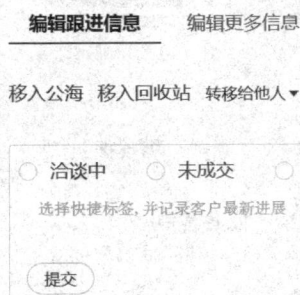

图 8-21　编辑跟进信息

　　点击待添加右侧箭头，点击添加线下客户，如图 8-22 所示。填写公司名称、联系人邮箱等建档必填信息，填写完成后点击提交。

图 8-22　添加线下客户

点击待添加右侧箭头，点击批量添加新客户，按提示填写完成后点击提交，如图 8-23 所示。

图 8-23　添加客户资料

2.3　公海客户

在卖家后台点击"客户管理"—"公海客户"，如图 8-24 所示。

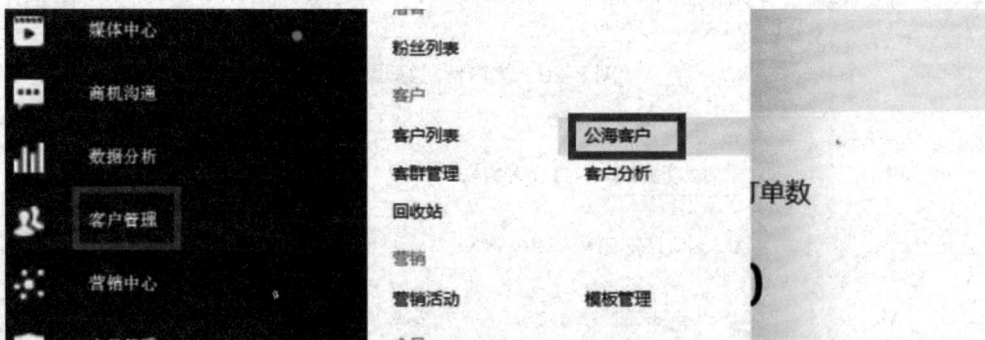

图 8-24　公海客户

点击勾选客户，可进行加为我的客户、分配给业务员、添加至客群、移入回收站等操作，也可点击操作下方按钮，将客户添加至客户列表，如图 8-25 所示。

图 8-25　添加公海客户

2.4　客群管理

在卖家后台点击"客户管理"—"客群管理"，如图 8-26 所示。

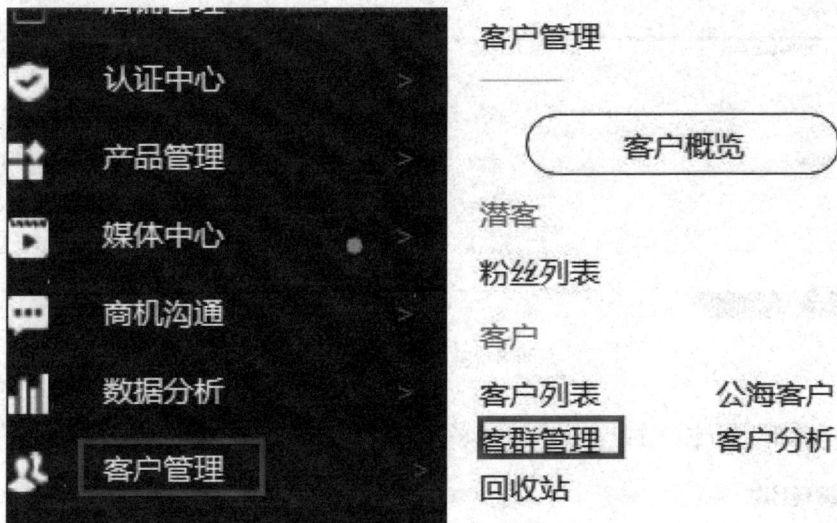

图 8-26　客群管理

点击新建固定客群，如图 8-27 所示。

图 8-27　新建固定客群

填写名称、范围、描述，填写完成后点击保存，如图 8-28 所示。

图 8-28　新建客群

利用最上方的筛选条件筛选客户，勾选需要添加的客户，点击添加选中客户，如果需要添加全部客户，则点击全部添加，如图 8-29 所示。

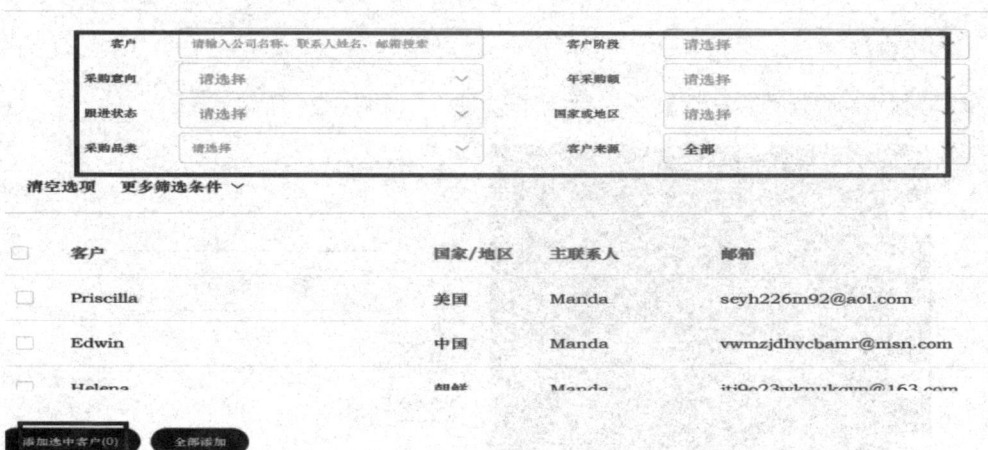

图 8-29　筛选客群

可对固定客群进行编辑或删除，如图 8-30 所示。

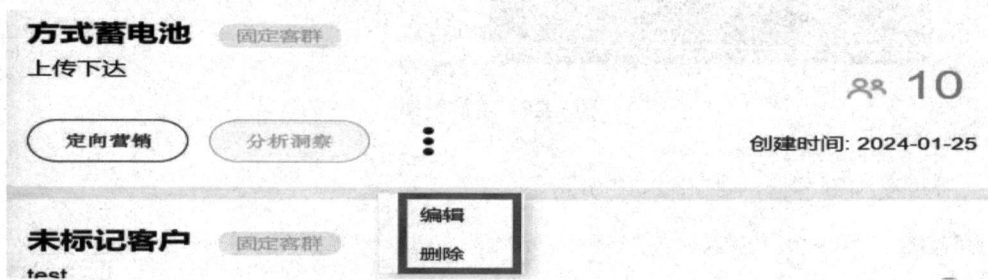

图 8-30　编辑固定客群

2.5　客户分析

在卖家后台点击"客户管理"—"客户分析"，如图 8-31 所示。

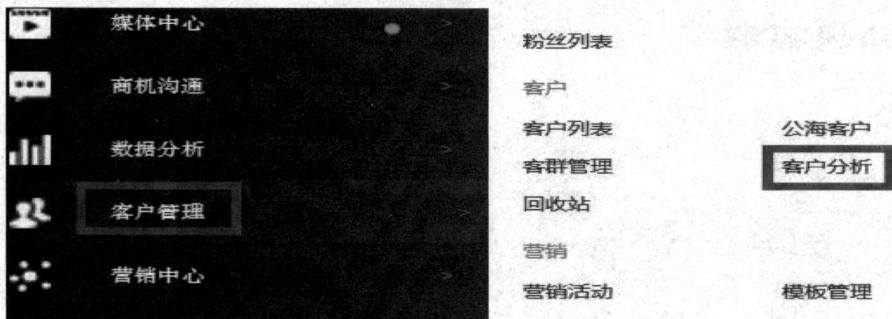

图 8-31　客户分析

可查看客户分析，包括客户全链路分析、客户全网偏好、客户行为分布、客户构成分析，如图 8-32 所示。

图 8-32　客户全链路分析

2.6　营销活动

在卖家后台点击"客户管理"—"营销活动"，如图 8-33 所示。

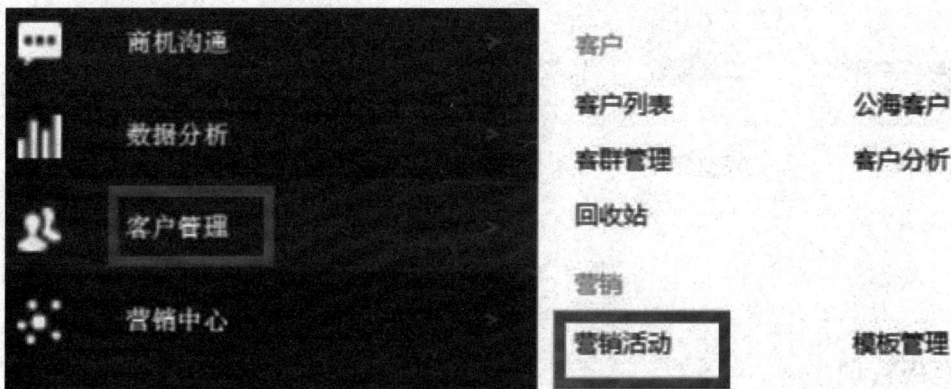

图 8-33　营销活动

点击"新建 EDM 营销"，如图 8-34 所示。

图 8-34　新建 DME 营销

填写活动信息与投放信息，填写完成后点击保存草稿或活动生效，如图 8-35 所示。若邮件模板下拉显示无数据，则点击后面的新建模板（操作与"客户管理"—"模板管理"下的新建模板相同），完成模板创建后，回到图 8-34 页面继续操作。

图 8-35　创建模板

点击"查看效果",如图 8-36 所示。

目标客户群体	投放渠道	投放成功客户	负责人	操作
未标记客户	营销邮件	7	admin	查看效果

图 8-36　查看效果图

2.7　模板管理

在卖家后台点击"客户管理"—"模板管理",如图 8-37 所示。

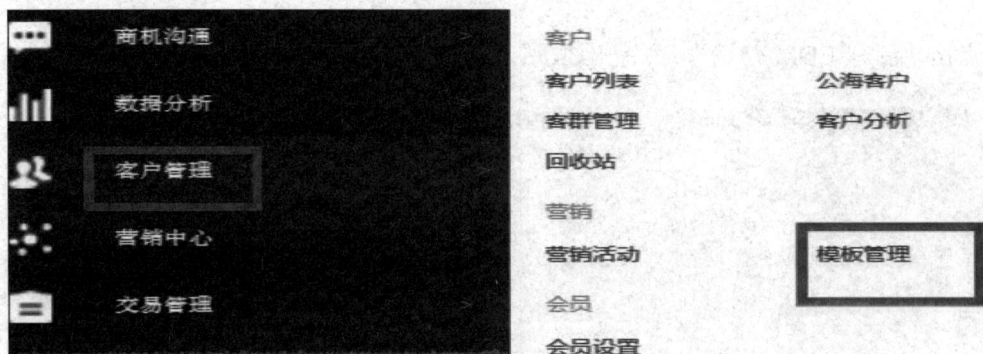

图 8-37　模板管理

可对邮件模板进行预览、编辑与删除等操作,如图 8-38 所示。

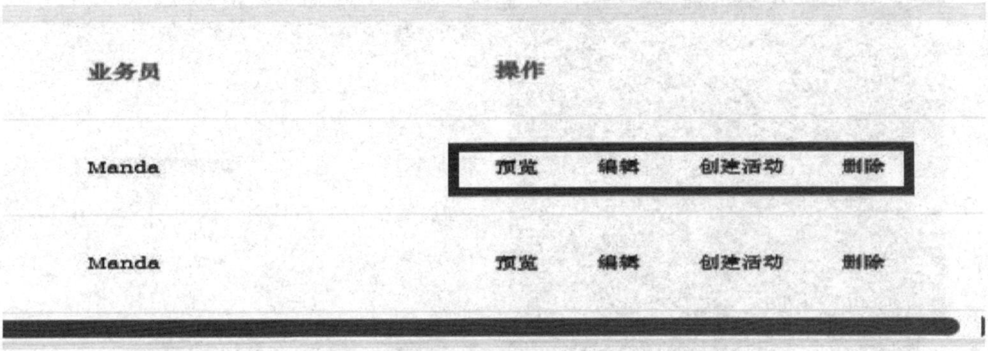

业务员	操作			
Manda	预览	编辑	创建活动	删除
Manda	预览	编辑	创建活动	删除

图 8-38 预览邮件模板

点击"新建模板"，如图 8-39 所示。

邮件模板

新建模板　　模板库

图 8-39 新建模板

填写模板名称、描述、邮件主题、邮件内容，填写完成后，点击发布或保存为草稿，如图 8-40 所示。

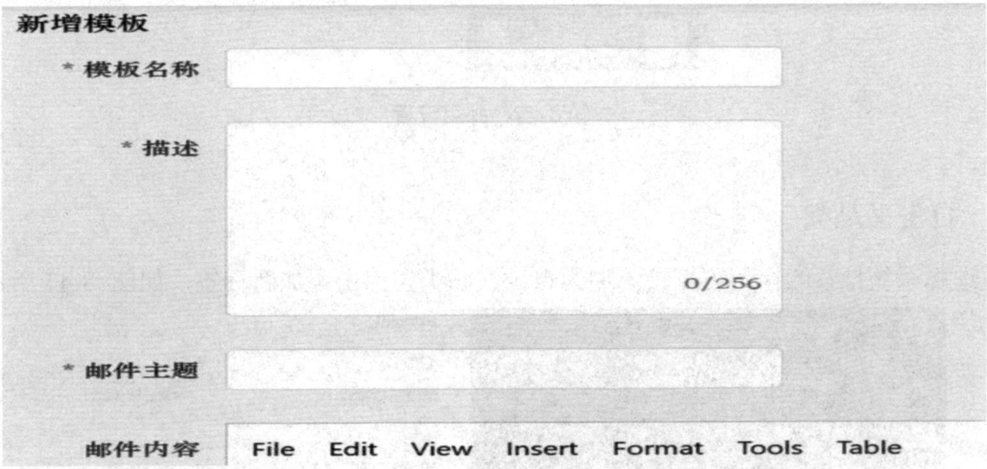

新增模板

* 模板名称

* 描述

0/256

* 邮件主题

邮件内容　File　Edit　View　Insert　Format　Tools　Table

图 8-40 填写模板

2.8 EDM 设置

在卖家后台点击"客户管理"—"EDM 设置"，如图 8-41 所示。

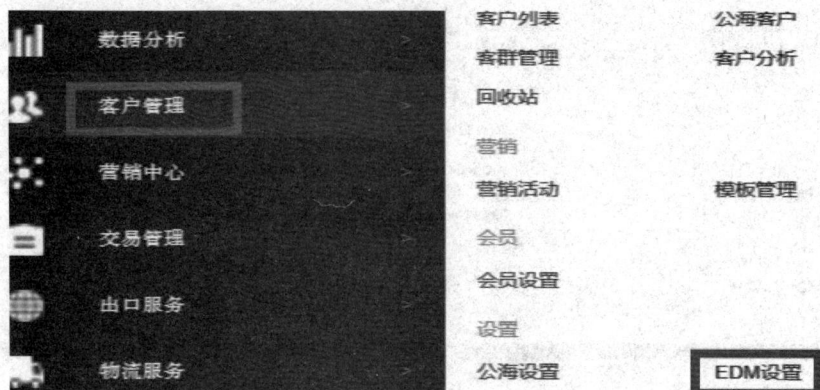

图 8-41　EDM 设置

完成阿里云 DM 设置与回信邮箱设置，填写完成后点击保存，如图 8-42 所示。

图 8-42　邮箱设置

2.9　自定义品类

选择系统推荐的标签可直接添加为自定义品类，点击添加新标签，如图 8-43 所示。

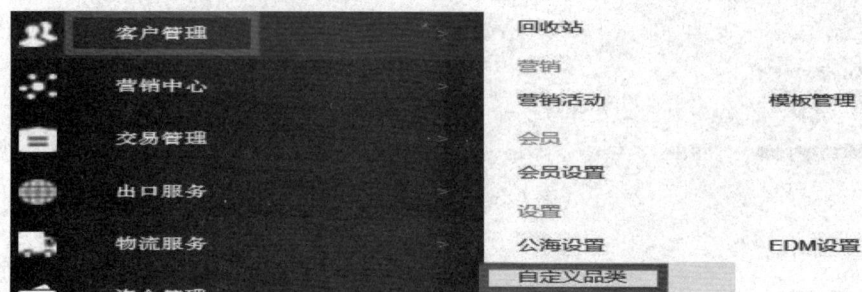

图 8-43　自定义品类

出现添加新标签的弹窗，如图 8-44 所示。

图 8-44　添加弹窗

输入标签名称，点击确定，则可将其添加为自定义品类，如图 8-45 所示。

图 8-45　添加新标签

任务三　设置营销中心

3.1　外贸直通车

在卖家后台点击"营销中心"—"外贸直通车"，如图 8-46 所示。

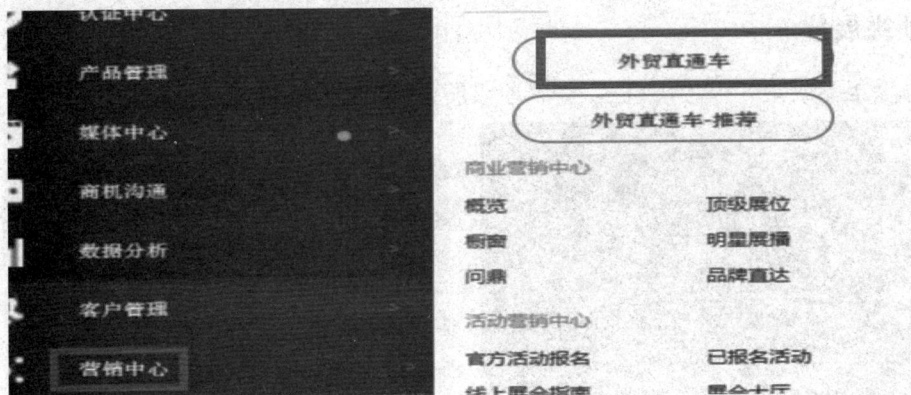

图 8-46　外贸直通车

查看推广数据，如图 8-47 所示。

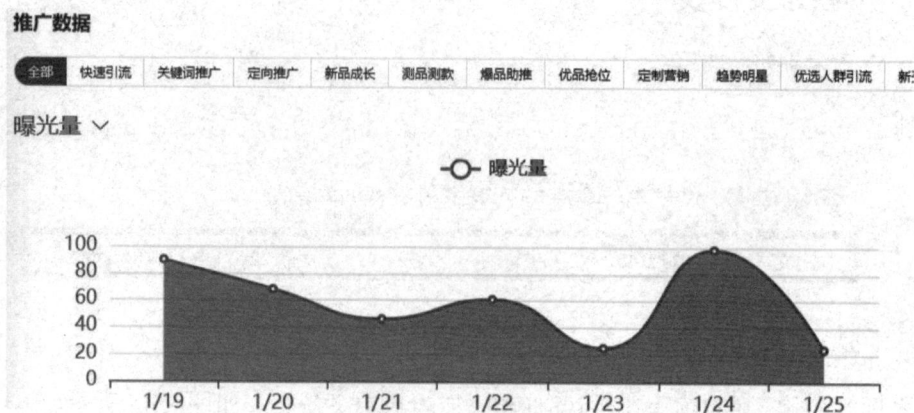

图 8-47　推广数据

新建推广活动，如图 8-48 所示。

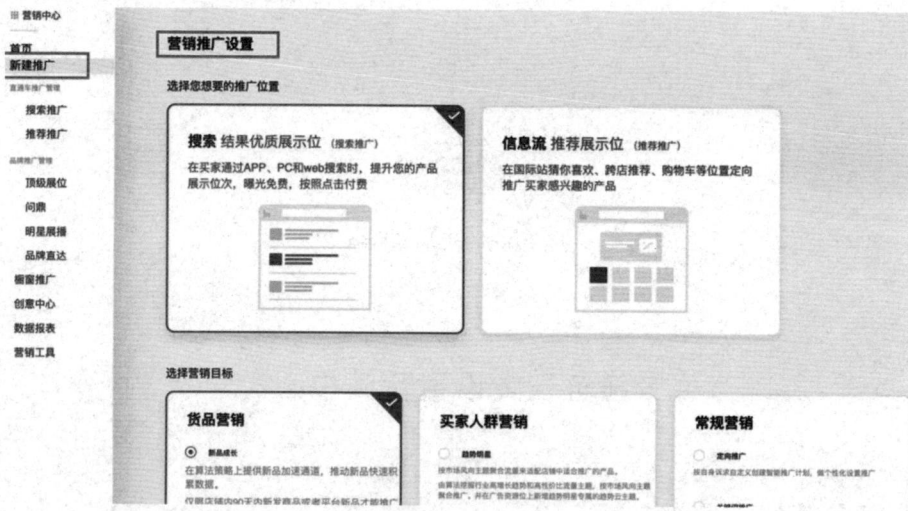

图 8-48　新建推广

3.2　顶级展位

在卖家后台点击"营销中心"—"顶级展位"，如图 8-49 所示。

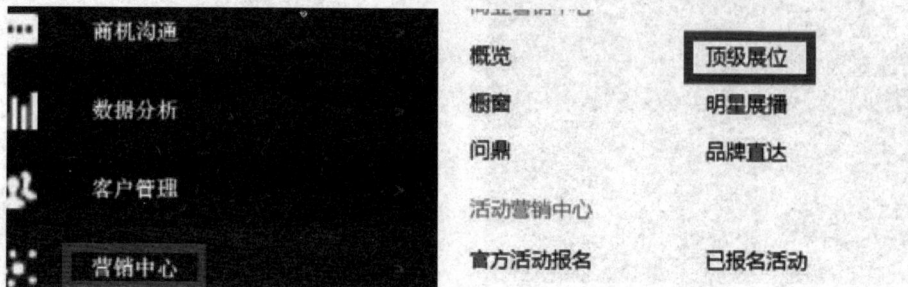

图 8-49　顶级展位

点击"立即申请"，如图 8-50 所示。

顶级展位

"顶级展位"是Alibaba.com为您专设的独家推广位，以帮助您提升
Alibaba.com关键词搜索结果展示区域第一位的最优曝光资源，
广，获得更精准的曝光。

立即申请 （仅限出口通、金品诚企会员）

服务商

图 8-50　申请展位

填写申请人信息，填写完成后点击"确定申请"，如图 8-51 所示。

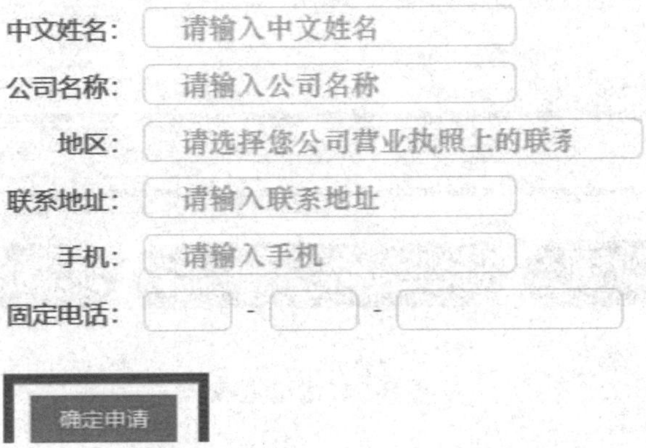

中文姓名：请输入中文姓名
公司名称：请输入公司名称
地区：请选择您公司营业执照上的联系
联系地址：请输入联系地址
手机：请输入手机
固定电话：　-　-

确定申请

图 8-51　填写信息

3.3　橱窗

在卖家后台点击"营销中心"—"橱窗"，如图 8-52 所示。

数据分析　　橱窗　　明星展播
　　　　　　问鼎　　品牌直达
客户管理　　活动营销中心
　　　　　　官方活动报名　已报名活动
营销中心　　线上展会指南　展会大厅

图 8-52　橱窗

查看橱窗产品效果和服务中的橱窗，如图 8-53 所示。

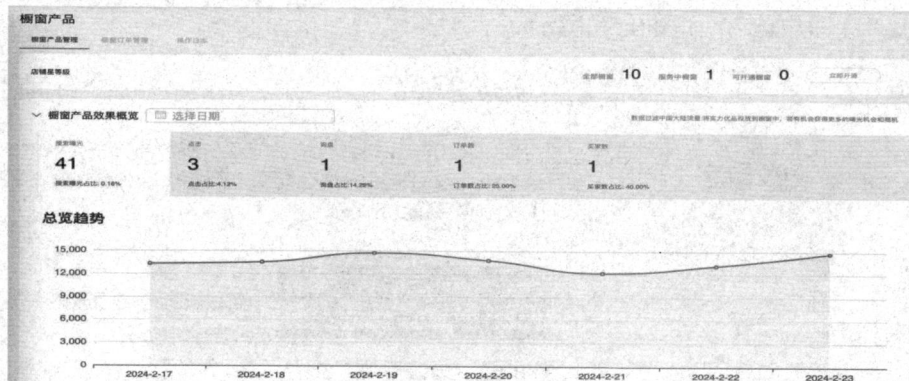

图 8-53　橱窗产品

根据负责人与内容进行搜索，如图 8-54 所示。

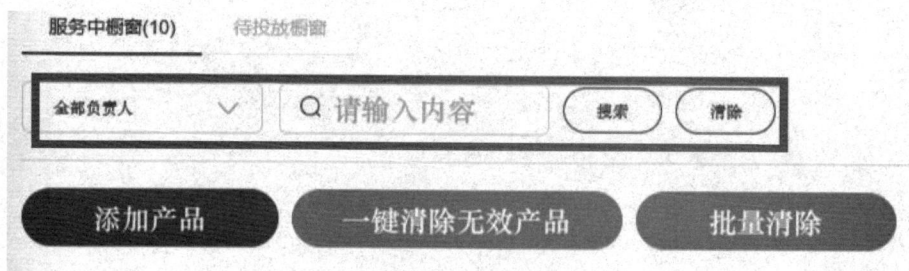

图 8-54　橱窗搜索

点击"添加产品"，如图 8-55 所示。

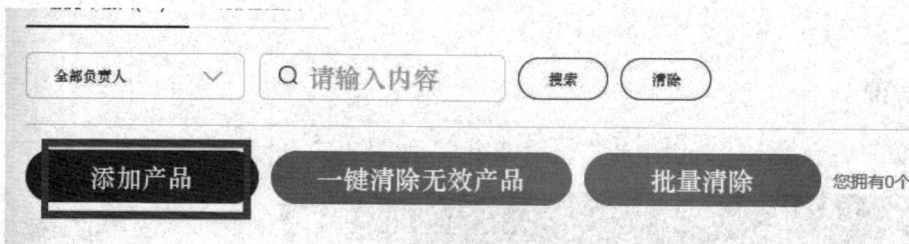

图 8-55　添加产品

勾选需要添加的产品，点击确定，如图 8-56 所示。

图 8-56　勾选产品

勾选产品，可点击"一键清除无效产品""批量清除"，如图 8-57 所示。

图 8-57　清除产品

3.4　官方活动报名

在卖家后台点击"营销中心"—"官方报名活动"，如图 8-58 所示。

图 8-58　官方活动报名

查看公司信息、频道导购和行业活动，如图 8-59 所示，点击"我要报名"。

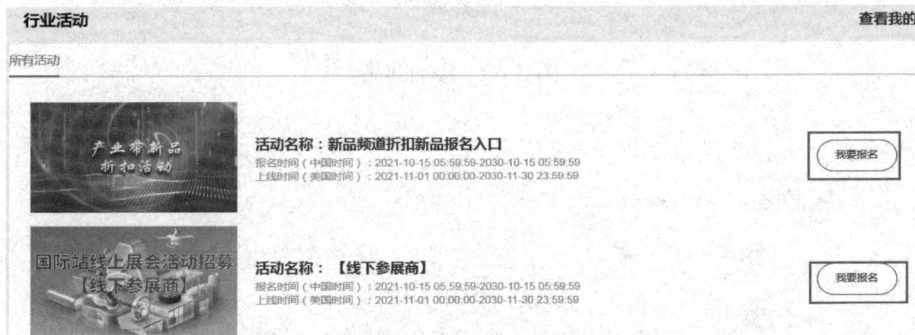

图 8-59　我要报名

进入活动的详情页面，可查看活动信息、资质要求和简介等内容，如图 8-60 所示。

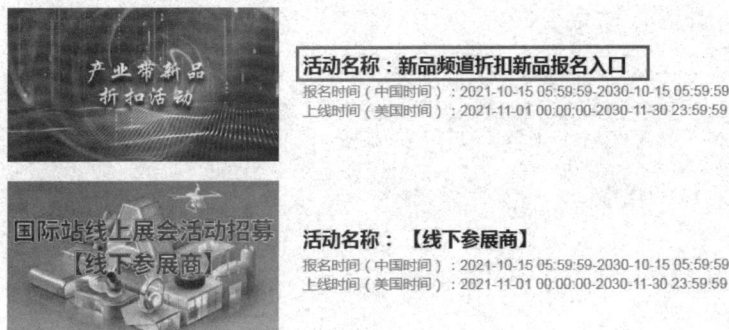

图 8-60　详情页面

阅读相关信息后，点击"下一步"，查看注意事项，点击"提交报名"，如图 8-61 所示。

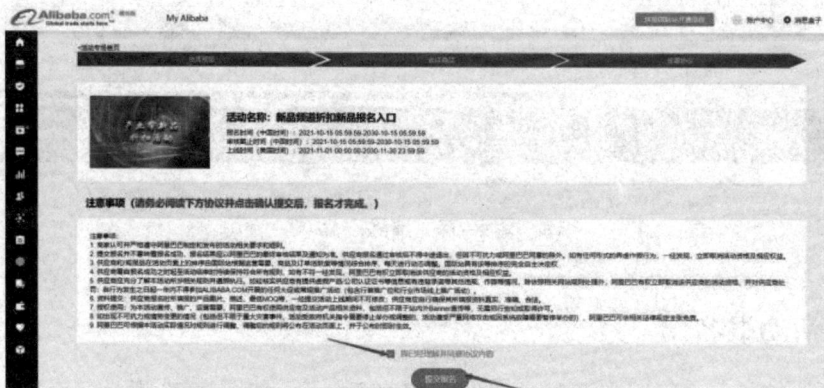

图 8-61　相关信息

点击"添加商品"，如图 8-62 所示。

图 8-62　添加商品

勾选参加活动的产品，如图 8-63 所示。

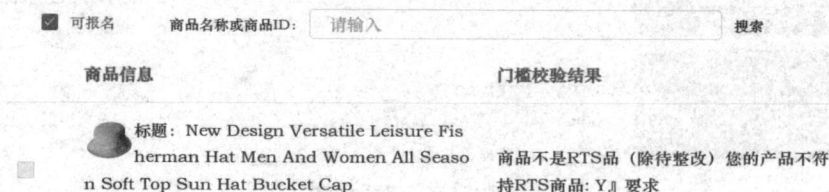

图 8-63　勾选产品

点击"确认"，如图 8-64 所示。

图 8-64　点击确认

填写适用渠道、发货地、活动库存量、折扣设置等信息，点击"下一步"，如图 8-65 所示。

图 8-65 适用渠道

勾选同意协议，点击"提交报名"，如图 8-66 所示。

图 8-66 提交报名

3.5 已报名活动

在卖家后台点击"营销中心"—"已报名活动"，如图 8-67 所示。

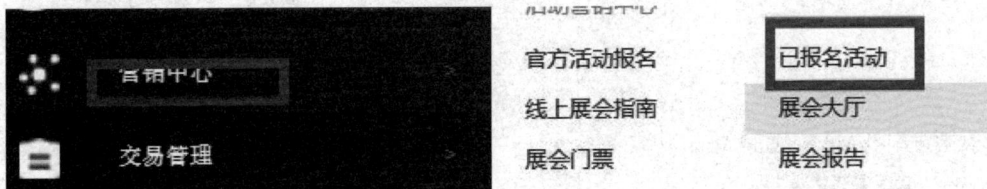

图 8-67 已报名活动

查看已报名活动，点击"查看详情"进行查看，如图 8-68 所示。

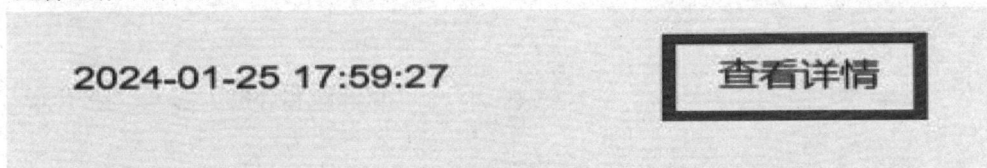

图 8-68 查看详情

3.6 折扣营销

在卖家后台点击"营销中心"—"折扣营销"，如图 8-69 所示。

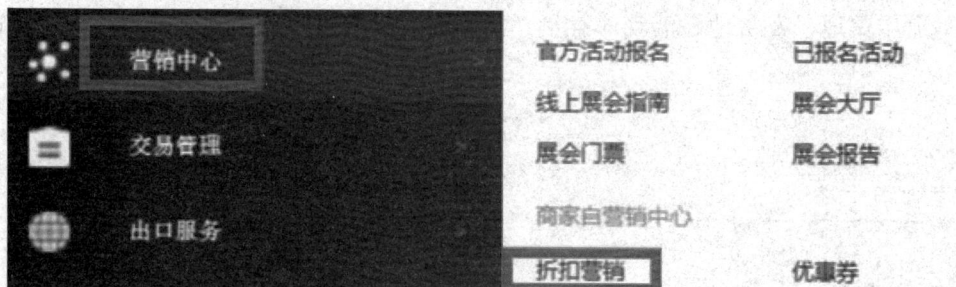

图 8-69　折扣营销

通过活动状态、活动名称搜索，如图 8-70 所示。

图 8-70　活动状态

点击"新建活动"，如图 8-71 所示。

图 8-71　新建活动

填写基本信息，选择商品和优惠折扣，填写完成后创建活动，如图 8-72 所示。

图 8-72　填写活动基本信息

3.7　优惠券

在卖家后台点击"营销中心"—"优惠券"，如图 8-73 所示。

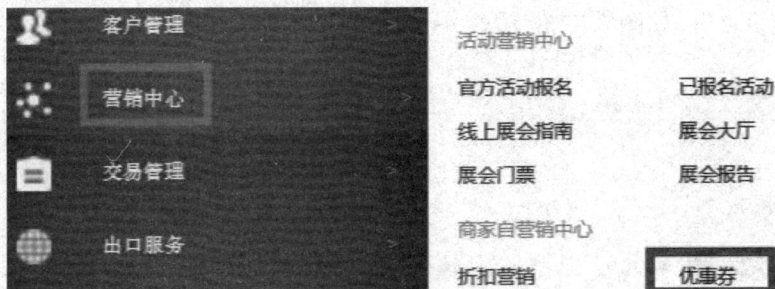

图 8-73　优惠券

点击"创建优惠券"，如图 8-74 所示。

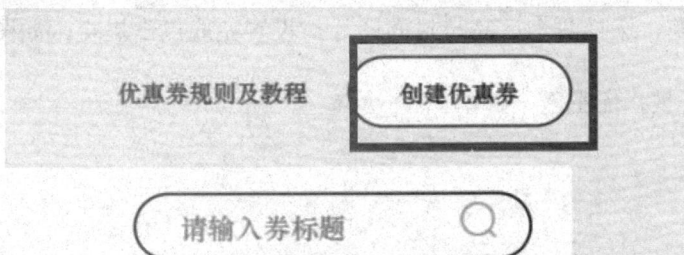

图 8-74　创建优惠券

填写基本信息，填写完成后点击"创建"，如图 8-75 所示。

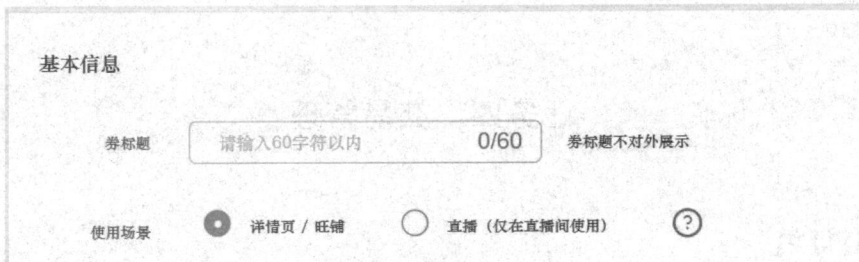

图 8-75　创建页面

3.8　场景搭配

在卖家后台点击"营销中心"—"场景搭配"，如图 8-76 所示。

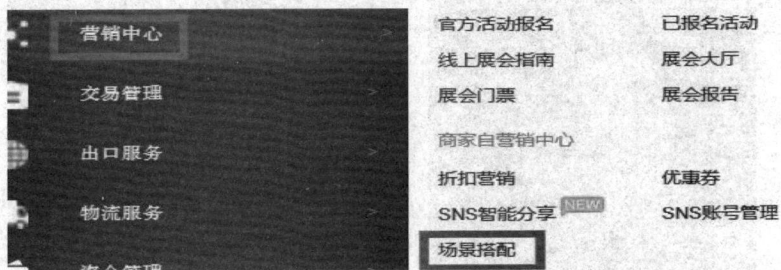

图 8-76　场景搭配

点击"新建组合",如图 8-77 所示。

图 8-77　新建场景搭配

填写组合主题、选择两个产品与封面图片,设置完成点击提交,如图 8-78 所示。

图 8-78　搭配设置

任务四　交易管理

4.1　所有订单

在卖家后台点击"交易管理"—"所有订单",如图 8-79 所示。

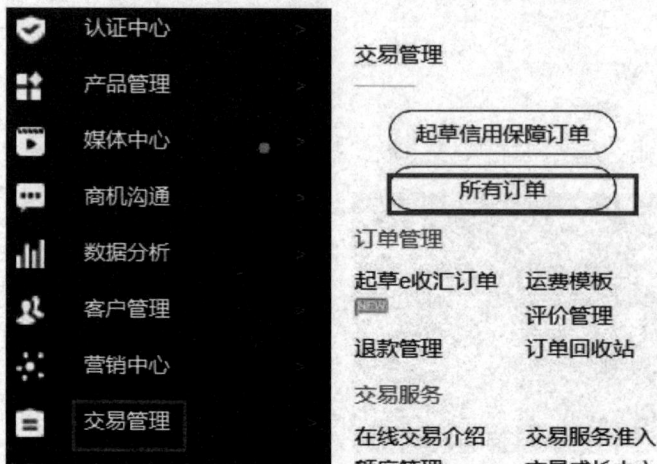

图 8-79　交易管理

可根据订单状态分类查看订单，可对订单进行批量操作，也可修改单个订单，如图 8-80 所示。

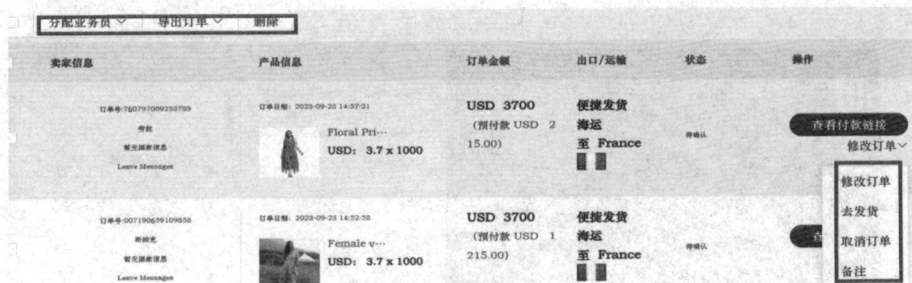

图 8-80 订单状态

4.2 起草信保订单

在卖家后台点击"交易管理"—"起草信用保障订单"，如图 8-81 所示。

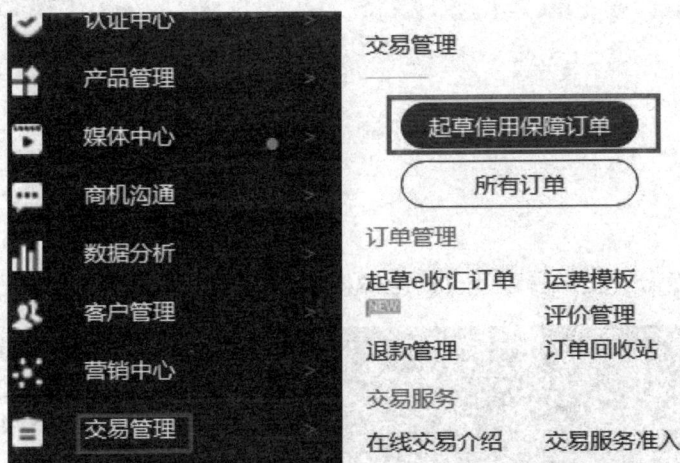

图 8-81 起草信用保障订单

填写订单信息，如图 8-82 所示，填写完成后勾选阅读同意规则，点击"提交"。

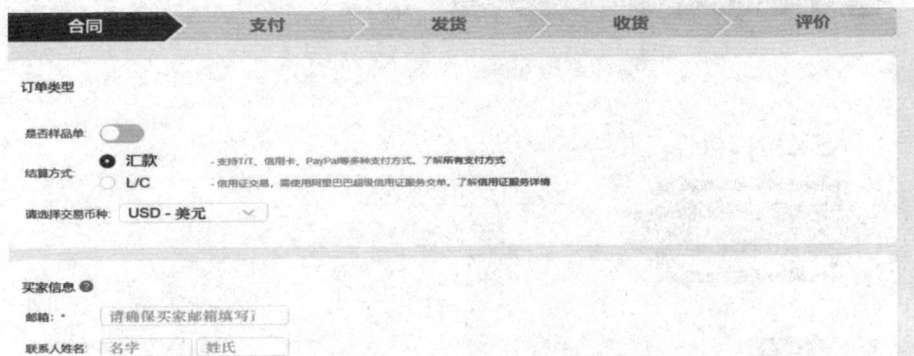

图 8-82 订单信息

4.3　起草 e 收汇订单

在卖家后台点击"交易管理"—"起草 e 收汇订单",如图 8-83 所示。

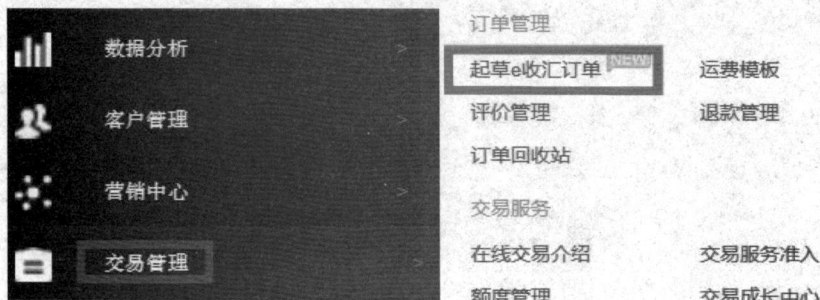

图 8-83　起草 e 收汇订单

填写订单信息,填写完成后勾选阅读同意规则,点击"提交订单",如图 8-84 所示。

图 8-84　勾选规则

4.4　运费模板

在卖家后台点击"交易管理"—"运费模板",如图 8-85 所示。

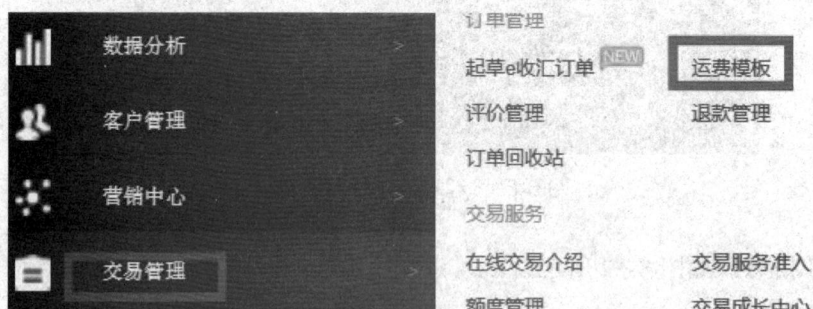

图 8-85　运费模板

点击"新建运费模板",如图 8-86 所示。

图 8-86　新建运费模板

弹出窗口，选择发货地，如图 8-87 所示。

图 8-87　选择发货地

填写信息，填写完成后点击"保存运费模板"，如图 8-88 所示。

图 8-88　保存运费模板

4.5　退款管理

在卖家后台点击"交易管理"—"退款管理"，如图 8-89 所示。

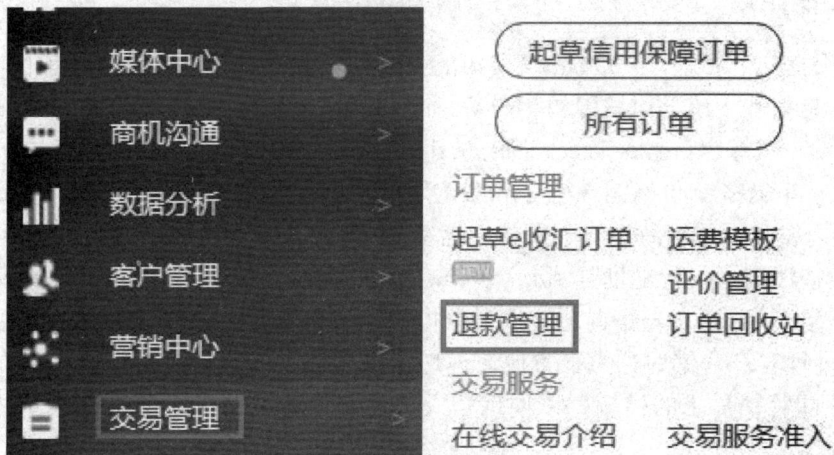

图 8-89　退款管理

可对退款订单进行管理，如图 8-90 所示。

图 8-90　退款订单管理

4.6　订单回收站

在卖家后台点击"交易管理"—"订单回收站"，如图 8-91 所示。

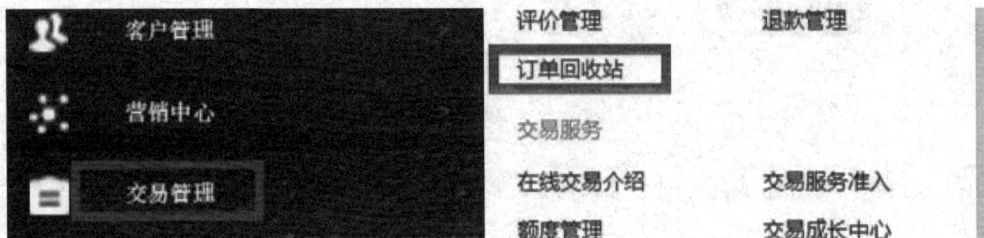

图 8-91　订单回收站

点击恢复订单，可对已删除的订单进行重置，如图 8-92 所示。

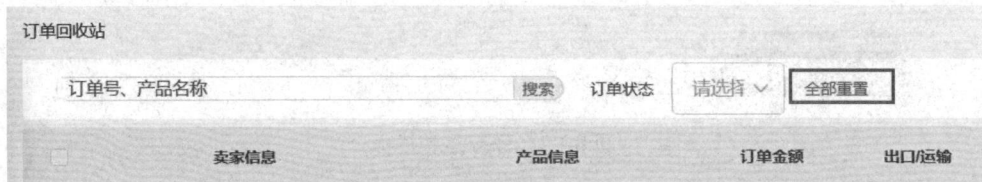

图 8-92　重置订单

【实训拓展操作】

1．请根据如下要求，帮助 ABC 公司的女装外贸业务员起草一份信保订单。

订单信息如下：该公司法国的客户 Césaire Joffre（邮箱：Andy011@gmail.com）订购了蕾丝长裙 1 000 条（Female v-neck seaside floral dress ladies clothing Bohemian style holiday beach women dresses），价格为 5.6 美元/条。预付款为总价的 30%。供应商收齐到账全款后 7 个自然日内发货，采用海运线下发货，运费 60 美元，要求"装运港船上交货"，便捷发货。货物发往法国（收货地址是 Add：3 Rue de la courneuve 8676 Bessay，Vendée France）

产品质量要求：裙子出厂前已完成质量检验（备注：需翻译成英文填写在备注内容中）。

2．在进行客户营销时，为了方便快速地给众多客户发送邮件，可以提前在邮件模板中创建好不同营销需求的模板，以便运营人员使用，请按照以下要求完成新增邮件营销模板。

（1）模板名称：Promotion。

（2）描述：自拟。

（3）邮件主题：Promote sales。

（4）邮件内容自行设置，大意为通知客户我们店铺正在搞促销活动（需使用英文）。

3．在国际站运营中，产品数据运营不佳，将严重影响店铺的信息展示分，运营人员需要定期对店铺内的异常产品进行处理，优化这些零效果产品。请在实训平台中找一个零效果产品，对其产品信息进行优化，以提升其产品质量分。

项目9 亚马逊跨境电商平台操作（上）

【立德树人园地】

培养学生对支付方式的认知，树立资金安全意识，具备规避常见支付陷阱的能力；履行依法纳税的义务，具有诚信意识和契约精神；鼓励学生关注时事政治，关注人民币国际化对跨境电商支付的影响。

【实训任务引领】

操作亚马逊全球开店流程，为某一企业或者自己的企业试着注册亚马逊美国站的店铺，并总结亚马逊全球开店应该具备的条件。

任务一 了解亚马逊跨境电商平台

亚马逊（Amazon）是全球最大的电子商务公司之一，成立于1994年，总部位于美国华盛顿州西雅图，最初只经营网络书籍销售业务，后来扩展到销售各种商品和服务。其主要业务包括在线零售、云计算、数字内容和人工智能等。亚马逊在全球有很多站点，平台覆盖了全球多个国家和地区，包括北美站、欧洲站、日本站、澳大利亚站、中东站、印度站等，为跨境卖家提供了进军国际市场的便利条件。

亚马逊跨境电商平台具有如下主要特点：

1）巨大的平台流量：目前亚马逊跨境电商平台覆盖了全球多个国家和地区，每年还在不断增加的新站点，也在不断扩大亚马逊的影响力和辐射范围。亚马逊在全世界拥有数亿Prime会员，网站日均访问量远超大多数跨境电商平台。源源不断的流量也为亚马逊平台的卖家带来了订单和收益。

2）差异化的产品：亚马逊平台上竞争激烈，卖家需要提供高质量的产品，并通过创新和差异化来吸引消费者的注意。亚马逊上有数以亿计的商品种类，涵盖了电子产品、家居用品、服装鞋帽、图书音像、食品饮料等各个领域。这为卖家提供了丰富的销售选择。

3）强大的物流体系：亚马逊拥有全球范围内的物流网络，包括仓储、运输、配送等环节。这使得卖家可以更便捷地将商品送达全球各地的消费者手中。

4）优秀的用户体验：亚马逊致力于提供优质的购物体验。用户可以通过亚马逊的网站或移动应用浏览商品、下单购买，并享受快速配送、安全支付等服务。

5）强大的数据支持：亚马逊平台提供了丰富的数据分析工具和报告，帮助卖家了解销售情况、产品表现、竞争对手等关键信息，从而制定更有效的经营策略。

任务二　设置买家账户信息

2.1　买家账号注册

　　进入亚马逊仿真平台首页后，点击"Account&Lists"—"Sign In"进入亚马逊买家账号登录页面，如图 9-1、图 9-2 所示。点击"Create your Amazon account"进入账号注册页面，输入名字、密码等信息完成账号注册，如图 9-3 所示。

图 9-1　亚马逊买家账号登录页面

图 9-2　亚马逊买家账号注册

图 9-3　成信息注册

2.2　商品搜索

　　注册之后系统跳转到亚马逊平台首页，支持在首页查看主题目录，进行商品搜索等操作，如图 9-4 所示。点开商品详情页，可以查看商品的图片、标题、价格等信息。

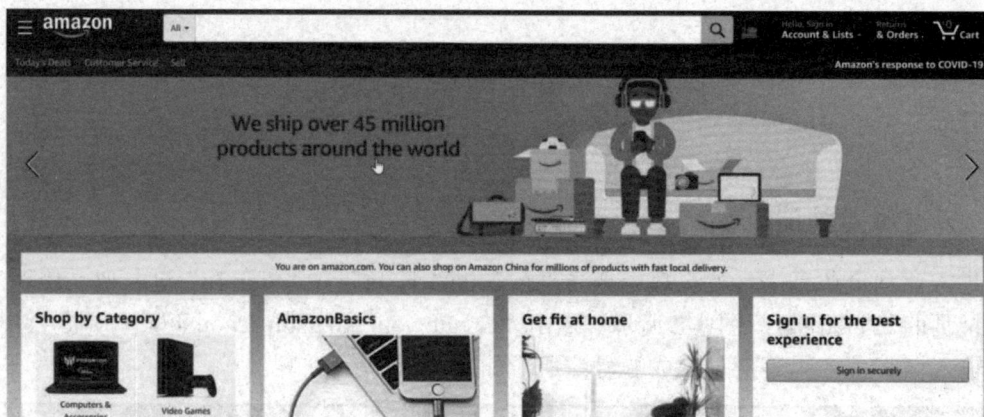

图 9-4　亚马逊首页

2.3　加入购物车

商品加入购物车后，购物车可展示商品名称、价格、运费、购买数量等信息，同时具备商品移出购物车、批量购买与总价结算等功能，如图 9-5 所示。

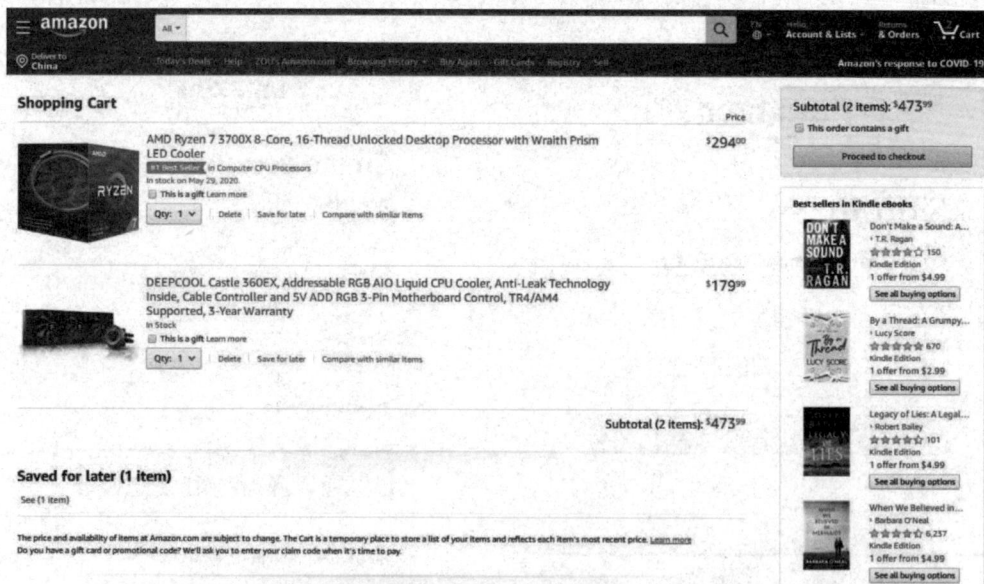

图 9-5　商品购物车

2.4　立即购买

点击立即购买，输入商品送货地址、邮编、电话号码等，也可添加地址，如图 9-6 所示。点击配送地址，跳转到选择货运方式，如图 9-7 所示。

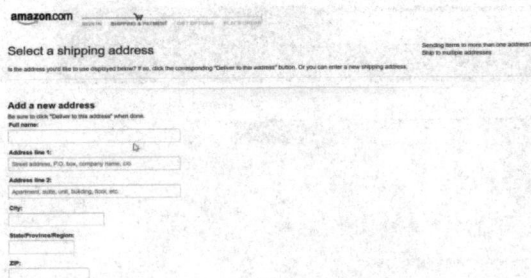

图 9-6　添加地址

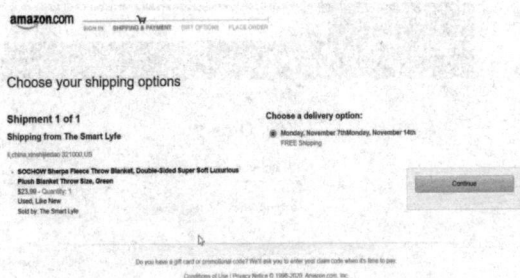

图 9-7　选择货运方式

点击支付方式，或者点击添加新卡支付，亚马逊跨境电商平台支持多种支付方式，具体的支付方式可能会有所不同，取决于选择的国家和地区。以下是一些常见的支付方式：

①信用卡支付：亚马逊通常支持主流的信用卡，如 Visa、MasterCard、American Express 等。

②借记卡支付：借记卡也是一种常见的支付方式，具体支持的卡种可能因地区而异。

③亚马逊礼品卡：卖家可以接受亚马逊礼品卡作为支付方式，这是一种灵活的在线支付方式。

④银行转账：一些国家或地区的卖家可能可以选择银行转账等传统的支付方式。

⑤亚马逊支付服务：亚马逊可提供专门的支付服务，如亚马逊支付（Amazon Pay），为买家提供更方便的支付体验。

检查订单，在填写完配送地址后，仔细检查所填信息，确保没有错误。特别注意国际配送时，确保填写的地址符合目标国家或地区的邮寄要求。确认无误后点击支付方式，完成购买，如图 9-8 所示。

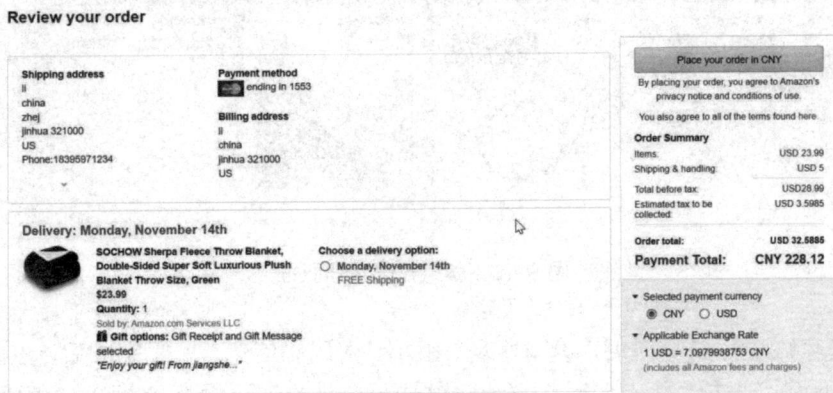

图 9-8　完成订单

2.5　我的订单

可查看我的订单信息，具备订单查看（商品清单、收货信息、支付明细）、筛选与搜索、再次购买等功能，页面如图 9-9 所示。

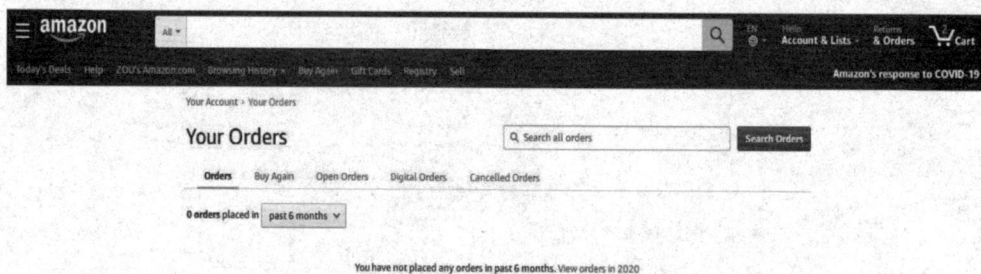

图 9-9　查看我的订单

任务三　设置卖家账户信息

3.1　卖家账号注册

　　进入亚马逊平台首页后，点击"Sell"进入亚马逊卖家账户注册页面，如图 9-10 所示。进入"Amazon seller central"页面后，点击"New to Amazon"进入卖家账号注册页面。

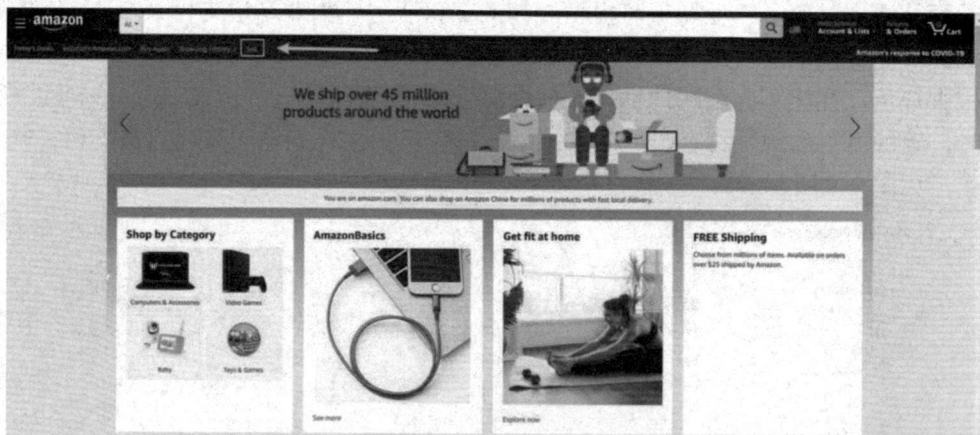

图 9-10　卖家账号注册页面

　　进入卖家账号注册页面后，填写姓名、邮箱、密码等信息，填写完成后，点击"Next"，如图 9-11 所示。点击"Next"后，系统将跳转至登录验证页面。如图 9-12 所示。输入注册时设置的邮箱以及密码，如有需要，也可勾选"Keep me signed in"以保持账号登录状态。填写完成后，点击"Next"。

图 9-11　注册卖家账号

图 9-12　登录验证

选择公司地址及业务类型，填写企业中英文名称，填写完成点击"同意并继续"，如图 9-13 所示。按照要求填写企业资讯、卖家信息、商城、账单、店铺，最后验证这 6 个步骤，依次填写完善，最后点击提交，如图 9-14 所示。签订商业协议，浏览商业协议，浏览完成后点击"同意并继续"。

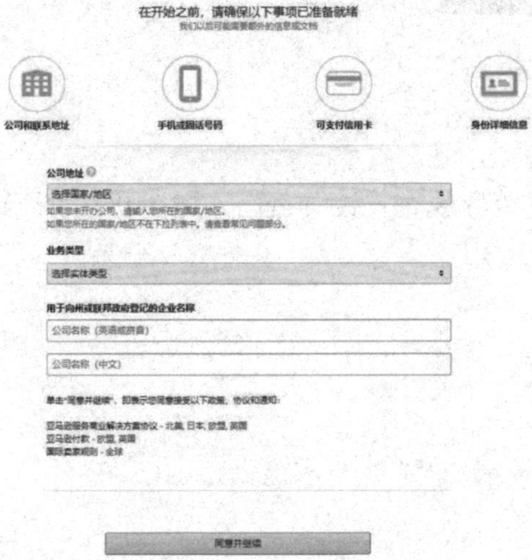

图 9-13　选择公司类型

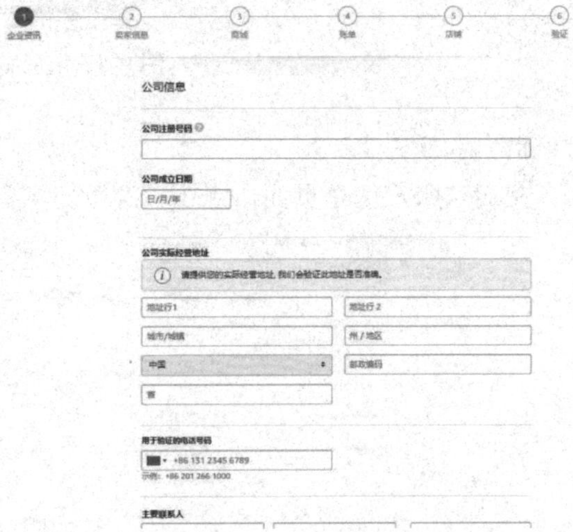

图 9-14　填写公司相关信息

完善商城特定详细信息，勾选并注册商城，完成后点击"下一页"，如图 9-15 所示。点击"转至北美商城"，即可开始浏览卖家平台，如图 9-16 所示。

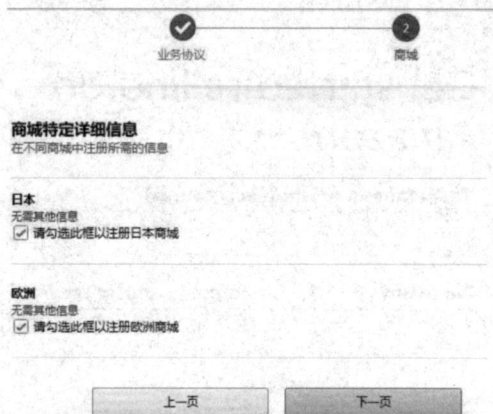

图 9-15   完成商城协议

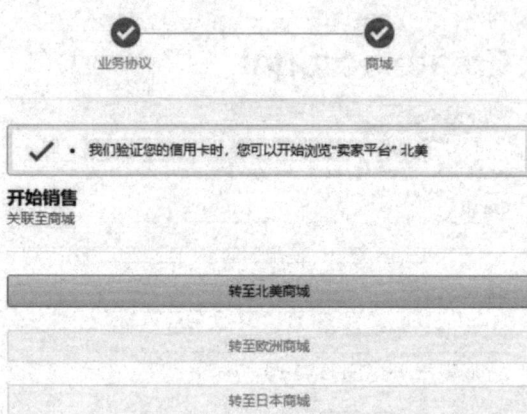

图 9-16   选择商城

3.2   付款信息

进入卖家后台，点击页面右上方的"设置"，选择"账户信息"子菜单，如图 9-17 所示，进入"卖家账户信息"页面。

图 9-17   进入"账户信息"

（1）存款方式

在卖家账户信息页面，点击"存款方式"，进入存款方式设置页面，如图 9-18 所示。

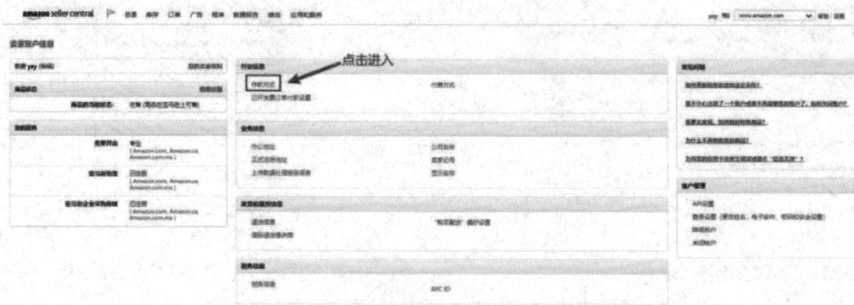

图 9-18   进入"存款方式"设置

在存款方式设置页面，点击"添加新的存款方式"。选择要添加新存款方式的商城，选择完成后点击"添加"，如图 9-19 所示。

图 9-19　选择新的付款方式

填写银行账户相关信息，勾选首信易支付条款，点击"设置存款方式"。亚马逊跨境电商平台通常支持多种存款方式，如信用卡、借记卡、银行账户扣款、礼品卡余额、亚马逊券等，以便卖家支付相关费用。

在存款方式设置页面，在已添加的存款方式下，点击"替换存款方法"，可以对存款方式内容进行修改。

（2）付费方式

在卖家账户信息页面，点击"付费方式"，进入付费方式设置页面。在付费方式设置页面，点击"更换付费方式"，如图 9-20 所示。更改信用卡信息与账单地址相关信息，编辑完成后点击"设置付款方式"，如图 9-21 所示。

图 9-20　更换付费方式

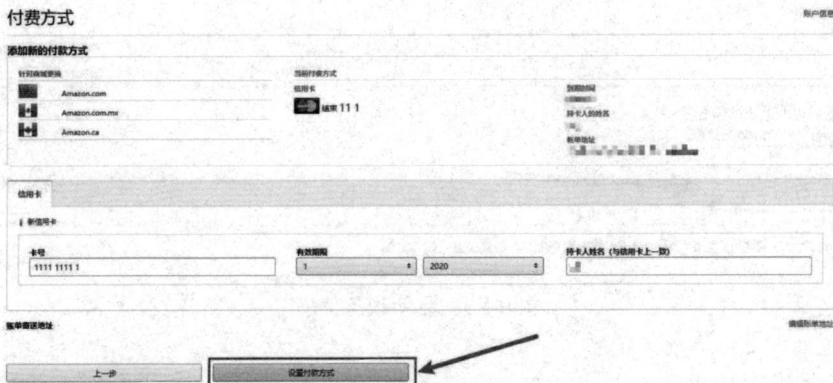

图 9-21　设置付费方式

（3）已开发票订单付款设置

在卖家账户信息页面，点击"已开发票订单付款设置"，进入开发票订单付款设置页面。完成开发票订单付款设置，设置完成后点击"保存更改"。

3.3 业务信息

（1）我的订单

办公地址：在卖家账户信息页面，点击"业务信息"下的"办公地址"，如图9-22所示。在公司地址页面，点击"编辑地址"，在"编辑地址"页面可以更改公司地址的信息。点击"编辑地址"后，可编辑姓名、地址、邮编、主要电话等信息，修改后点击提交完成地址的更改。

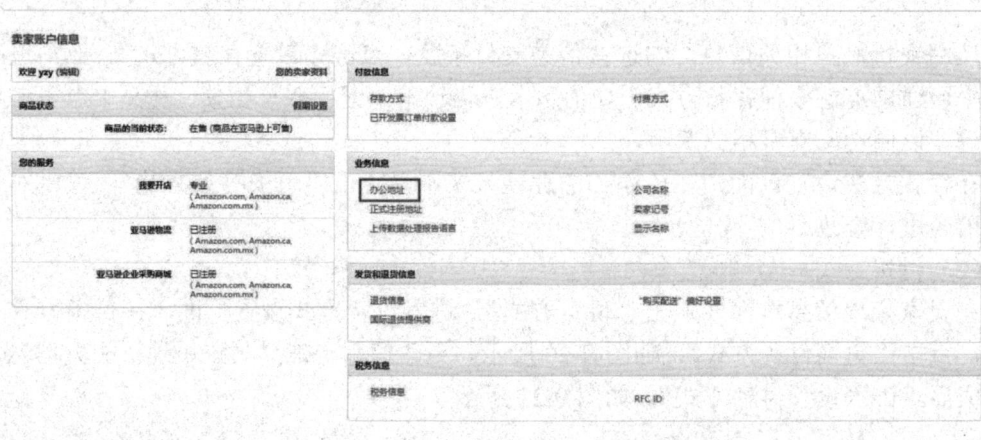

图 9-22　业务信息——办公地址

（2）公司名称

在卖家账户信息页面，点击"业务信息"下的"公司名称"。要更新法律实体名称或地址，必须通过单击"更新税务信息"以重新进行税务审查，点击"更新税务信息"，如图9-23所示。完善个人简介与纳税身份信息，填写完成后点击"继续"，完成签名并提交。

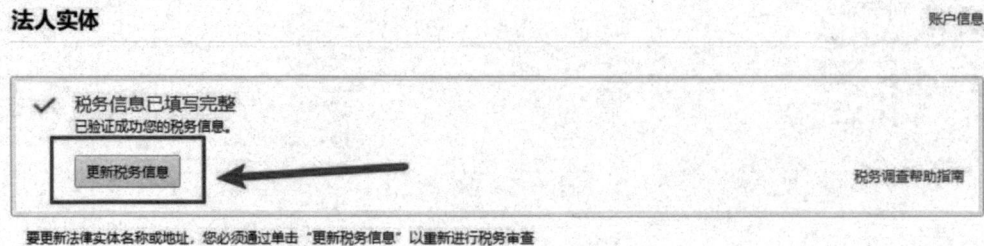

图 9-23　更新税务信息

（3）正式注册地址

在卖家账户信息页面，点击"正式注册地址"进入页面。可查看正式注册地址信息。

（4）卖家记号

在卖家账户信息页面，点击"卖家记号"，可以查看卖家标记的具体信息。

（5）上传数据处理报告语言

在卖家账户信息页面，点击"上传数据处理报告语言"，点击"变更语言"，再点击"更新"可以变更数据源处理报告所使用的语言。

（6）显示名称

在卖家账户信息页面，点击"编辑""您的卖家资料"，点击"显示名称"，可以查看具体的卖家信息，如图 9-24 所示。

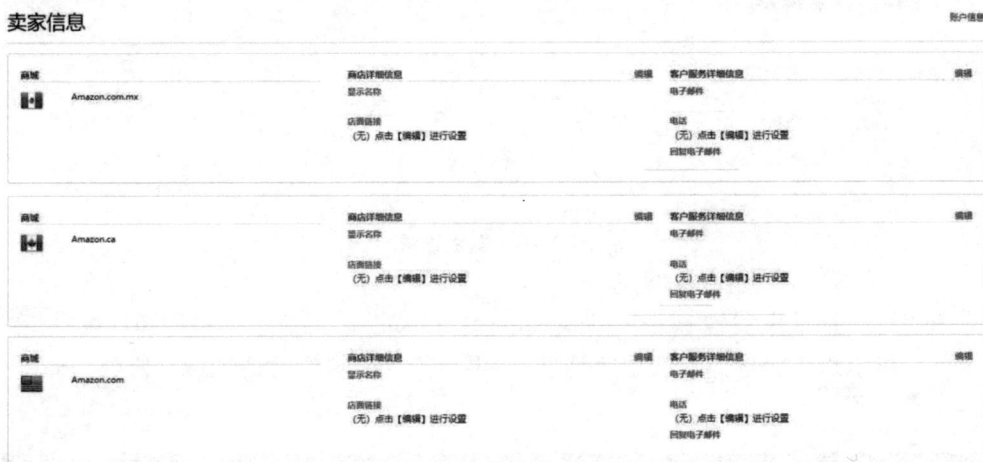

图 9-24　具体卖家信息

点击"商店详细信息"后的"编辑"可以编辑商店的信息；点击"客户服务详细信息"后的"编辑"可以编辑客户的服务详细信息。

3.4　发货和退货信息

（1）退货信息

在卖家账户信息页面，点击"发货和退货信息"下的"退货信息"，如图 9-25 所示。完成退货设置的常规设置，设置完成后点击"保存设置"，如图 9-26 所示。

图 9-25　退货信息

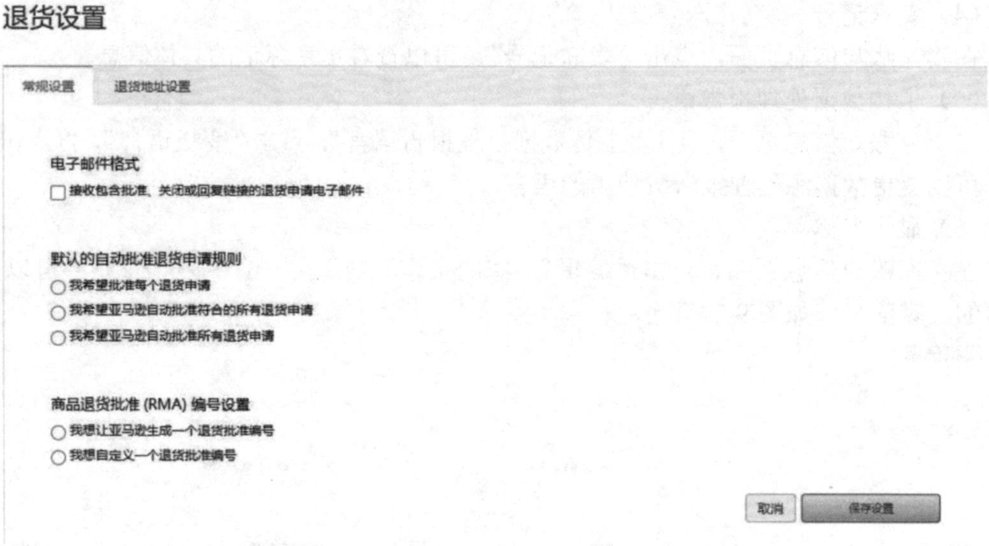

退货设置

图 9-26　退货设置

点击"退货地址设置"，点击"管理您的退货地址"，再点击"添加新地址"；已有地址情况下，可以点击管理"您的退货地址"，再点击"编辑"对地址进行修改，如图 9-27所示。

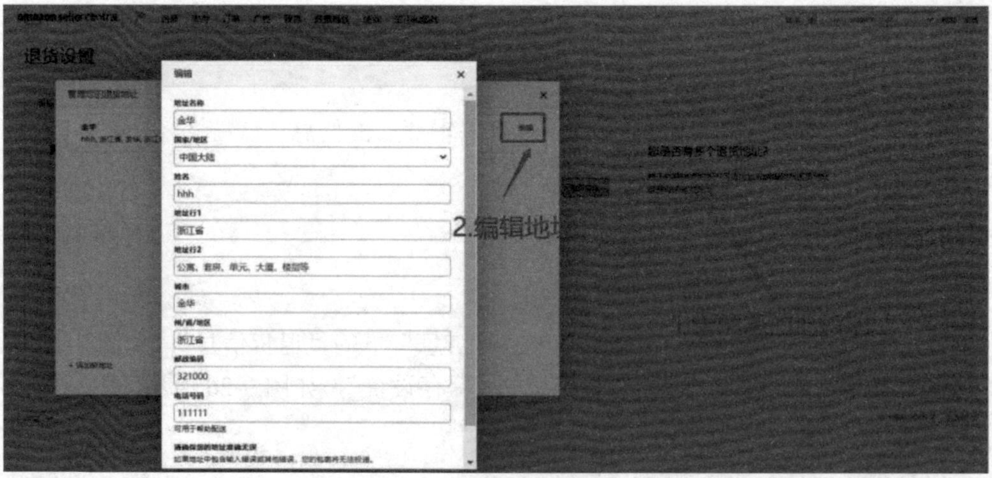

图 9-27　修改退货地址

（2）"购买配送"偏好设置

在卖家账户信息页面，点击"发货和退货信息"下的"购买配送"偏好设置。设置标准包裹尺寸、确认设置和保险设置，设置完成后点击"保存"，如图 9-34 所示。

（3）国际退货提供商

在卖家账户信息页面，点击"发货和退货信息"下的"国际退货供应商"。在这个页面卖家可以根据个性化需求，来选择需要的供应商，如图 9-28 所示。

图 9-28　选择供应商

3.5　税务信息

（1）税务信息

在卖家账户信息页面，点击页面右上方的"设置"，选择"税务设置"子菜单，或者在卖家账户信息页面，点击"税务信息"，如图 9-29 所示。点击"更新税务信息"，如图 9-30 所示。

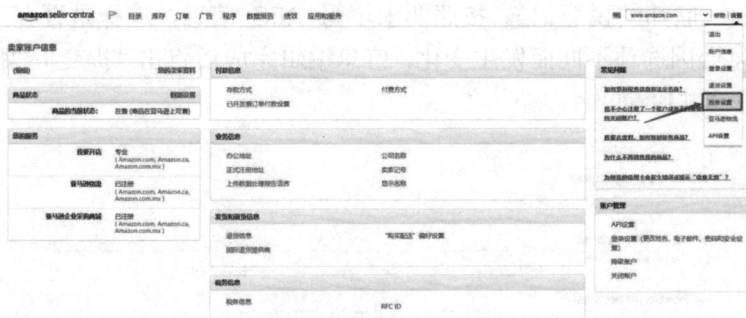

图 9-29　税务设置

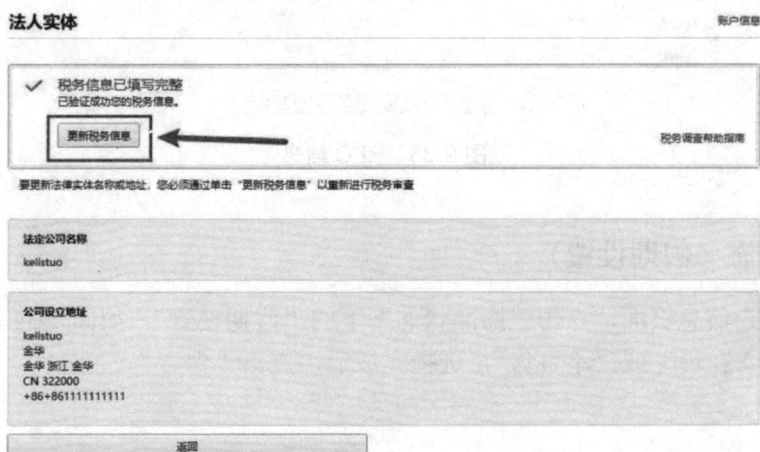

图 9-30　更新税务信息

完善个人简介与纳税身份信息，填写完成后点击"继续"，如图9-31所示。完成签名并提交，如图9-32所示。

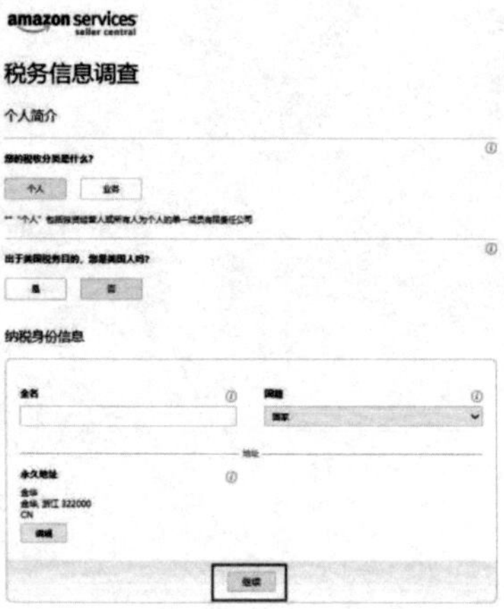

图 9-31　完善个人简介和纳税身份信息

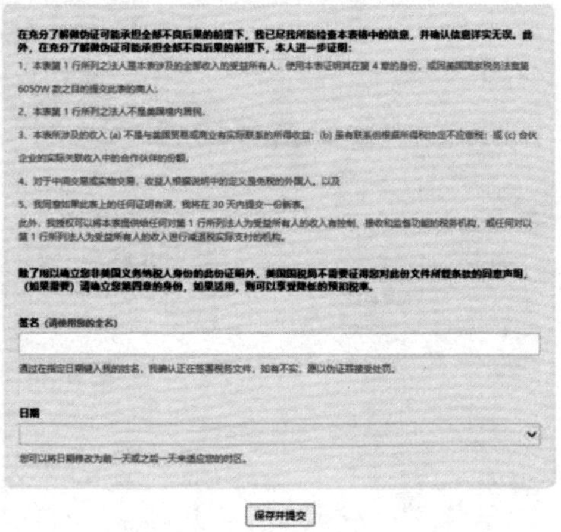

图 9-32　签名提交

（2）RFC ID

在卖家账户信息页面，点击"税务信息"下的"RFC ID"（Registro Federal de Contribuyentes——联邦纳税登记）。按照要求填写 RFC 信息，选择是否有 RFC 编号时，需要填写的信息会因选项不同而发生变化，信息编辑完成后点击"提交"，如图9-33所示。

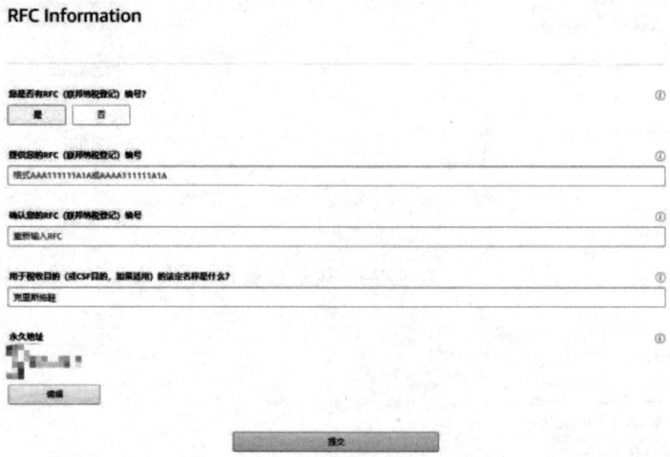

图 9-33　RFC 信息

3.6　商品状态（假期设置）

在卖家账户信息页面，点击"商品状态"下的"假期设置"，如图9-34所示。不同的站点可以选择"在售"或"不可售"，选择完成后，点击"保存"。

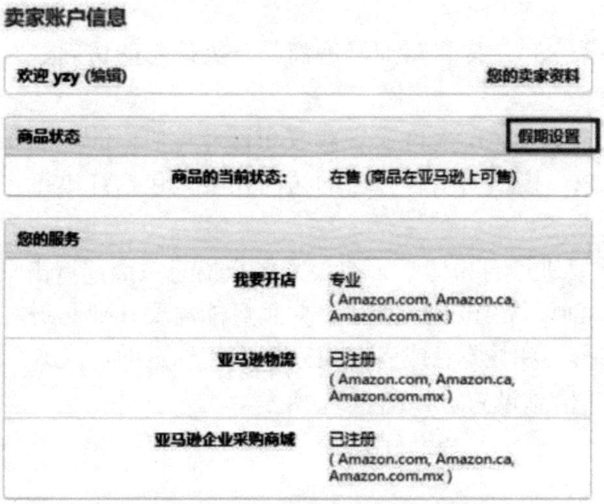

图 9-34 假期设置

3.7 常见问题

在卖家账户信息页面，点击"常见问题"下的问题，可查看常见问题的一般解决方法，如图 9-35 所示。

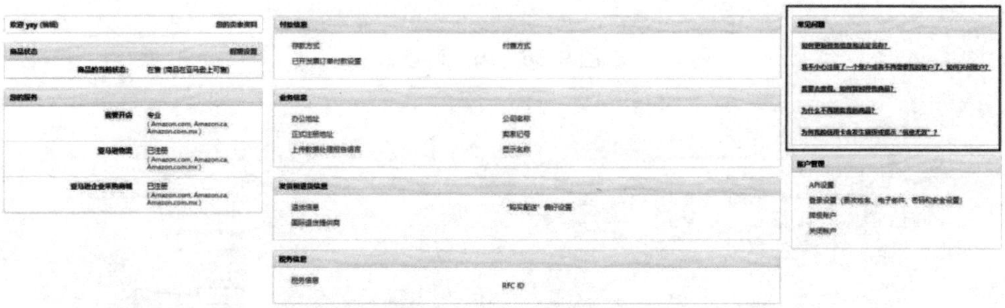

图 9-35 常见问题

3.8 账户管理

（1）API 设置

亚马逊跨境电子商务平台提供一组 API（应用程序编程接口）来帮助卖家更有效地管理其业务。这些 API 涵盖了各个方面，包括产品、订单、库存等。以下是一些常用的亚马逊跨境电商平台 API：

①卖家接口（Selling Partner API）：提供对订单、报告、商品等功能的访问权限，用于卖家中心的集成。

②亚马逊广告 API：允许卖家和开发者通过 API 管理他们在亚马逊上的广告活动，包括创建和管理广告、获取广告报告等。

③亚马逊物流 API：允许卖家和开发者使用 API 直接与亚马逊物流服务集成，管理库

存、订单配送等。

④亚马逊商品分类 API：提供对亚马逊商品分类信息的访问，有助于卖家更好地组织和展示他们的商品。

⑤亚马逊评价和反馈 API：允许卖家获取和管理与他们的产品相关的评价和反馈。

⑥亚马逊报告 API：提供对多种报告的访问权限，包括订单报告、库存报告等，以帮助卖家更好地了解其业务。

使用这些 API 需要进行身份验证，在卖家账户信息页面，点击页面右上方的"设置"，选择"API 设置"子菜单，如图 9-36 所示；并且可能需要在亚马逊开发者中心注册应用程序，获取相应的 API 密钥和凭据；或者在卖家账户信息页面，点击"账户信息"下的"API 设置"，可以查看 API 信息设置，如图 9-37 所示。

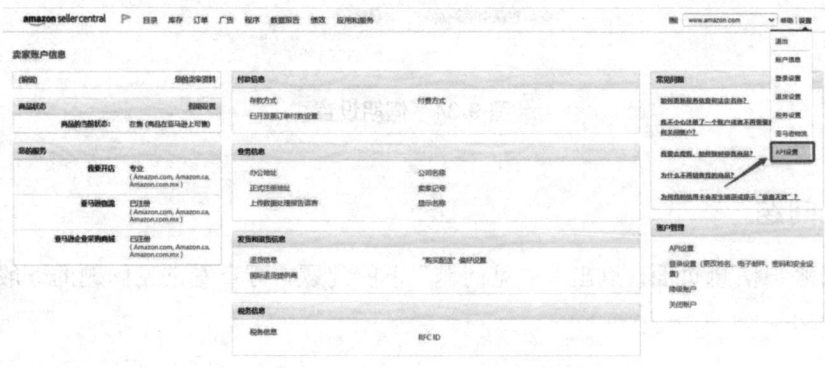

图 9-36　API 设置

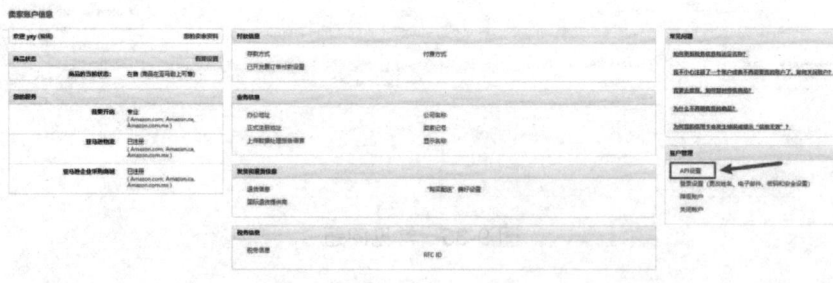

图 9-37　账户信息下的 API 设置

（2）登录设置

在卖家账户信息页面，点击页面右上方的"设置"，选择"登录设置"子菜单；或者点击"账户管理"下的"登录设置"，点击"编辑"，修改信息，修改完成后点击下方"完成"。

（3）降级账户

在卖家账户信息页面，点击"账户管理"下的"降级账户"；仔细阅读弹窗内容后，点击"确定"，如图 9-38 所示。

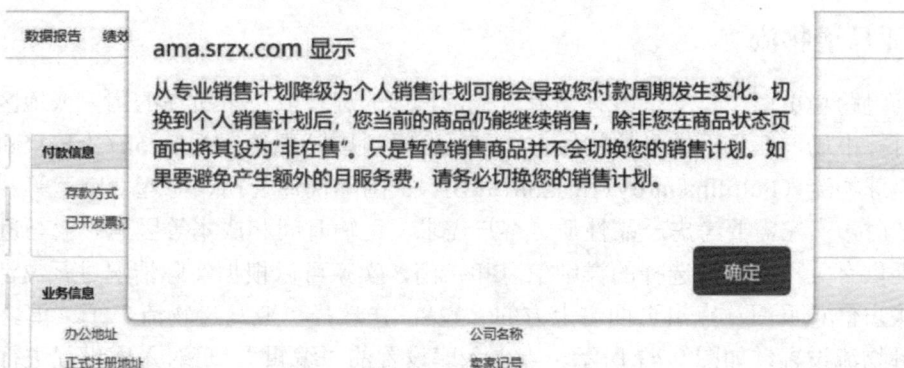

图 9-38　降级确认

以上操作是主动降级，亚马逊跨境电商平台一般不主动"降级"账户，但有可能在卖家违反平台政策、服务条款或涉及不当行为时，亚马逊会采取一些措施，包括限制或中止卖家账户的某些功能，甚至可能暂停或终止账户。这通常是为了保护平台的整体利益和维护客户信任。

（4）关闭账户

在卖家账户信息页面，点击"账户管理"下的"关闭账户"，点击"关闭我的账户"，注：该行为是不可逆的，如图 9-39 所示。

图 9-39　关闭账户

3.9　退货设置

在卖家账户信息页面，点击页面右上方的"设置"，选择"退货设置"子菜单，如图 9-40 所示，可以查看退货信息。

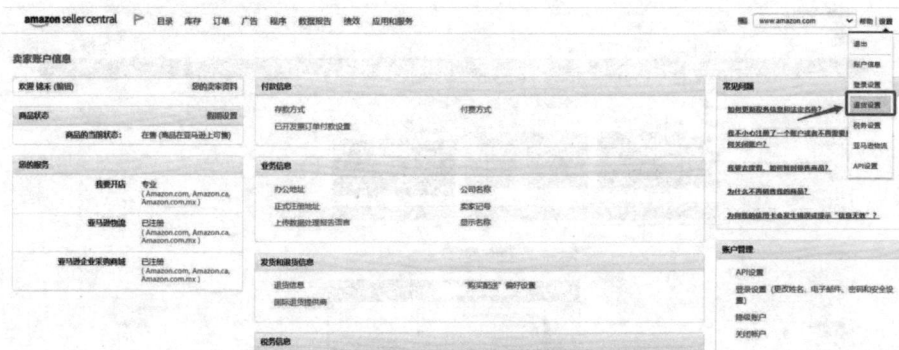

图 9-40　退货设置

3.10 亚马逊物流

亚马逊跨境电商平台支持多种物流方式，具体的选择取决于所在的国家或地区、产品类型和目标市场。亚马逊常见的物流方式包括亚马逊国际配送（Amazon Global Selling）、亚马逊全球物流（Fulfillment by Amazon，FBA）、国际快递公司、海运、空运等。在选择物流方式时，卖家需要考虑产品性质、客户需求、运输时间和成本等因素。亚马逊卖家中心通常提供有关不同物流选择的详细信息和指南，卖家可以根据实际情况进行灵活选择。在卖家账户信息页面，点击页面右上方的"设置"，选择"亚马逊物流"子菜单。可以查看亚马逊物流设置，如图 9-41 所示。点击入库设置的"编辑"，可对入库设置进行更新。

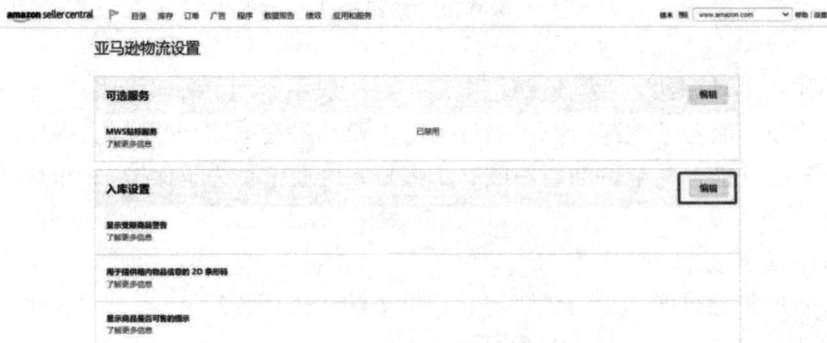

图 9-41 亚马逊物流设置

任务四 发布商品

4.1 单个商品发布

进入卖家后台，点击首页"添加新商品"，点击"目录"—"添加商品"或点击"库存"—"添加新商品"，进入商品发布页面，如图 9-42 所示。

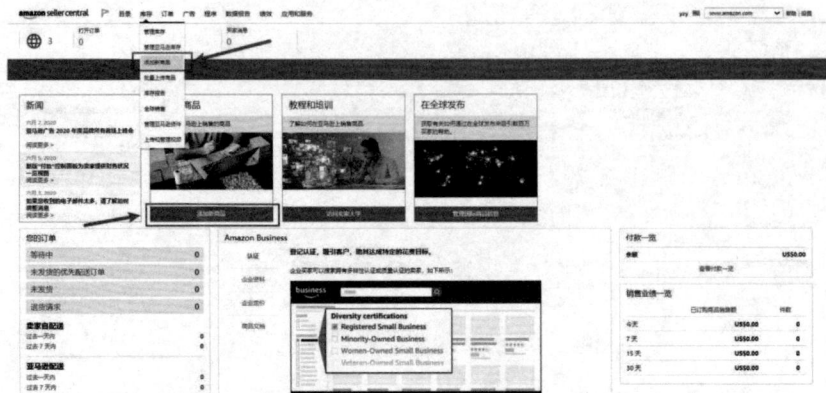

图 9-42 入库设置

在商品发布页面，点击"我要添加未在亚马逊上销售的新商品"，进入"选择商品类别"页面，选择商品类别。所有类目选择完毕之后，进入填写商品信息页面，打开"高级视图"，填写详细商品信息。当所有的商品详细信息填写完成后，点击保存并提交，即可完成商品发布，如图 9-43 所示。提交后，在库存中可以查看上传的商品信息。

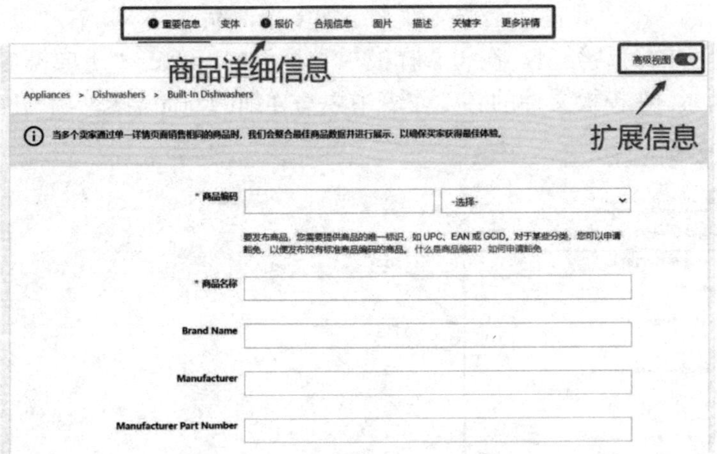

图 9-43　高级视图下的商品信息

4.2　多属性商品发布

在亚马逊跨境电商平台上，多属性商品（也称变体商品）是指一种商品具有不同的变体，如颜色、尺寸、款式等。进入卖家后台，点击首页"添加新商品"，点击"目录"—"添加商品"或点击"库存"—"添加新商品"，进入商品发布页面。

在商品发布页面，点击"我要添加未在亚马逊上销售的新商品"，进入"选择商品类别"页面。点击商品类别进行选择，选择商品类别后，点击"选择类别"进行确认，进入填写商品信息页面。多属性商品发布与单属性产品发布其余步骤相同，在变体选择时，需要选择变体，如图 9-44 所示。完成后可以在库存页面查看上传的多属性商品。

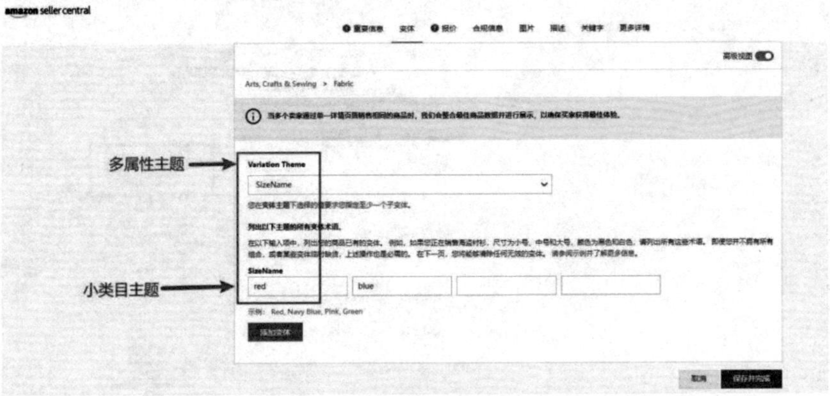

图 9-44　多属性商品变体选择

4.3　批量上传商品与匹配商品信息

（1）批量上传商品

进入卖家后台，点击"库存"—"批量上传商品"，进入"批量上传商品"页面，或点击"添加新商品"—"我正在上传文件来添加多个商品"进入。在"批量上传商品"页面中，选择要销售的商品类型，在"选择模板类型"中，点击"生成模板"，下载模板文件，如图 9-45 所示。在模板文件的各工作表中填写详细的商品信息，填写完成后保存表格。

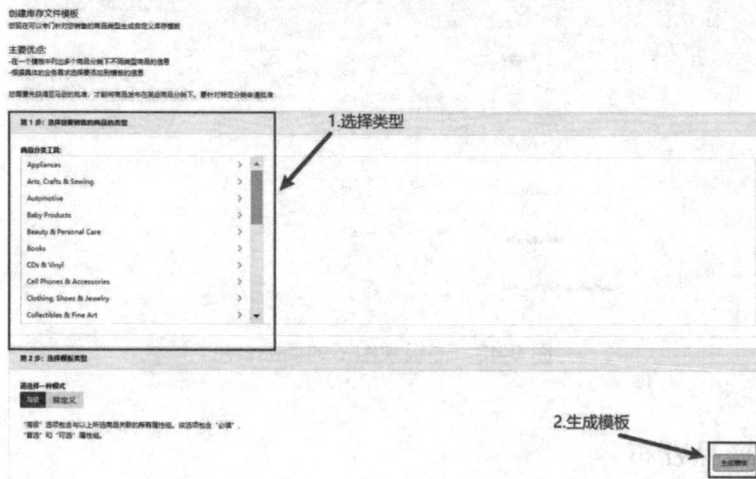

图 9-45　批量上传商品生成模板

上传库存文件，选择文件类型、上传文件，点击"检查库存文件"进行库存文件中常见商品信息错误的检查，检查修正完成后选择文件类型和文件，点击"上传"进行商品上传，如图 9-46 所示。监控上传状态，可查看商品上传的日期/时间、批量编号、上传状态等，进行操作。

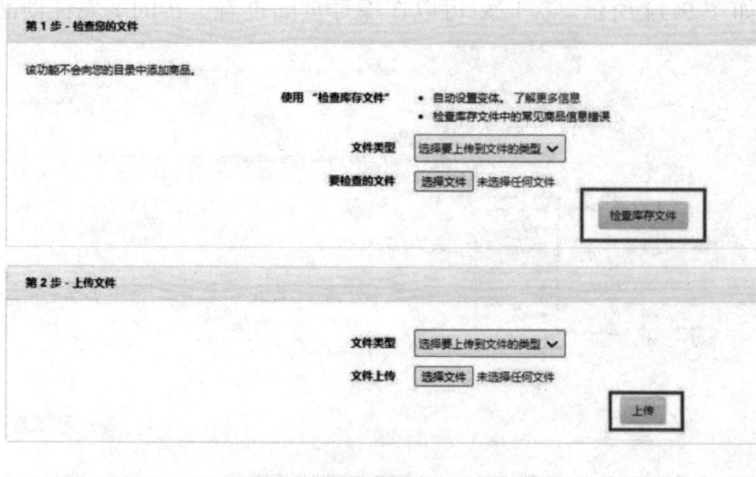

图 9-46　检查并上传文件

（2）匹配商品信息

进入卖家后台，点击首页"添加新商品"，点击"目录"—"添加商品"或点击"库存"—"添加新商品"，进入商品发布页面。在搜索框中输入商品名称、通用产品代码（UPC）、EAN、国际标准图书编号（ISBN）或亚马逊商品编码（ASIN）查找想要匹配的商品。在商品列表中选择需要匹配的商品，点击"销售此商品"，如图 9-47 所示。

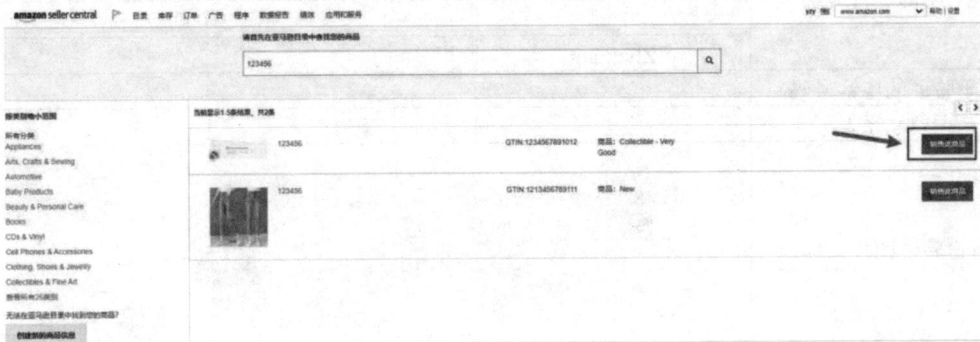

图 9-47 销售匹配商品

填写商品报价信息，打开"高级视图"可以填写更多信息，信息填写完成之后，点击右下方"保存并完成"，该产品就会在管理库存中显示。

4.4 补全您的草稿

进入卖家后台，点击"目录"—"补全您的草稿"，进入管理库存页面，可对信息不完整的商品进行编辑、管理图片等操作，如图 9-48 所示。

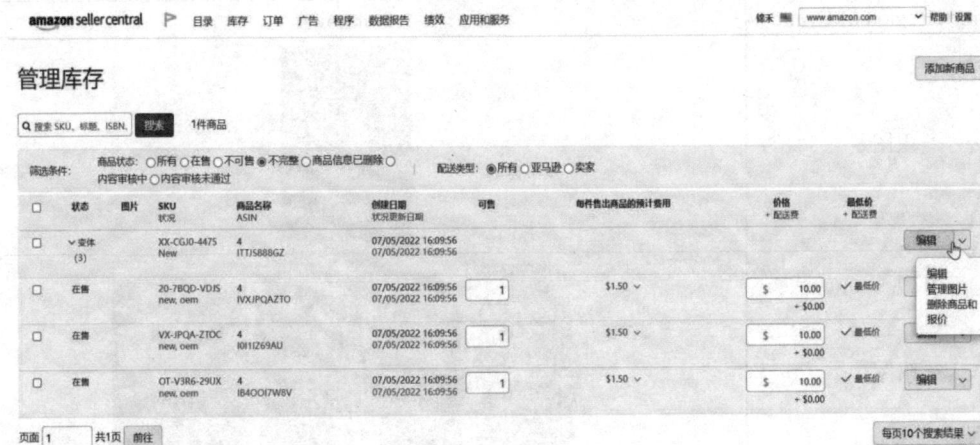

图 9-48 补全草稿

【实训拓展操作】

1. 请依据表 9-1 信息完成亚马逊账户注册。

表 9-1　注册信息

填写类目	填写内容		
公司注册号码	480115000023542		
公司成立日期	02/02/2023		
公司实际经营地址	No.211，Xinshi Street		
	Jinhua	Wucheng District	
	中国	321000	
	Zhejiang		
用于验证的电话号码	12-345678		
主要联系人	Fan		Wu
身份验证图片文件			

2．请在亚马逊平台操作单个商品的发布，商品相关信息如表 9-2 所示。

表 9-2　商品相关信息

填写类目	填写内容			
Item Size	140	100	2	cm
Package Size	50	30	5	cm
Package Weight	2	kg		
Import Designation	Made in USA			
Country/Region of Origin	Unknown			
主图				
附图				

3．请在亚马逊平台发布多属性商品。其中，商品及图片参考信息见表 9-3，子变体参考信息见表 9-4。

表 9-3　商品及图片参考信息

填写类目	填写内容
Product Description	Light and comfortable. Provides a high level of wearing comfort. Comfortable to wear
Key Product Features	Material：There may be creased due to packaging，it is recommended to iron before wear it. 100% Polyester，Fabric has no stretch，the A-Line midi dress is comfortable enough to wear all day
Key Product Features	Feature：Wrap v neck，lantern sleeve，the pleated of flattering dressy dresses are cute and hit in all the right areas for a curvy girl and forgiving for any body type. Looks feminine and pretty
Key Product Features	Style：Formal office clothes，well-made，midi length，its vintage silhouette is really flattering！The gorgeous solid color，tie at the empire waist
Key Product Features	Occasion：Wear To Work，Business，office，cocktail，smart casual，party，church，daily wear，also great for wedding，wedding guest，church，evening，party，cocktail，holiday，summer beach
Key Product Features	Notice：If you are considering this one at all，just order it. You will not be disappointed. Please check the size chart on image carefully with your body measurement and then choose your size
主图	
附图	

表 9-4　子变体参考信息

填写类目	填写内容
Product Description	A sweet floral patterns this casual dress styled with sweet smocking details and puff sleeve with elasticated cuffs
Key Product Features	This dress is made of high quality polyester，lightweight and breathable，partial lined，comfy hand touch，wonderful material for women
Key Product Features	Flowy and feminine，this ultra-flattering midi dress is designed in a beautiful vintage-inspired floral print.with a smocked waist detail for added definition
Key Product Features	A flowy bohemian long dress featuring encased elasticised puff sleeves，a long tiered skirt. The plunge v neckline highlights the decolletage
Key Product Features	Smocking and summer go together like fresh air and sunshine. It's no wonder we're wearing these cute，sweet，elegant styles all season long
Key Product Features	Wear this casual piece over your favorite high heels or sandals，enjoy your cool summer days.Suitable for casual，daily，date，office，business，vacation，beach，etc

项目 10　亚马逊跨境电商平台操作（下）

【立德树人园地】

培养学生的家国情怀、国际视野和工匠精神，引导学生应用唯物辩证的思维，实践出真知的理念，培养学生自动自发、专注工作、良好沟通、诚实守信、持之以恒的职业素养，增强学生法律意识、创新意识。

【实训任务引领】

国内某手机品牌公司计划投放"Mobile Phone"产品面向全球的英文搜索广告，该广告投入总预算为 20 000 元，日预算为 600 元，计划即日起开始在亚马逊跨境电商平台投放一个月的时间，并且希望该广告在每天的 18：00—23：00 投放，请帮助其完成该广告的创建。

（1）广告目标：网站流量。

（2）商家网站：https：//www.mobile-phone.com。

（3）广告计划名称、广告组名称根据题干信息自拟。

（4）目标 CPC：10。

（5）关键词："Mobile Phone"。

（6）其他内容自拟即可。

任务一　订单管理

亚马逊卖家后台主页面中的"订单"模块中包括"管理订单""上传订单相关文件""管理退货"等功能，如图 10-1 所示。

图 10-1　亚马逊卖家主页订单

1.1　上传订单相关文件

订单数量较多时，通过"上传订单相关文件"选项实现对订单的批量更改，如图 10-2 所示。"准备您的配送确认文件"，点击"下载模板"并填写完整，该文件包含配送详情，如商品、数量、发货日期、承运人和追踪编码。"上传您的配送确认文件"，选择文件，并点击"立即上传"。上传完成后，卖家可以在"检查文件状态和历史记录"查看最近 10 次的上传状态。如果处理报告出现任何错误，可修改配送确认文件，并返回上一步，重新上传修改。

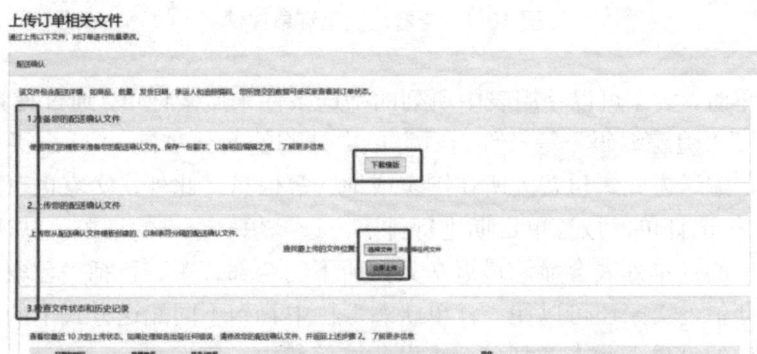

图 10-2　上传订单相关文件对订单批量更改

1.2　管理订单

点击"订单"功能模块中的"管理订单"选项，可进入页面查看订单的配送日期、订单详情、配送服务、状态等信息。该页面通过可自定义的视图来显示卖家在所有销售渠道上的所有订单。

点击待发货订单后方"确认发货"，跳转确认发货页面，输入未发货商品的配送详情，选择发货日期，填写承运人、配送服务、快递单号等信息，完成后点击右下方的"确认发货"，如图 10-3 所示。完成发货后，可点击"已发运"查看订单详情，包括商品名称、订单状态、更多信息等，如图 10-4 所示。

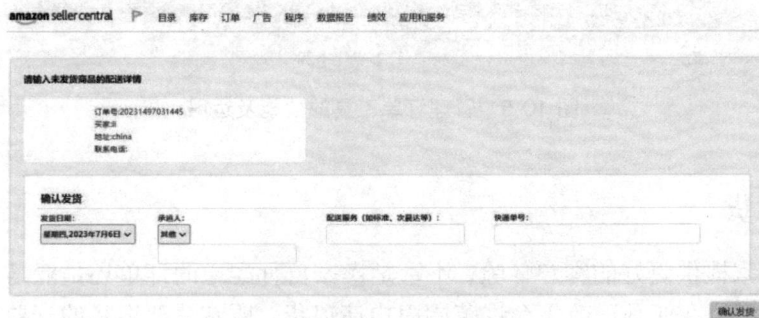

图 10-3　待发货订单确认发货

图 10-4　查看已发运订单详情

在查看订单时，卖家可以使用表中所列的筛选条件来搜索订单，通过搜索"订单编号""买家电子邮件""追踪编码"等条件查看订单中订购的商品数量、"联系买家"表单的链接、销售渠道、配送方式、付费人所在国家或地区等信息。此外，卖家也可以点击"发货日期（升序）"筛选订单，按订单日期进行排序，选择想要查询的订单。默认情况下，"管理订单"页面上的订单列表会显示最近 7 天内所下的全部订单，包括"已取消"订单。除了"已取消"订单，卖家还可以在"订单状态"栏中看到不同配送方式下的不同状态。对于卖家自行配送的订单，状态类型包含未发货、等待中、已发货、已取消、已申请退款；对于亚马逊物流（FBA）的订单，状态类型包含等待中、付款完成、完成、已申请退款；对于多渠道配送订单，状态类型包含无法补货、正在规划、配送、完成、已申请退款，如图 10-5 所示。

管理订单工具	功能及运用
追踪编码	承运人提供的包裹追踪编码
ASIN	亚马逊商品编码，用于识别亚马逊目录中的商品
买家电子邮件	亚马逊提供的地址，可在"联系买家"表单中查看
商品编码	亚马逊提供的值，用于识别商品
SKU	库存单位，卖家的商品编码
订单编号	亚马逊为每个订单创建的唯一编号
商品名称	为商品创建的名称
配送方式	配送方式，亚马逊配送（FBA）或卖家自行配送
订单状态	包括"等待中"、"未发货"、"已发货"、"已取消"、"全部"订单
日期范围	在所选日期范围内创建的订单
销售渠道	在亚马逊网站或非亚马逊网站上购买，此高级搜索选项仅在卖家使用一个卖家账户在多个销售渠道上销售商品时显示
排序方式	订单搜索结果的排列顺序

图 10-5　管理订单工具的功能及运用

1.3　管理退货

为了为买家提供更好的客户体验，不管是卖家自行配送的订单还是亚马逊物流配送的订单，买家都可以在亚马逊政策允许范围内申请退货。所有需要退货的订单都在"管理退货"页面产生。

卖家需要及时查看并且批准退货，买家才能及时收到卖家的退款。对于亚马逊物流配送的订单，通常情况下，亚马逊会在收到退货申请后，第一时间进入退货流程。部分卖家在处理退货时，也可以选择仅退款不退货，提高买家的体验和客户满意度。同时，亚马逊在绩效指标上也会追踪卖家的"退货不满意率"。

任务二 库存管理

2.1 库存管理

（1）卖家库存管理

在卖家后台中点击"库存"—"管理库存"，进入库存管理界面，如图 10-6 所示。可进行添加新产品和编辑等操作，如图 10-7 所示。点击商品后方可"编辑"，选择"转换为亚马逊配送"，如图 10-8 所示。进入"转换为亚马逊配送"页面后，点击"只转换"按键，转到"亚马逊库存"页面，即可成功将商品转换为亚马逊配送。

图 10-6 管理库存

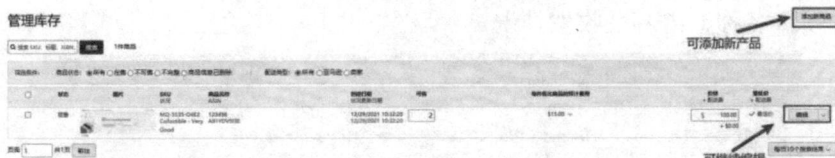

图 10-7 添加新产品和编辑

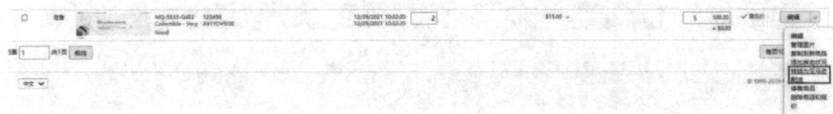

图 10-8 转换为亚马逊配送

亚马逊物流（Fulfillment by Amazon，FBA）是亚马逊为卖家提供的代发货业务，即卖家预先将货物存储于亚马逊指定的仓库，待货物售出后，由亚马逊完成拣货、配送等服务。亚马逊物流体系包括三大部分：亚马逊跨境物流（AGL）服务、FBA 服务和亚马逊"购买配送"（卖家自配送，MFN）服务。此外，为更好地满足卖家的物流需求，亚马逊还推出合作承运人计划（PCP）和服务提供商网络（SPN），如图 10-9 所示。

图 10-9　亚马逊物流全流程

（2）FBA 库存管理

亚马逊物流配送提供一站式服务，如图 10-10 所示。FBA 一站式物流的解决方案是在买家下单前做好仓储管理，下单后在仓库内进行分拣包装，在 2～3 天完成包裹配送，并且能够提供当地语言的全天候售后客服，以及无忧的退换货服务。可以为卖家提供一站式物流的解决方案，解决常见的物流"瓶颈"问题，提供人力资源解决方案，还可以做到仓库全年无休。

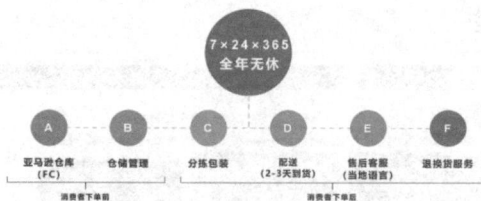

图 10-10　FBA 一站式服务

如果卖家通过亚马逊物流销售商品，亚马逊将代表卖家提供客户服务，卖家可以利用亚马逊物流和卖家账户中的工具在全球范围内扩展业务。图 10-11 简要介绍了一些亚马逊物流服务的项目名称、内容及收费情况。

配送模式	项目内容及优势	是否按件收取费用
合作承运人计划	亚马逊合作承运人可在将卖家的库存运输到亚马逊时，提供折扣和较大的运费费率	否
多渠道配送服务	为卖家通过自身网站和其他渠道销售的库存订单提供物流服务	否
贴标服务	亚马逊会为卖家的库存贴上条形码标签	是
预处理服务	亚马逊会对卖家的库存进行预处理，以使其符合亚马逊物流预处理要求	是
重新包装服务	亚马逊可以对买家退回的符合条件的亚马逊物流商品进行重新包装，以便再次销售	否
库存配置服务	创建入库计划时，卖家的货件可能会拆分为多个货件并发往不同的亚马逊运营中心。利用库存配置服务，卖家可以将所有库存发往一个亚马逊运营中心，由亚马逊为卖家分发库存	是
人工处理服务	如果卖家在将库存发往亚马逊物流时选择不提供箱内物品信息，亚马逊将在运营中心手动处理这些箱子	是

图 10-11　FBA 一站式服务

MFN 与 FBA 两种配送模式，二者各有优劣，详细对比可参考图 10-12。不是所有的产品都适合使用 FBA，但竞争比较激烈的产品，建议卖家使用 FBA 以提高产品的竞争力。

图 10-12 FBA 与 MFN 比较一站式服务

在卖家后台中点击"库存"—"管理亚马逊库存"，进入亚马逊库存管理界面。可进行添加新产品和编辑等操作。点击商品后方可"编辑"，选择"转换为'卖家自行配送'"，如图 10-13 所示，成功将商品转换为卖家自行配送。

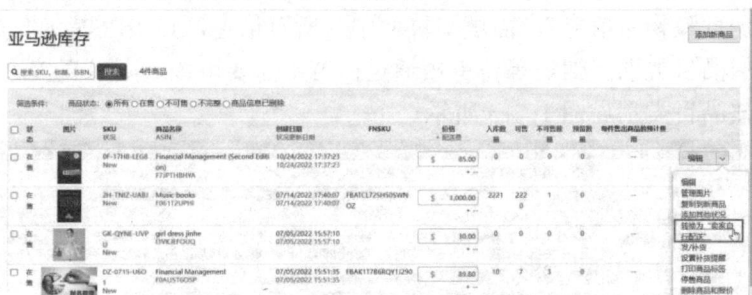

图 10-13 转换为"卖家自行配送"

（3）亚马逊条形码

由亚马逊配送的每件商品都需要一个条形码，卖家在"条形码类型"一栏下可以在"制造商条形码"或者"亚马逊条形码"中选择计划使用的条形码。只要卖家没有更改条形码设置，则亚马逊在配送过程中始终默认使用制造商条形码来追踪卖家的库存。如果多个卖家的库存使用相同的制造商条形码，亚马逊可能会从中选择使用距离买家最近的商品配送订单，以此来加快配送速度。

在整个配送过程中，亚马逊物流使用条形码来标识和追踪库存，卖家发送至亚马逊运营中心的每件商品都必须贴有条形码。目前有三种条形码可用于标识商品：制造商条形码，包括全球目录编码（Global Catalog Identifer，GCID）、商品通用条码（Universal Product Code，UPC）、欧洲物品编码（European Article Number，EAN）、日本通用商品编码（Japanese Article Number，JAN）或国际标准书号（International Standard Book Number，ISBN）；亚马逊条形码，如 FNSKU；（仅限品牌所有者）某些商品可能需要其他透明计划（Transparency）代码，Transparency 代码是商品级别的验证贴纸，有助于品牌所有者和买家识别假冒商品，标志为"T"，使用时不得被任何其他标签覆盖，也不得覆盖任何其他标签，目前此方法仅适用于品牌方。

2.2 创建入库计划

（1）自发货转 FBA

在卖家后台中点击"库存"—"管理库存"，进入商品管理界面，点击商品右方"转换为亚马逊配送"进入页面后选择"转换并发送库存"开始创建入库计划，如图 10-14 所示。

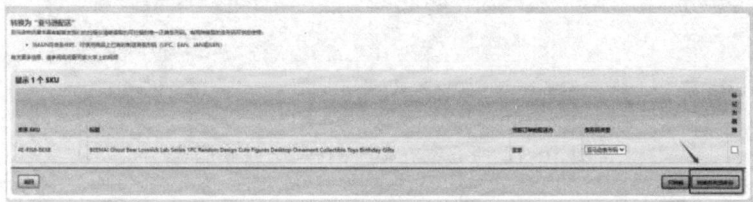

图 10-14　创建入库计划

（2）提交危险品申请

点击"添加危险物品信息"，需填写页面中的所有信息，点击"提交"。若商品属于需要危险品审核的品目类别，则需等待审核通过；若不需要审核，则可直接进入下一步。亚马逊危险品审核品目类别如图 10-15 所示。

商品类别	商品具体品目
服装	附带充电电池的帽子，背心、帽子用硬化剂，服装去污剂
汽车用品	发动机、轮胎、内饰和油漆养护用品，机油和液体；铅酸电池、溢漏电池和防溢漏电池，气囊
母婴	婴儿梳洗、护肤品，抗菌商品
美容化妆和个人护理	喷雾除臭剂，头发定型剂、染发剂，香水，精油，美黑乳液、喷雾，防腐剂、消毒剂，肉痛、疣去除液，驱虫剂、须后水，体毛清洁用品，电动剃须刀、脱毛膏和护理用品，剃须霜或剃须泡沫，指甲油
消费类电子产品	移动电源、手机，充电器和电池，暗室用品，扬声器
食品和饮料	芳香精油，酒精含量较高的商品；装在加压容器内、处于乳液状的食品，如生奶油；烈酒
健康和家居用品	清洁剂、清洁器，洗碗液、洗碗粉，洗衣液、洗衣粉
家居装修	烧烤炉，害虫和昆虫防治用品
办公室	墨粉盒、碳粉盒，设备清洁剂，胶带、黏合剂和胶水，马克笔，荧光笔，钢笔和笔芯
宠物用品	护耳和护眼用品，跳蚤、苍蝇、蚊子、虱子和蜱虫防护品，止痒剂、除臭剂，水族箱玻璃清洁剂，水族箱水处理和测试套件
鞋靴	发光鞋，鞋底与鞋体去污剂，鞋油
运动户外	软弹气枪用品、野营炉、暖手炉、电动自行车和电子滑板车、自行车工具和设备、溢漏电池和防溢漏电池、救生背心
玩具	电动玩具、工艺品、拼砌套件、化学实验套装、喷漆和维修工具、喷雾套件、爆竹
视频游戏	控制器、无线和蓝牙耳机、手柄

图 10-15　亚马逊危险品审核品目类别

（3）发/补货

点击"从另一地址发货"进行发货地址的编辑，选择"包装类型"，点击"继续处理入库计划"，如图 10-16 所示。

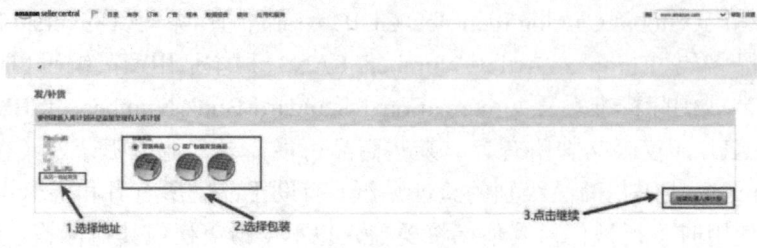

图 10-16　发/补货

（4）设置数量

提供缺少的信息，删除不合格商品，并且指定包括在此入库计划中的每种商品的数量。

（5）预售处理商品

选择准备指导与预处理方，点击"保存并继续"。

（6）为商品贴标

设置要打印的标签数量，选择每页最多打印的标签数量，点击"保存并继续"，如图 10-17 所示。

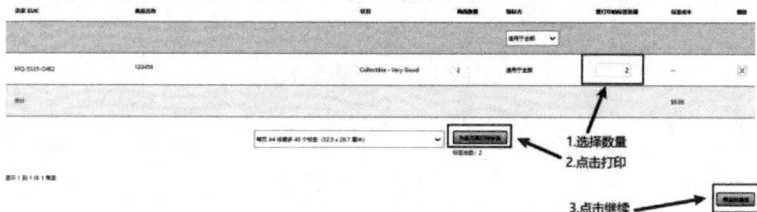

图 10-17　为商品贴标

（7）查看货件

点击"确认货件"，在后一页面中点击"处理货件"，如图 10-18 所示。

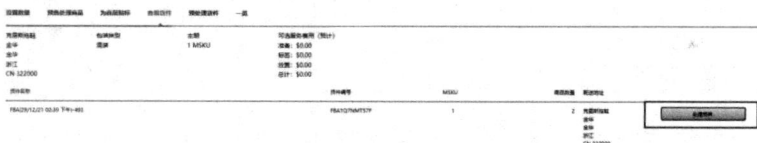

图 10-18　处理货件

（8）预处理货件

检查货件内容并选择配送服务，设置配送方式，如图 10-19 所示；选择配送商，设置货件包装内容，如图 10-20 所示。填写每个箱子配置的商品数、箱子重量、箱子尺寸，点击"确定"。在货件标签中，选择纸张类型，打印箱子标签，可选择"返回""删除货件""返回货件处理进度"进行再次编辑，或者点击"保存并继续"；输入追踪编码追踪货件，点击"完成货件"，如图 10-21 所示；最后跳转到货件处理进度模块，即完成入库计划的创建。

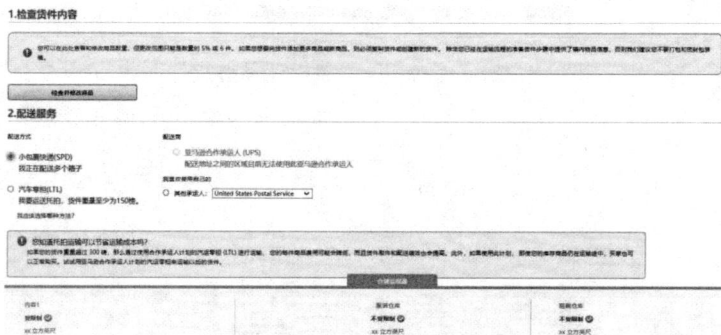

图 10-19　检查货件内容并选择配送服务

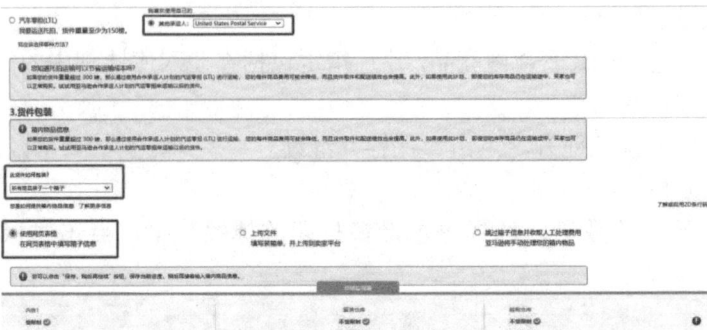

图 10-20 货件包装

图 10-21 追踪货件

2.3 管理亚马逊货件

在卖家账户后台主界面中的"库存"一栏下点击"管理亚马逊货件",或者在"程序"一栏下点击"配送计划"进入货件处理进度页面,如图 10-22 所示。在"货件"模块中,可按货件编号进行搜索,查看姓名、货件编号、创建时间、上次更新、目的地等信息,如图 10-23 所示;在"入库计划"模块中,可查看名称、地址名称、街道信息、城市、地区/县、邮编、包装类型、添加时间等信息。

图 10-22 "库存"—"管理亚马逊货件"

图 10-23 货件处理进度—"货件"

2.4　上传和管理视频

卖家账户后台主界面中，在"库存"一栏下，点击"上传和管理视频"即可进入视频上传页面。进入管理视频页面，点击右上角"上传视频"。点击"上传视频"选择要上传的视频，接着输入商品名称（建议少于 60 个字符）、相关商品（ASIN 信息）、缩略图，最后点击"提交"，如图 10-24 所示。完成后跳转到管理视频页面，可查看视频缩略图、商品名称、上传日期、观看次数、相关商品等信息。

图 10-24　上传视频

任务三　设置亚马逊广告

3.1　广告活动管理

卖家账户后台主界面中，在"广告"一栏下，点击"广告活动管理"即可进入广告活动页面，如图 10-25 所示。点击"创建广告组合"，再输入广告组合名称，点击"创建广告组合"，即可完成广告组合创建，如图 10-26 所示。

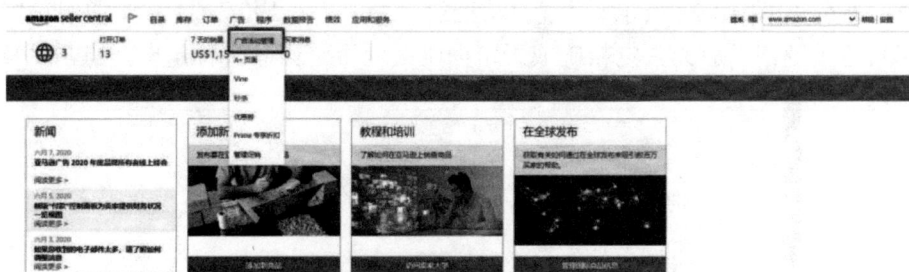

图 10-25　进入广告活动页面

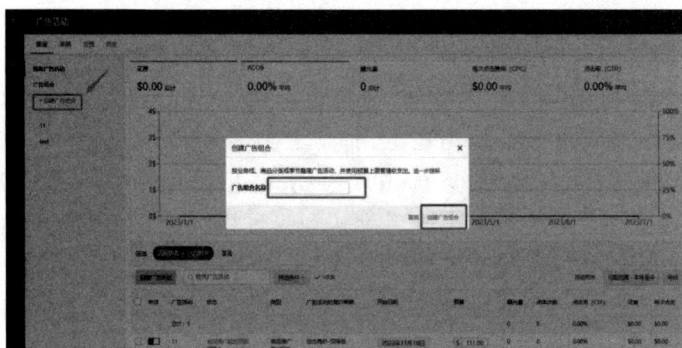

图 10-26　创建广告组合

点击"创建广告活动"，跳转到选择广告活动类型页面，选择商品推广，点击"继续"，如图 10-27 所示。跳转到"创建广告活动"页面，输入广告活动名称，选择广告组合、活动开始和结束日期、每日预算和定向策略。

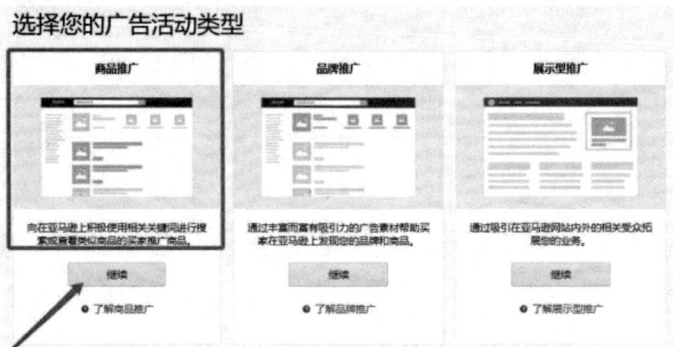

图 10-27　选择广告活动类型

选择广告活动竞价策略，包括动态竞价（仅降低）、动态竞价（提高和降低）、固定竞价，还可设置"取代竞价+"；设置广告组名称，添加推广的商品，可按商品名称、ASIN 或 SKU 进行搜索，如图 10-28 所示。设置自动投放为"设置默认价"或"按定向组设置竞价"，接着选择否定关键词投放为否定精确或否定词组；对否定商品进行定向，点击"排除"。

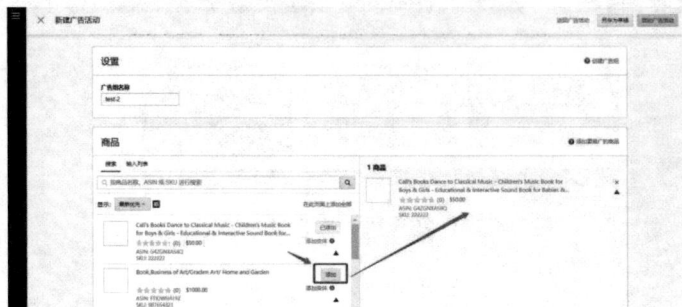

图 10-28　设置广告组名称

信息填写完整后，点击右下角"创建广告活动"或右上角"启动广告活动"，如图 10-29 所示，完成广告活动的创建。可在首页"管理"界面查看广告活动名称、开始日期、预算等信息。

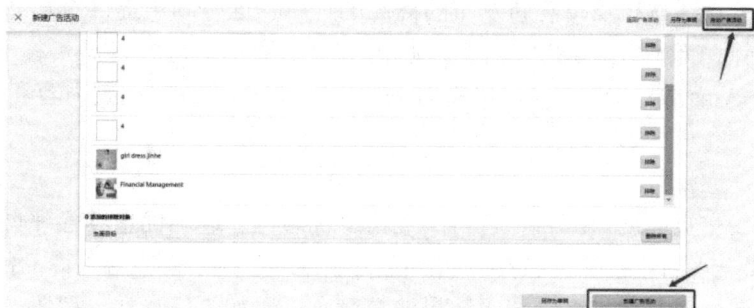

图 10-29　设置广告组名称

信息填写完整后，点击右下角"另存为草稿"或右上角"另存为草稿"，广告活动另存为草稿，可对其进行编辑或删除。在"设置"页面，可设置商品推广预算上限。在"历史"页面，可查看广告活动投放详情，如图 10-30 所示。

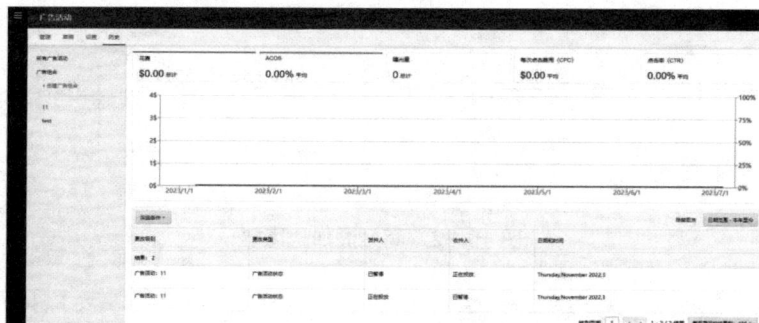

图 10-30　广告投放详情

打开左侧导航栏，点击"报告"，点击"创建报告"，如图 10-31 所示。设置广告活动类型、报告类型、时间单位、报告期，填写报告设置姓名、收件人，最后点击右上角"运行报告"，完成报告的创建。在"报告"页面，可查看报告名称、广告活动类型、报告类型等信息。

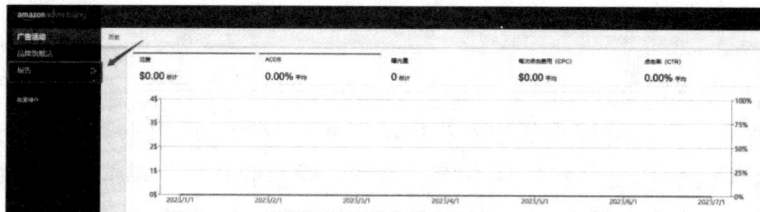

图 10-31　创建报告

3.2 Vine

亚马逊 Vine 是一个产品评价计划，通过该计划，亚马逊邀请一组特定的顾客，被称为 Vine Voices，来撰写和发布对新发布的商品的评价。这有助于提供对产品的独立和客观的评价，帮助其他顾客做出购物决策。卖家账户后台主界面中，在"广告"一栏下，点击"Vine"即可进入关于 Amazon Vine 页面，可查看关于 Amazon Vine 的相关内容和相关文章。

3.3 **优惠券**

在卖家后台主页面的"广告"栏目中点击"优惠券"进入优惠券管理页面，在优惠券管理页面中，点击"创建新的优惠券"，开始创建优惠券。搜索框中输入商品的 SKU/ASIN，点击"转至"进行搜索。在下方搜索结果的右侧有"添加至优惠券"按钮，点击后可加入实施优惠券的商品，如图 10-32 所示。完成商品添加后点击"继续下一步"，按照要求填写折扣、预算等选项，如图 10-33 所示。完成优惠设置后点击"继续下一步"，填写优惠券名称、目标卖家以及使用持续时间。完成后点击"继续下一步"，在此界面亚马逊将展示优惠券预览页面，卖家再次查看优惠详情，确认无误后，点击"提交优惠券"完成创建。

图 10-32 商品添加优惠券

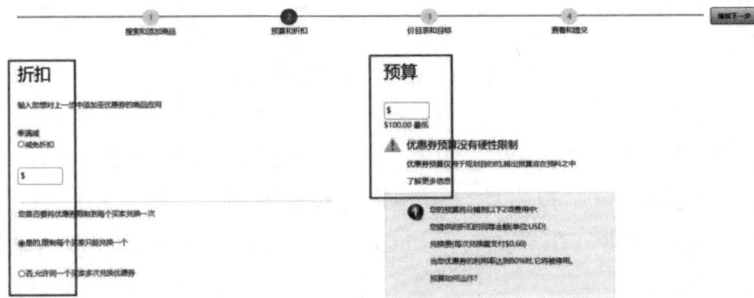

图 10-33 填写折扣、预算

亚马逊优惠券有以下作用：

1）细分受众：卖家能够将优惠券投放给理想消费者，所以它类似非关键词定位的广告。具体来说，卖家可以选择将优惠券投放给特定类型的高转化率消费者，如亚马逊 Prime 会员、学生党以及妈妈党等。

2）站外营销：优惠券对于亚马逊站外营销来说，也不失为一种好办法。当提交优惠券促销时，可以建立一个单独的优惠券着陆页，通过电子邮件营销或社交媒体等发送内容广告。

3）方便灵活：优惠券的使用取决于卖家的实际需求，卖家可以根据产品和业务的实际需求灵活选择策略：卖家可以对多个产品提供同一种优惠券；可以同时投放多种优惠券；可以限制客户兑换的优惠券数量；可以允许客户多次使用优惠券。

4）查看优惠券表现：卖家可以跟踪优惠券表现，查看优惠券被领取和兑换的次数；同一品类中相似产品的优惠券兑换率，帮助卖家了解优惠券转化效果；还可以跟踪优惠券预算支出和利用率等。

3.4　Prime 专享折扣

亚马逊 Prime 专享折扣是指亚马逊 Prime 会员在购物时享受到的独特优惠和折扣。卖家账户后台主界面中，在"广告"一栏下，点击"Prime 专享折扣"即可进入 Prime 专享折扣页面。点击左上角"创建折扣"，可以创建 Prime 专享折扣，如图 10-34 所示。

图 10-34　创建 Prime 专享折扣

第一步，输入折扣详情，填写折扣名称和折扣开始日期，普通折扣（不勾选）与 Prime 会员日折扣（勾选）如图 10-35 所示，最后点击"保存并添加商品"。

图 10-35　输入折扣详情

注：Prime 会员日指南：商品必须为符合亚马逊 Prime 国内配送条件的亚马逊物流商品；Prime 独家折扣必须符合所有常规资格标准；商品的星级评定必须至少为 3.5 星，或者无星级评定；折扣价必须比非 Prime 会员的非促销价至少优惠 20%；折扣最多只能比非 Prime 会员的非促销价格减少 80%；Prime 专享折扣价格必须比该 ASIN 过去 30 天的最低价格低 5%；过去 30 天的最低价格是指，此期间所有卖家针对该 ASIN 提供的全部秒杀价格、促销价格和销售价格中的最低订单价格；如果亚马逊卖家评分已启用，您的卖家反馈评分必须至少为 4 分。

- 如为单个创建专享折扣，则为以下第二步、第三步。

第二步，添加折扣的商品详情，输入 SKU，选择折扣类型、Prime 折扣、最低价格、操作，并点击"验证商品"，如图 10-36 所示。

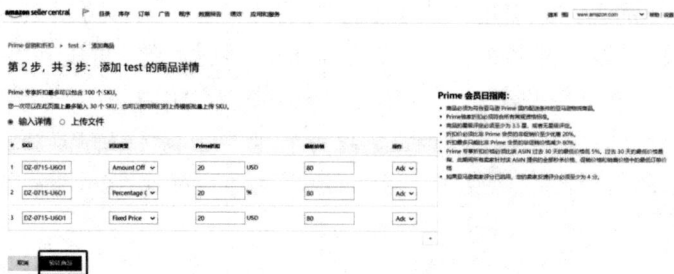

图 10-36　添加折扣的商品详情

第三步，审核折扣，查看折扣类型、Prime 折扣、商品价格等，并点击"提交折扣"。完成后展示折扣详情，可编辑折扣详情、删除折扣、添加更多商品。在 Prime 专享折扣页面，可查看折扣名称、开始、结束时间、折扣状态等信息，可以查看折扣详情，如图 10-37 所示。

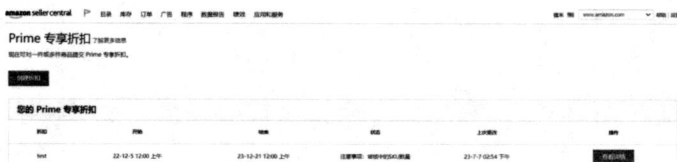

图 10-37　Prime 专享折扣

- 如为批量上传专享折扣，则为以下第二步。

第二步，点击上传文件，如图 10-38 所示。点击"查看上传模板"，下载模板，输入相应的 SKU、Discount Type、Prime Discount、Lowest Possible Price、Action Type 信息并保存。

图 10-38　Prime 专享折扣

选择文件进行上传，点击"验证商品"，在 Prime 专享折扣页面，可查看折扣名称、开始时间、结束时间、折扣状态等信息，可以查看折扣详情。

3.5　管理促销

促销可以帮助卖家将商品从竞争中脱颖而出，从而提高销售量及知名度。但只有当商品赢得购买按钮时，促销才最有效。如果促销信息不显示在详情页面上，买家只有在结账时才能看到。买家进入商品详情页后，会在"Special offers and productpromotions"的位置查看到具体的促销信息，该信息根据卖家所设置的促销形式的不同而不同。

卖家账户后台主界面中，在"广告"一栏下，点击"管理促销"即可进入创建促销页面。卖家可以在"创建促销"选项卡上，点击想要提供的促销类型所对应的"创建"按钮。不同的促销活动的创建方法及步骤有异同之处，下面依据不同的促销类型，分别逐步介绍如何创建购买折扣、买一赠一的促销商品，如图 10-39、图 10-40 所示。

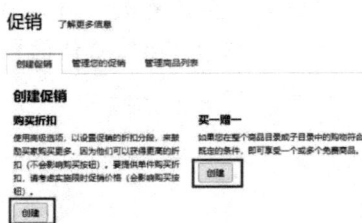

图 10-39 创建促销

图 10-40 不同促销类型示例

（1）购买折扣

点击"购买折扣"下方"创建"进入购买折扣创建页面。按照要求填写"促销条件""促销时间""优惠码"等所有区域内的数据，最后点击"查看"，再次确认信息后提交，如图 10-41、图 10-42、图 10-43 所示。

注：卖家可以自行设置"适用范围"，包括系统默认选择的须购买商品及额外购买的商品两种选项。其中，若选择系统默认设置的"须购买商品"，则要继续填写该栏目下方的"促销层级"。亚马逊仅允许卖家设置最早于 4 小时后生效的促销。完成以后点击查看"促销管理"页面，即可完成设置。

图 10-41 购买折扣促销条件

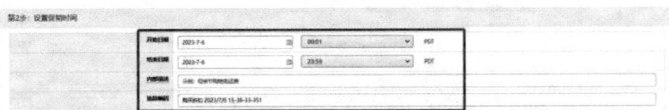

图 10-42 购买折扣促销时间

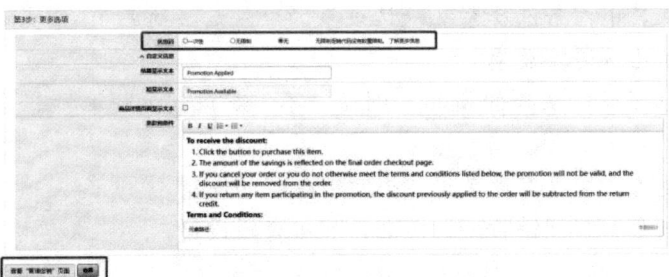

图 10-43 购买折扣优惠码

（2）买一赠一

点击"买一赠一"下方的"创建"按钮，进入该类型促销活动的创建界面。按照要求填写"促销条件""促销时间""优惠码"等具体信息，最后点击"查看"再次确认信息后提交，如图10-44、图10-45、图10-46所示。

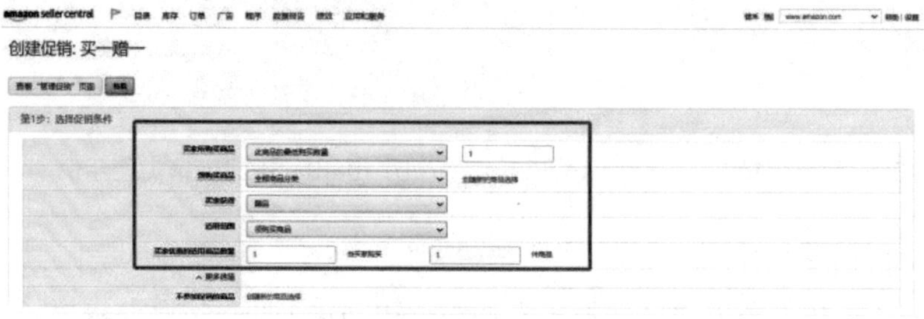

图 10-44　买一赠一促销条件

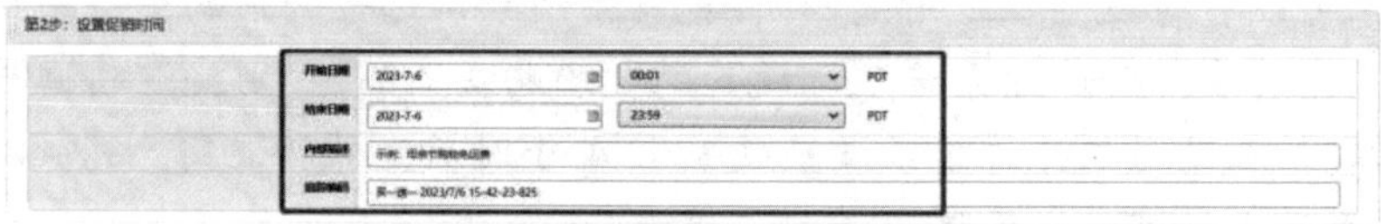

图 10-45　买一赠一促销时间

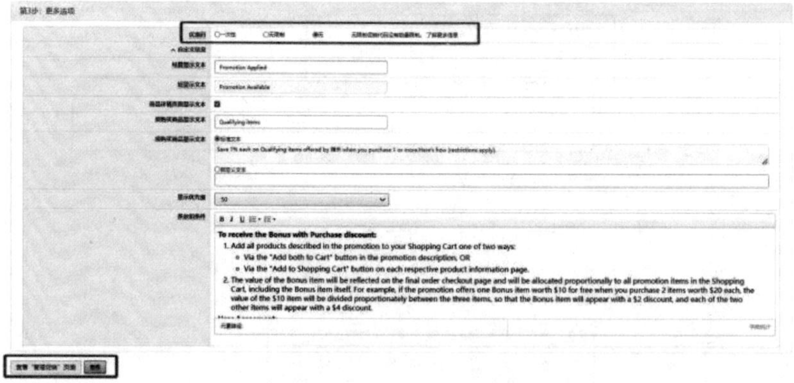

图 10-46　买一赠一优惠码

注：①卖家可以自行设置"适用范围"，包括系统默认选择的须购买商品及额外购买的商品两种选项。其中，若选择系统默认设置的"须购买商品"，则要继续填写该栏目下方的"买家优惠的适用商品数量"。

②如果有礼物不参加买赠的商品，则在"不参加促销的商品"栏目中选择排除类别即可。

③亚马逊仅允许卖家设置最早于4小时后生效的促销。

完成以后点击查看"促销管理"页面，即可完成设置。

任务四　查看数据报告

4.1　付款

　　卖家账户后台主界面中，在"数据报告"一栏下，点击"付款"即可进入付款页面，如图 10-47 所示。在"结算一览"中可以看到账户的资金结算总体状态。还可以通过订单筛选或不同的结算周期查看具体的账户资金状况，如图 10-48 所示。

图 10-47　付款

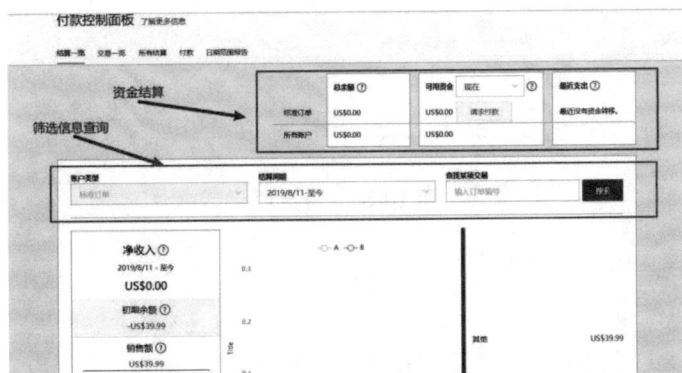

图 10-48　付款控制面板

　　在"交易一览"中，可以通过单独搜索订单号或者根据不同的条件进行筛选得到交易数据，然后下载下来进行分析。同样地，在"所有结算""付款"可以根据需要进行筛选和查看数据。在"日期范围报告"中还可以选取需要的数据直接下载数据报告，如图 10-49所示。

图 10-49　下载报告分析

4.2 亚马逊销售指导

卖家账户后台主界面中，在"数据报告"一栏下，点击"亚马逊销售指导"即可进入销售指导页面。在"销售指导报告"页面可以直接查看商品的库存状态，如图 10-50 所示。

图 10-50 销售指导报告

"首选项"是为提升销售机会的一些设置建议，了解页面即可，如图 10-51 所示。点击右上方的"添加单个商品"可以跳转"搜索建议"页面，直接搜索添加；在"沟通"选项中可以查看亚马逊官方发送的建议通知；"筛选后的建议"是显示筛选结果；"电子邮件设置"选项卡中可以直接编辑相应的邮件设置。

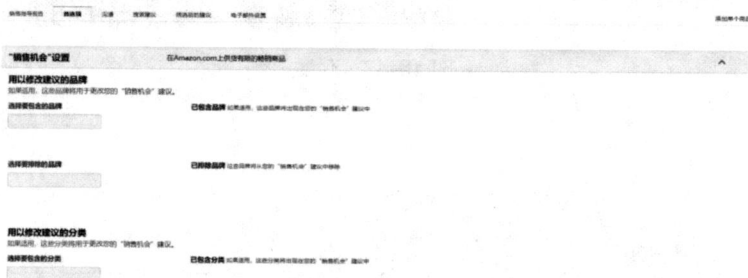

图 10-51 首选项

4.3 业务报告

卖家账户后台主界面中，在"数据报告"一栏下，点击"业务报告"即可进入销售数据报告页面。在销售控制面板中可以看到销售报告，还可以根据不同的筛选条件进行数据查看和下载，这部分在真实的数据运营中十分重要，如图 10-52 所示。

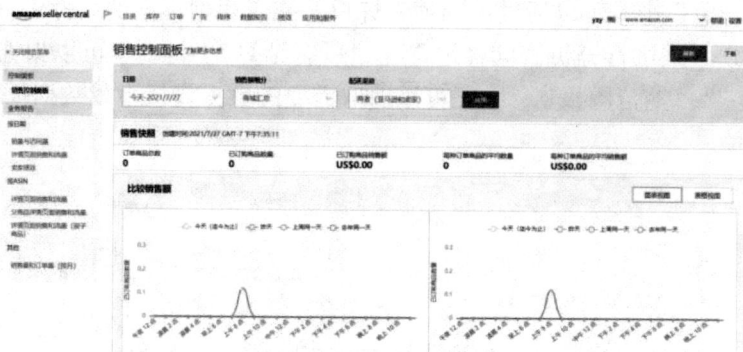

图 10-52 销售控制面板

4.4　库存和销售报告

卖家账户后台主界面中，在"数据报告"一栏下，点击"库存和销售报告"即可进入亚马逊物流报告页面。卖家可根据不同需求，点击左侧边框进行选择，可以在线查看，部分数据也可下载，如图 10-53 所示。

图 10-53　亚马逊物流报告

4.5　退货报告

卖家账户后台主界面中，在"数据报告"一栏下，点击"退货报告"，即可进入亚马逊物流报告页面。可根据实际情况选择需要下载的退货报告，以便对数据进行汇总分析，如图 10-54 所示。

图 10-54　亚马逊退货报告

4.6　自定义报告

卖家后台点击"数据报告"即可进入"自定义报告"页面，包括"活动报告"和"存档报告"，如图 10-55 所示。

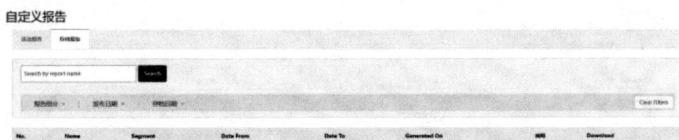

图 10-55　活动报告和存档报告

4.7 税务文件库

卖家后台"数据报告"下拉点击进入"税务文件库",根据需要选取不同类型的税务文件,如图 10-56 所示。

图 10-56 税务文件库

任务五 查看绩效信息

5.1 账户状况

卖家账户后台主界面中,在"绩效"一栏下,点击"账户状况"即可进入账户状况页面,如图 10-57 所示。在"账户状况"中可以看到客户服务绩效、政策合规性、配送绩效等相关信息,如图 10-58 所示。在"客户服务绩效"中可以看到订单缺陷率、发票缺陷率的相关信息;在"商品政策合规性"中可以看到账户状况评价、账户问题等信息;在"配送绩效"中可以看到迟发率、预配送取消率、有效追踪率、准时交货率等信息;在"资格条件"中可以看到有限配送资格情况,包括准时送达率、配送前取消率、有效跟踪使用率;在"买家之声"中可以看到商品的买家满意度状况明细。

图 10-57 绩效页面

图 10-58 账户状况

5.2　反馈

卖家账户后台主界面中，在"绩效"一栏下，点击"反馈"即可进入反馈页面，在"反馈"中可以看到反馈管理器的相关内容，包括反馈评级和最新反馈，如图 10-59 所示。

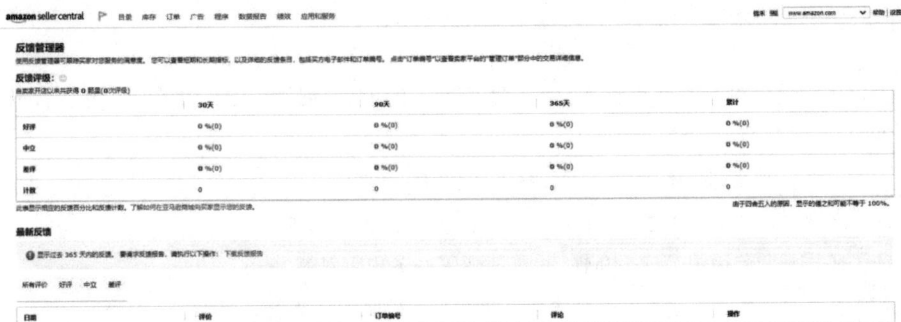

图 10-59　反馈页面

【实训拓展操作】

1. 在平台上发布题为 casual dress styled with sweet smocking details 的商品，进入商品管理界面后，输入未发货商品进行发货。

配送详情见下表：

发货日期	2024 年 1 月 20 日
承运人	Wu Fu
配送服务（如标准、次晨达等）	标准
快递单号	761 173 748 367

2. 请将库存转化为亚马逊配送，提交危险品申请，再将此亚马逊配送库存转换回卖家自行配送。

3. 请搜索商品 4E-PJS8-EKX8，设置预算为\$100、减免为 10%、限制每个买家只能兑换一次的优惠券，并为此优惠券创建名称，选择亚马逊学生计划的会员为目标买家，优惠券有效日期为 2024 年 11 月 20 日—2024 年 11 月 25 日，创建亚马逊优惠券。

参考文献

[1] 商务部，中央网信办，发展改革委. "十四五"电子商务发展规划[R]. 北京：中华人民共和国商务部，2021.

[2] 中华人民共和国商务部. 中国电子商务报告 2022[R]. 2023.

[3] 鲁丹萍. 跨境电子商务[M]. 2 版. 北京：中国商务出版社，2018.

[4] 鲁丹萍，陈国雄. 跨境电商运营[M]. 北京：中国商务出版社，2020.

[5] 白东蕊，岳云康. 电子商务概论[M]. 5 版. 北京：人民邮电出版社，2021.

[6] 田梅，李丽，等. 2023 跨境电商人才战略白皮书[R]. 北京：敦煌网集团，北京大学光华管理学院，2023.

[7] 阿里巴巴网络技术有限公司(中国)，浙江商业职业技术学院. 跨境电商 B2B 立体化实战教程[M]. 北京：电子工业出版社，2019.

[8] 逯宇铎，陈璇. 跨境电子商务[M]. 北京：机械工业出版社，2020.

[9] 柯丽敏，张彦红. 跨境电商运营：从基础到实践[M]. 北京：电子工业出版社，2020.

[10] 中国跨境电商合规服务行业发展洞察[C]//上海艾瑞市场咨询有限公司. 艾瑞咨询系列研究报告. 2022：48.

[11] 邹益民，沙继东，黄海滨. 跨境电商综合实训平台实验教程（第二版）[M]. 杭州：浙江大学出版社，2020.

[12] 卢萌. 绿色国际商务案例教程[M]. 北京：中国环境出版集团，2023.

[13] 田梅，李丽，等. 跨境出海数字化营销白皮书[R]. 北京：敦煌网集团，2023.